개인 심리와 조직 심리

생각을
바꾸면
결과가
달라진다

개인 심리와 조직 심리

| 양창삼 지음

지금까지 조직행동에 관한 연구를 업으로 살아왔다. 연구를 하면서 크게 깨달은 것은 인간은 기계적으로 다루어서는 안 된다는 것이다. 생각을 하고, 가치관을 갖고, 보다 나은 삶을 위해 헌신하기 때문이다. 조직도 마찬가지다. 그러한 삶의 목표가 없으면 조직은 죽은 것이나 다름없다.

하지만 방법론을 공부하다 보면 인간을 기계적으로 보려는 쪽과 그 반대에 선 쪽으로 분명하게 갈린다. 기술이 발달하고 의학이 발달할수록 그 수준에서 인간을 이해하고자 하는 생각도 많아졌다. 이런 쪽에 서다 보면 인간의 자유의지와 자기결정권은 잠시 유보해야 한다.

이번에 이 글을 쓰게 된 것은 개인의 이해, 나아가 사회의 이해를 하면서 인간에 대한 자기성찰이 필요하다는 생각 때문이다. 균형감각을 유지하되 우리의 세계를 보다 착하고 유연한 방향으로 전환시키지 않으면 안 된다는 의무감도 작용했다.

아인슈타인(Albert Einstein)은 아들 에두아르(Eduard)에게 편지를 썼다. 그는 삶을 자전거에 비유해 이렇게 살 것을 강조했다.

"인생은 자전거 타기와 같다. 균형을 맞추기 위해선 계속 움직여야 한다."

자전거는 서는 순간 넘어진다. 자전거가 균형을 이루기 위해선 계속 달려야 한다. 우리도 매사에 균형을 이루기 위해 노력해야 한다. 균형을 이루지 못하면 자기의 삶도 괴롭지만 이웃의 삶도 괴롭다. 학문을 하는 사람도 마찬가지다. 균형을 맞추기 위해 계속 움직여야 한다. 그러나 주의할 것이 있다. 서로를 바라보며 부딪쳐 손상을 입지 않도록 주의해야 한다.

지금 사회의 흐름은 예전 같지 않다. 협력을 강조하면서도 금방 적대적으로 바뀐다. 한국만 복잡한 것이 아니라 유럽도 복잡하고 미국도 복잡하다. 이럴 때 우리가 해야 할 일은 고정관념을 접고, 서로를 이해하며 존중하는 것이다. 개인도, 기업도, 국가도 마찬가지다.

이 책은 5부로 구성되어 있다. 각부의 명칭이 보여주듯 뜻이 담겨 있다. "생각을 바꾸면 결과가 달라진다", "보다 완전한 삶을 추구하라", "인간현상은 가치지향적이다", "조직도 영적으로 건강해야 한다", "잠자는 기업에 내일은 없다" 이 구호들은 개인과 조직을 바꾸기 위한 표어들이다. 그러한 방향으로 나갈 때 조직의 건전성과 지속가능성을 더 확보할 수 있다.

사람들은 변화를 원한다. 개인이 달라지면 기업도 달라지고 사회도 달라지리라 기대하기 때문이다. 이 책의 글들이 살아서 이런 변화와 혁신에 조금이라도 기여했으면 한다. 그래야 조금이라도 착한 개인, 착한 기업, 착한 사회가 되지 않겠는가.

2016년
양창삼

제3부 인간현상은 가치지향적이다

제4부 조직도 영적으로 건강해야 한다

제5부 잠자는 기업에 내일은 없다

제1부

생각을 바꾸면 결과가 달라진다

조직과 심리: 조직을 효율적으로 개선하고 변화시켜라

조직심리학(organizational psychology)은 산업심리학(industrial psychology), 경영심리학(managerial psychology, business psychology)이라 하기도 한다. 심리학적인 원리, 사실, 방법 등을 조직인, 특히 직장인들에게 적용한다. 이 심리학은 심리학의 여러 분야 가운데 하나로 조직의 인간행동에 관한 방법, 사실, 원리 등을 과학적으로 연구한다.

심리학은 행동을 과학적으로 연구하는 학문이다. 이때 행동이란 인간의 행동뿐 아니라 동물의 행동까지 포함되어 있다. 그러나 조직의 경우 동물행동과는 뚜렷한 연관성이 적기 때문에 이와 관련된 연구에는 깊이 관여하지 않는다. 그렇다고 동물행동과 무관한 것은 아니다. 학자에 따라서는 알약 검사를 위해 비둘기를 훈련시킨다든가 침판지를 훈련시켜 일관작업에 투입시킨다든가 하기 때문이다. 행동을 과학적으로 연구한다는 것은 소신, 직관, 사적인 편견에 좌우되지 않고 관찰과 경험에 바탕을 둔다는 것이다. 경영자의 행동을 연구할 때 관찰, 일지, 질문지, 자기보고서, 행동표본, 중대사건 등 여러 가지를 고려하여 판단한다. 이 같은 조사방법과 결과들은 조직심리학이 얼마만큼 행동 연구에 있어서 과학을 지향하는가를 보여준다.

조직심리학은 인사심리학(personnel psychology), 조직행동학, 공학심리학, 직업 및 경력 상담, 조직개발, 산업관계, 소비자심리학(consumer psychology) 등 다양한 범위를 가지고 있다.

인사심리학에서 인사(personnel)란 사람들(people)을 가리킨다. 인사심리학은 개별적인 차이를 발견하고 이를 응용하는 데 관심을 둔다. 인사심리학자들은 이 가운데서도 특정 직무에 인간의 어떤 기술과 능력이 필요한가를 결정하고 종업원의 능력을 측정하는 방법, 종업원의 작업수행 정도를 평가하는 방법, 종업원의 직무수행능력을 향상시키기 위한 훈련방법 등을 중점적으로 다룬다. 과학적으로 종업원을 선발하고 업무 성과를 평가하며 훈련시키는 문제는 인사심리학자들의 주된 활동영역이다.

조직행동학은 조직생활을 하는 사람들의 행동을 연구한다. 거의 모든 종업원들은 조직 상황 안에서 활동하고 있다. 따라서 조직은 조직과 연관된 사람들의 태도와 행위에 영향을 준다. 역할과 관련된 행위문제, 집단압력, 커뮤니케이션, 리더십의 형태와 성격에 따른 차이 등을 다룬다. 조직행동 연구자들은 행동연구에 있어서 사회적인, 그리고 집단적인 영향에 더 관심을 가진다. 이러한 성향은 개별수준의 문제에 집착하는 인사심리학과 차이를 보여준다.

공학심리학은 인간과 기계 체계에 있어서 인간의 작업행위를 이해하는 데 관심을 가진다. 종업원의 생산성과 안전을 고려해서 기구와 기계를 제작하는 일은 공학심리학자들이 해야 할 주요 업무이다. 인간의 힘, 감각, 반응시간 등을 고려하여 기계를 디자인한다든가 종업원의 작업환경을 인간의 능력에 맞도록 고안하는 것이 이에 해당한다. 인간요소심리학(human factor psychology) 그리고 인간공학(ergonomics) 등은 공학심리학의 다른 명칭이다. 공학심리학은 물리적 환경 아래서의 인간의 한계와 약점들을 잘 파악해야 한다.

조직심리학은 직업 및 경력 상담과 깊은 관계를 가지고 있다. 작업활동에서의 인간문제에 상담을 활용하기 때문이다. 산업지향적인 상담원은 종업원들이 보람 있고 만족스러운 경력을 쌓도록 도와주고, 업무와 비업무적인 것 사이에 나타나는 갈등을 해소해준다. 또한 직종 변경이나 퇴직에 관련된 문제들을 상담한다. 이 분야의 학자들은 이러한 문제들을 조사할 수 있을 뿐 아니라 상담원이 되어 조직을 위해 활동할 수 있다.

조직심리학자들은 조직을 더욱 효율적으로 개선하고 변화시키는 조직개발에 관심을 가진다. 조직의 문제를 진단하여 변화를 촉구하고 변화의 효과를 평가한다. 조직개발은 특정 문제를 해결하기 위한 계획적이고 의도적인 변화를 포함하고 있다. 또는 그 변화는 여러 사람과 작업 절차와 기술이 포함되어 있다.

산업관계는 고용주와 종업원의 관계, 특히 노조문제를 다룬다. 조직심리학자들은 직무담당자들 사이의 협력 및 갈등문제에 관심을 가진다. 단체행동, 단체협약에 따른 일련의 분쟁해결 방식은 심리적인 것뿐 아니라 법적인 문제까지 취급된다. 따라서 이 분야 관계자는 관련 법 지식을 잘 알고 있어야 한다.

조직심리학자는 조직 외부에 존재하는 소비자에 관심을 가진다. 조직은 그들의 필요와 욕구, 동기를 파악해야 할 뿐 아니라 소비자 보호운동이 날로 높아지기 때문에 이것이 조직에 가해지는 압력도 인식할 필요가 있다. 소비자들을 조직의 당사자로 인식할 뿐 아니라 조직도 소비자와 함께 사회의 일원이라는 점에서 서로의 문제를 찾아 해결하는 것이 바람직하다.

이렇듯 광범위한 영역을 포괄하고 있지만 조직심리학은 두 가지 측면(two sides)에 관심이 있다. 하나는 연구 측면(research side)으로 이론(theory)에 집중한다. 다른 하나는 응용측면(application side)으로 연구 결과를 실제에 적용하는 것이다.

조직심리학은 조직에 있어서 인간의 문제점들을 최소화하고 인간 참여의 효과성과 직무만족, 안전, 건강 등 인간의 가치를 최대화하고자 하는 목적을 가지고 있다. 이를 위해 사람, 기구, 절차, 업무를 최적화하는 시스템을 구축해야 한다. 경영자는 종업원의 행동을 이해하고 작업성과를 높이기 위해 종업원의 개인적인 능력요소(정신요소, 스킬)와 인성요소(가치, 관심, 동기부여)를 선별하고, 작업과 환경변수(기구, 방법)와 조직변수(리더십, 인센티브)를 디자인하며, 거기에 맞는 훈련(양과 방법)과 경험(양과 유형)을 쌓도록 한다.

방법론: 인간과 사회를 바르게 보라

  인간과 사회를 보는 방법은 크게 두 가지다. 하나는 질적 방법이고, 다른 하나는 양적 방법이다. 모든 것을 계량화하기 좋아하는 시대엔 양적 방법이 우세다. 하지만 그것만으로 속을 알 수 없다. 본질을 더 알고 싶거나 설명이 필요할 때 질적 방법을 택할 수밖에 없다. 물론 두 가지 방법을 다 사용하는 경우도 있다.

  양적 방법론의 우세 속에 방법론에 대한 반성이 일고 있다. 이것은 경험을 통한 반성이자 방법론적 통합이 필요함을 보여준다.

  첫째, 두 방법론에 대한 우열논쟁이 지속되고 있고 이 논쟁은 두 방법론의 결점을 보완하는 역할을 한다. 양적 방법론의 문제점은 과학적 접근 방법에 한계가 있다는 것이다. 특히 지나친 논리실증주의 영향으로 어떤 가설이든지 내세워 실증적으로 입증되면 과학적이라는 그릇된 태도(testomania)를 가지고 있다. 행동의 과학화를 내세워 관찰이 가능한 한 주관적 해석으로부터 해방되어야 한다고 말하지만 인간의 이성적 사유와 분석적 능력을 통해 모델을 만들거나 이론화할 수 있다. 이론적으로 조금만 생각해도 될 것을 필요 없는 테스트만을 주장하는 것은 광적이라는 말이다. 방법상의 부작용도 있다. 양적 방법론은 이외에도 상호주관성(intersubjectivity)과 객관성을 넘어섬(transobjectivity)이 결여되어 있고, 가설창출이 어디서 나오는 과정이 경시되어왔다. 질적 방법론은 과학적 방법과 성찰의 조화가 가능하

다. 따라서 질적 연구를 비과학적인 것으로 몰아세우는 학문적 풍토
는 지양되어야 한다.

〈표 1〉양적 방법과 질적 방법

양적 방법	질적 방법
논리실증주의	현상학적 접근, 이해중심
통제적 측정	자연적, 비통제적 관찰
구조적 면접	심층적, 비구조적 면접
객관적	주관적
외부인의 관점에서 자료수집	내부인의 관점에서 자료수집
확인중심, 가설형성, 연역적, 환원법	발견중심, 탐색적, 귀납법적, 확장론
결과중심	과정중심
일반화, 복수사례연구, 확률표집	일반화 어려움, 단일사례연구, 비확률 표집
신뢰성, 확고한 자료	타당성, 현실적 심층적 자료
각체적(各體的)	총체적
정체된 현실	역동적 현실
자료수집 표준화, 절차 형식화	자료수집에 어떤 형식 구애받지 않음
자료수집 성패가 측정도구와 면접자에 달려	자료수집 성패가 연구자의 기술에 달려
자료수집 경비가 많이 듦	수집자료 경비가 적게 듦
자료 분석 신속	자료 분석에 시간이 많이 듦

둘째, 사회적 실재와의 직접적 접촉에 의한 순수경험을 소홀히 해
왔다는 반성이다. 보고자 하는 주체를 직접 대면하지 않고 단순한 통
계적 처리결과로서의 자료나 컴퓨터 결과만을 관찰하는 것은 병폐다.
과학적 지식 중 무엇에 대해 아는 것에 치중하여 현실에 참여해 직접
알려 하지 않고, 직접 문제에 도전하려는 점이 무시되어왔다. 사회적
실재와의 직접 대면을 강조하는 현상학적 접근과 참여관찰 방법을
사용해야 한다.

셋째, 동일한 사회적 실재에 대한 다각적 접근방법을 소홀히 해왔
다는 반성이다. 너무 한 가지 기술이나 방법론에 의존해왔다. 학제적

이고 다양한 접근방법, 복수방법론이 바람직하다. 조사자를 다양화해 인간적 오류나 오차를 줄인다. 한 시점보다 여러 시점을 보고, 무작위 추출이나 한 공간에서의 다량 샘플을 지양하는 등 관심영역도 확대 한다. 방법론도 실험, 이론적 모델링, 통계조사, 참여관찰 등 여러 방 법을 사용한다. 다면적 접근을 통해 합리성을 높인다.

끝으로 비교문화 연구에 대한 올바른 이해가 필요하다. 비교연구 를 위한 방법론의 다양화가 필요하다. 서양은 과학적 실험과 관찰을 중시하는 반면 동양은 지혜와 통찰을 중시한다. 서양 조사를 놓고서 도 다른 문화권에서 같은 연구가 가능한지 살피고, 실증결과를 다시 검토한 다음 현실검증을 해야 한다.

이에 따라 두 방법론의 통합 움직임이 강하다. 통합은 공동의 접근 을 요구한다. 칼 포퍼는 사회과학과 철학의 분리는 양편을 위해 모두 불행하다고 주장했다. 사회현상은 객관적 관찰과 이론화를 통해서만 포괄될 수 있다는 전제 아래 방법론적 총체주의가 바람직하다는 인 식도 높아졌다. 과학적 설명과 인간주의적 이해는 학제적, 복합적 접 근을 촉진시키고 있다. 방법론에 대한 지나친 집착도 경계하고 있다. 방법론적 미신(methodolatry) 논쟁이 그것이다. 구조결정론, 행태론, 심 리학적 환원론이 빠지기 쉬운 인간경시를 극복하고 개인의 실존적 선 택 능력을 인정하는 쪽으로 간다. 하지만 인간중심론(anthropocentrism) 의 위험은 이겨내야 한다. 어느 한쪽으로 치우치면 문제가 발생하기 때문이다. 사회와 인간을 연구하는 사람은 늘 방법론의 조화를 꿈꿔 야 한다.

뮌스터버그와 스코트: 기계적 인간관은 항상 논제가 될 수 있다

조직심리학에 관심을 둔 초기 학자들의 노력을 결코 간과해서는 안 된다. 모든 학문에는 역사가 있다.

1954년에 브라운(J. A. C. Brown)이 쓴『산업의 사회심리학』에 따르면 16세기에 존 휴아트(John Huarte)가『재능사용법』을 내놓았다. 이 책은 직업직도에 관한 문제를 주로 다루었다.

하지만 조직심리학을 체계화하고 개척한 인물로 휴고 뮌스터버그(Hugo Münsterberg)를 든다. 그는 1863년 독일 단치히에서 태어나, 라이프치히에서 심리학박사, 하이델베르크대학에서 의학박사 학위를 받았다. 그리고 29세 나이에 하버드대학의 실험심리학 교수가 되었다.

1892년에 미국으로 귀화한 그는 기능적 심리학(functional psychology)에 심취했다. 그는『심리학과 경제생활』,『심리학과 산업능률』,『정신공학의 원리』등 여러 책을 썼으며, 과학적 관리의 아버지 프레더릭 테일러에 동조하기도 했다. 그는 산업적 정신공학(psycho-technique) 또는 경제심리학 측면을 강조했다. 정신공학은 실험심리학을 통한 과학적 사실추구를 의미한다. 실험으로 검증된 사실만을 확실한 지식으로 간주한다는 말이다. 이것은 그가 실험주의, 실증주의, 과학주의 입장에 선 것을 보여준다. 경제심리학에선 인간과 작업문제, 효율과의 문제를 다뤘다. 전차기사의 선발시험을 개발한 것이 그 보기다. 이것은 응용심리학으로 심리학을 산업방면에 적용한 것이다. 그는 과학을 위해, 국민 경제력의 증강을 위해 이런 노력에 대한 이해가 필요하다고 주장했다.

하버드대학에선 개인차에 대한 노동능력의 심리학적 연구를 했다. 전차기사와 전화교환원들의 노동능력 차이에 관한 연구가 그 보기다. 이것은 실험심리학자인 그가 인간적 측면도 연구했다는 반증이기도 하다.

그가 쓴 『심리학과 경제생활』은 3부로 되어 있다. 1부의 주제는 가장 능력 있는 인물(the best possible man)이다. 작업에 가장 적합한 인물을 찾는 방법을 논한 것이다. 여기에선 직업과 적성, 과학적 지도방법, 과학적 관리법, 실험심리학 방법, 개인과 집단, 적성연구의 사례가 담겨 있다. 2부의 주제는 가장 적합한 작업(the best possible work)이다. 어떤 심리적 조건 아래서 작업자가 최대의 성과를 낼 수 있는가를 알아내는 것이다. 여기에서는 학습과 훈련, 심리적 조건과 물리적 조건의 적합화, 동작의 경제, 단조・주의・피로현상, 노동력에 미치는 물적・사회적 영향의 문제를 다뤘다. 3부의 주제는 가장 가능한 효과(the best possible effect)이다. 경영의 관점에서 사람의 마음에 영향을 줄 수 있는 것이 무엇인가를 발견하는 것이다. 여기에선 경제적 욕구의 충족, 광고・진열의 효과, 구매・판매・선전・광고 등을 담았다.

그는 이 책에서 어떤 일에 어떤 사람이 가장 적합한가를 놓고 최적의 인재선발을 위한 방안을 제시했고, 각 개인이 최량의 일을 하기 위한 훈련・심리적 조건・작업조건을 연구했으며, 인간의 경제적 욕망의 충족 및 광고판매의 효과에 대해 언급했다. 한마디로 산업 관련 조직심리학자가 학자로서 어떤 역할을 할 수 있는지 그 모범을 보여주었다.

뮨스터버그는 적성심리・작업심리・경제심리를 연구하고 개척함으로써 실천적 응용과학에 기여했다. 기계적인 인간관에 입각한 실험심리학이라는 비난을 받기도 했다. 하지만 이론과 응용의 결합을 도모하며 산업현장에서 과학적 지침에 따라 작업을 잘할 수 있도록 했다는 평가를 받기도 했다.

왜 기계적 인간관이 형성되기 시작했는가? 이 대답을 얻기 위해서는 당신 사회적 상황을 이해할 필요가 있다. 특히 세 가지 흐름에 주목할 필요가 있다.

첫째, 19세기 말과 20세기 초에 있었던 실험주의 심리학의 흐름이다. 당시 학계는 관념적 논리를 떠나 실험심리학이나 응용심리학으로 연구가 확장되었다. 관념보다 실제가 중요하다는 것이다. 분트(W. Wundt)가 실험심리학을 체계화했고, 카텔(R. Cattell)·비네(A. Binet)·크래페린(E. Kräpelin)은 개인차에 관한 심리학 연구를 했으며, 골턴(F. Galton)·피어슨(K. Pearson)은 정신현상에 대해 통계적 수리를 도입했다. 포펜버거(A. T. Poffenberger)에 따르면 20세기 초기 10년간은 심리학의 주제가 마인드(추상성)에서 행동(과학성)으로 이행하는 정점이었다.

둘째는 과학적 관리법이다. 분업(division of labor) 형태의 생산조직의 발전은 산업심리학을 필요로 했다. 분업은 산업혁명 후 노동형식이 분업체제화된 것을 말한다. 이로 인해 생산능률이 크게 향상되었다. 인간의 작업능률 고도화 추구는 과학의 힘을 요구했고, 인적 요소의 고도 활용은 심리학의 힘을 요구했다. 테일러의 과학적 관리는 동작연구와 시간연구, 작업방법의 과학화, 설비와 기계의 과학화를 가져왔다. 나아가 정신혁명을 강조했다. 그가 정신적 요인을 강조했음에도 불구하고 기계석이라는 비판을 많이 받았다.

셋째는 1914년의 제1차 세계대전으로 응용심리학의 적용범위가 넓어졌다는 것이다. 이것은 전쟁을 효과적으로 치루기 위해선 능률향상이 절대적이었기 때문이다. 미국, 영국, 독일 등 군 및 군수산업분야에서 활발했다. 노동의 과학화가 절실해진 것이다.

미국의 경우 장병선발을 위한 테스트와 훈련에 적용했다. 장병 지능검사, 적성검사, 훈련법, 근무성적 평가, 전투신경증(정서불안) 테스트가 그 예다. 이것은 기계적 인간화의 도구로 사용되었다.

영국의 경우 군수산업 조사연구에 활용했다. 공장노동의 능률·피로·사고·질병연구 및 대책(작업환경), 노동시간, 부인 및 미성년자 취업문제가 그 보기다. 영국은 1910년대 산업피로조사국을 만들어 작업장의 온도·습도·소음·조명이 인체에 미치는 영향을 조사했다. 적성문제, 능률과 피로, 직업지도문제도 함께 다뤘다. 능률 위주는 인간의 기계화를 부추겼다. 심지어 "인간은 일을 싫어한다", "인간은 돈을 주면 일을 잘한다"는 부정적 인식이 강해졌다.

대전 이후 제대병사의 취업알선과 직업재교육, 경제부흥을 위한 산업합리화 운동에서도 심리학이 이용되었다. 목적에 맞는 노동력을 선발하는 일이나 작업환경의 적정화를 위해 심리학이 필요했기 때문이다.

이런 사회적 상황에 대한 비판도 만만치 않았다. 무엇보다 종업원의 노동행위를 사회적 관계나 인간관계적 측면에서 이해하려는 생각이 부족했다. 개인의 노동행위와 노동구조의 특질 사이 상호작용에 대한 고찰이 등한했고 사회적, 사회심리학적 고찰이 전반적으로 결여되었다. 나아가 실험심리학의 과학주의 추구로 노동자를 기계부품으로 취급해 기계적 인간관이 풍미하게 되었다. 인간의 노동행위를 분해하고 분석해 정밀도를 높이고 능력을 키우며 기술을 연마해 능률을 향상시키는 도구로 전락한 것이다. 인간의 전인격성(integrated whole)과 개성(personality)은 아랑곳 하지 않았고, 구매자의 욕구나 태도도 고려하지 않았다.

실험주의 심리학이 산업심리학의 주류를 이룬 때는 철학도 빈곤했다. 생물학이나 물리학에는 열성적이었지만 사회과학적 인식에는 태만했다. 인접과학과의 교류도 부족했다. 결국 산업심리학은 "자본을 위한 능률 증진의 심리학", 산업심리학자는 자본가를 위한 존재라는 악평까지 나왔다.

그 결과 기계적 인간관에 대한 저항이 일기 시작했다. 사회학자, 사회정책학자, 경제학자들이 각종 연구로 포문을 열었다. 기레(P. G. Gihre)는 노동자의 생활사정과 사상경향에 관한 관찰연구를 했고, 헤르커(H. Herker)는 노동의 즐거움을, 좀바르트(W. Sombart)·브로다(R. Broda)·도이치(J. Deutch) 등은 프롤레타리아 및 계급심리를, 버네이스(M. Bernays)는 노동환경에 있어서 비인간적 집단생활과 노동자의식의 무통일성에 관한 실증연구를 내놓았다. 베버 형제(A. Weber와 M. Weber)는 노동자의 직업상의 운명에 관한 조사 연구를 했고, 레벤시타인(Lebenstein)은 질문지법과 통계처리를 이용한 근대적 경영의 사회심리학적 측면과 노동자에 미치는 정신적 영향에 관해 조사를 했으며, 볼트(R. Woldt)는 노동자 계급의 사고와 의지행위의 형성과정을 고찰했다. 이로 인해 노동의식은 과거와 현재의 노동환경에 따라 영향을 받고, 노동자의 사회의식은 작업환경에 강하게 영향을 받는다는 것을 보여주었다. 개인과 조직 간의 갈등과 조화의 문제, 곧 노동사회학적 연구도 활발했다.

기계적 인간상에 대한 저항으로 월터 스코트(Walter D. Scott)를 빼놓을 수 없다. 노스웨스턴대학에서 심리학과 광고학 교수인 그는 경영심리, 특히 광고심리학을 연구했다. 광고와 인사관리에서의 경영심리도 연구했다.

그는 「비즈니스의 심리학」이라는 논문을 통해 기술의 발전에 따른 경영의 인간요소를 강조했다. 생산에 있어서 종업원의 태도와 동기부여가 생산성과 연관된다는 것이다. 이런 주장은 심리학을 산업적 효율에 적용하는 것만 강조한 뮨스터버그와는 다르다.

그는 『광고심리학의 이론과 실제』라는 저서를 통해 심리적으로 소구하기에 적합한 광고와 인지, 상상, 아이디어연상, 기억, 정서, 제안, 착각 등 심리학적 개념을 개발했다. 또한 광고에서 정서적 소구의 중요성을 강조했다. 『비즈니스에서 사람들에게 영향주기: 주장과 제안의 심리학』이라는 저서를 통해서는 경영에서 설득력(persuasion)의 필요성을 강조했다. 설득력에는 주장(argument)과 제안(suggestion) 등 두 가지가 있지만 어떤 작업 상황에서는 제안이 더 효과적이라 주장했다.

스코트는 심리학을 인사 분야에 적용했다. 종업원은 여러 작업 상황에 따라 다른 특질을 가진다며 그들을 사회적, 경제적 실체로 부각시켰다. 심리학을 경영방법에 적용해 1차 세계대전 시 인사분류법, 장교후보생 테스트 방법을 고안했다.

산업심리학자들의 반성도 잇따랐다. 영국의 메이어스(C. S. Meyers)는 산업심리학의 인간기계론을 경계했고, 독일의 기제(F. Giese)는 인간노동의 문화철학적 고찰을 촉구했으며, 미국의 비텔리스(M. Viteles)는 기계성 탈피와 적응성 문제를, 헤세이(R. B. Hersay)는 노동자의 감정과 만족감 그리고 성격문제를 고찰했다. 그 외에도 페어차일드(M. Fairchild)의 노동자의 만족 원인 면접조사, 리차드스(J. R. Richards)의 불평조사, 푸트맨(M. L. Putman)의 노동자 관심조사, 챈트(S. Chant)의 직무흥미 요인조사, 홀(P. Hall) 등의 종업원 공포조사가 있었다.

1930년대 메요(E. Mayo)의 호손(Hawthorne) 공장에 관한 연구 결과는 큰 충격을 주었다. 그리고 1940년대 이후 각종 연구개발이 이어졌다. 종업원사기, 인간관계, 리더십, 집단역학, 소시오메트리 등이 그 산물이다. 산업현장에서 인간을 보다 깊게 이해하고, 인간을 더 이상 기계화시키지 않으려는 노력이 이어진 것이다. 그 노력은 지금도 계속되고 있다.

PERMA: 생각을 바꾸면 결과가 달라진다

EBS 황혼의 반란 제작진이 평균 나이 82.6세 노인 5명에게 30년 전 마음가짐으로 돌아갈 수 있게 환경을 만들어주고 7일간 생활하게 한 뒤 신체 및 지능검사를 했다. 엘렌 랭어 미국 하버드대학 교수의 '시계 거꾸로 돌리기 실험'을 한국에서 적용해본 것이다. 그리고 『황혼의 반란』이란 책에 그 결과를 실었다. 이 책에 따르면 마음가짐을 긍정적으로 바꾸면 수명이 7년 늘어난다고 한다. 장수도 마음먹기 나름이란 말이다.

김송은에 따르면 우등생에게는 여섯 가지 특별한 것이 있다. 이른바 '우등생의 조건'이다. 첫째는 비전이다. 목표가 있어야 일에 집중할 수 있고 공부를 해도 흥이 난다. 누가 뭐래도 그 일에 집중하느라 다른 일에 신경 쓸 틈이 없다. 둘째는 전략이다. 큰 틀에서 자신이 어떻게 공부를 해야 하는지 알고 있다. 셋째는 열정이다. 내 안에 있는 에너지를 끌어낸다. 동기부여는 자신이 하는 것이지 남이 하는 것이 아니다. 남이 동기부여하면 늘 그것에 의존하게 된다. 열정은 나에게서 나와야 한다.

넷째는 긍정이다. 늘 긍정적이고 적극적인 사고를 한다. 이 사고가 긍정적인 결과를 만든다. 다섯째는 의지다. 놀고 싶은 마음이 왜 없겠는가. 그래도 참고 일한다. 인내는 쓰고 열매는 달다. 끝으로 주도다. 결국 공부는 스스로 하는 것이다. 어머니가 공부하라 하지 않아도 스스로 열심을 다한다. 우리 삶에 이 여섯 가지가 살아 움직이고 있다면 삶은 달라질 것이다.

철학자들은 기투성(企投性, Antworfenheit)이 있어야 삶을 진취적으로 생각할 수 있다고 말한다. 이것은 피투성(被投性, Geworfenheit)과 다르다. 피투성은 어느 누구도 자기가 선택하여 태어난 것이 아니라 자기도 모르게, 자기의 의사와는 무관하게 누군가에 의해 던져졌다는 사고다. 인간은 던져진 존재라는 것이다. 인간은 한 많은 세계 내에 존재하도록 운명 지워져(세계내재성) 이 세계를 초월하여 존재할 수 없다.

기투성은 피투성과 다르다. 던져진 존재가 아니라 이제 자기를 던질 수 있는 기회가 주어진 존재다. 자기 자신이 결정하여 행사할 수 있게 된 것이다. 오직 자신을 어디로 던질 것인가가 문제로 남아 있다. 피투성은 운명론적인 인식을 심어주고 인간을 진취적으로 만들지 못한다. 이와 반대로 기투성은 능동적인 존재로 거듭나게 한다. 니체는 초인에 자신을 던졌다. 초인개념을 통해 운명을 사랑함으로써 자신의 운명을 초월하고자 한 것이다. 야스퍼스는 초월자 신에게 던지라 했고, 사르트르는 자유에로 던지라 했으며, 까뮈는 행동으로 자신을 던지라 했다.

심리학자들도 낙관적 태도를 기르도록 한다. 긍정 심리학의 창시자 마틴 셀리그먼(M. Seligman)은 PERMA를 가지도록 한다. 이것은 긍정적 정서(Positive emotion), 몰입과 흥미(Engagement), 긍정적 관계(Relationship), 의미와 목적(Meaning), 그리고 성취(Accomplishment)의 첫 자를 딴 것이다. 긍정적 정서는 미래에 대해 낙관하며 자신에 대해 매우 긍정적인 것을 말한다. 그러면 행복을 느낀다. 몰입과 흥미 정도가 높으면 새로운 것을 배우기 좋아한다. 긍정적 관계를 가질수록 자신에게 진심으로 관심을 기울이는 사람들이 있음을 느낀다. 의미와 목적이 있을수록 소중하고 가치 있는 일을 하며 살아간다. 이런 사람일수록 성취도가 크다. PERMA가 있는 사람은 삶에서 문제가 생길 때 예전 상태로 돌아오는 데 대체로 오랜 시간이 걸리지 않는다. 회복탄력성(resilience)이 높다는 말이다. PERMA 훈련을 통해서도 낙관적 태도를 기를 수 있다.

심리학에선 역경을 이겨낼 수 있는 긍정적인 힘을 회복탄력성지수(RQ, Resilience Quotient)로 나타낸다. 이 지수는 감정통제력, 충동통제력, 낙관성, 원인분석력, 공감능력, 자기효능감, 적극적 도전성 등 일곱 가지를 기준으로 삼는다. 이 기준에 부합할수록 회복의 가능성이 높다. 그렇다면 각자 자기의 RQ지수가 얼마나 되는지 궁금할 것이다. 다음은 RQ테스트에서 자주 등장하는 문장이다. 이런 문장에 동의하는 것들이 많다면 안심해도 좋다.

- 어려운 일이 생겼을 때 내 감정을 잘 통제할 수 있다.
- 당장 해야 할 일을 방해하는 일이 생겨도 무시하고 일을 잘 해결해낼 수 있다.
- 비록 그렇지 않다 해도 일단 내가 문제를 해결할 수 있다고 믿는 편이다.
- 문제가 생기면 여러 가지 해결방안들에 대해 생각한 뒤 해결하려고 노력한다.
- 사람들의 얼굴표정을 보면 어떤 감정인지 알 수 있다.
- 첫 번째 해결책이 효과가 없으면 계속해서 효과가 있는 것을 생각해낸다.
- 나는 호기심이 많다.
- 내가 무슨 생각을 하는지 또 내 생각이 기분에 어떤 영향을 미치는지 잘 알고 있다.
- 문제가 생겼을 때 처음 떠오르는 생각들이 무엇인지 나는 안다.
- 어떤 것에 과민 반응하는 것은 그날 기분이 나빠서 그런 것이라

생각한다.
- 문제가 생기면 그 이유가 무엇인지 신중하게 생각한 뒤 문제를 해결하려 한다.
- 슬퍼하거나 화내거나 당황하는 사람을 보면 그들이 어떤 생각을 하는지 잘 알 수 있다.
- 나는 내가 대부분의 일을 잘 해낼 것이라고 생각한다.
- 나는 새로운 것들을 좋아하는 편이다.

학자들이 종종 정서 자본(emotional capital)이라는 단어를 사용한다. 정서 자본은 기업과 기업의 운영 방식에 대한 종합적인 선의의 감정을 말한다.

정서 자본은 크게 '외적인 정서 자본'과 '내적인 정서 자본'으로 구분된다. 외적인 정서 자본은 기업의 외부 이해관계자, 즉 소비자와 자본 투자자, 거래처 등이 기업에 대해 가지는 정서로 때로는 브랜드 가치나 신뢰도로 표현된다. 이에 반해 내적인 정서 자본은 회사의 내부 고객인 직원들이 회사나 조직에 대해 가지는 정서를 말한다. 그 속엔 직원들의 도전정신, 애사심, 성과 달성에 대한 열정 등이 담겨 있다. 이것은 직원들의 회사와 업무에 대한 태도를 형성한다는 점에서 기업의 매우 중요한 자산이다.

인시아드 교수 쿠이 후이(Quy Huy)와 앤드류 시필러브(Andrew Shipilov)는 내적인 정서 자본의 4대 요소로 진정성(authenticity), 자부심(pride), 애착(attachment), 재미(fun)를 들었다. 최근 선진 기업들을 중심으로 정서 자본을 기업의 중요한 자산으로 인식하여 회계 장부에 포함시키려 하고 있다. 정서 자본이 기업 수익 창출에 도움이 된다고 생각하기 때문이다.

이 모두는 사실 가치관과 연관되어 있다. 전성철은 가치관 경영을 강조한다. 가치관에 따라 "이거 해서 뭐해"라는 자괴감도 자신감으로 바꿀 수 있다. 가치의 마법이다. 그는 발 마사지 숍 두 곳의 차이를 예로 든다. 한쪽 직원은 자괴감에 "남의 발이나 만지는 팔자"라 한다. 하지만 다른 한쪽 직원은 자신감에 "에너지를 불어넣는 사람"이라 말한다. 이 큰 차이를 만드는 것은 가치관이라는 작은 마법이다. 가치관이 다르면 조직의 성과도 다르다.

그는 가치관 경영 7계명을 만들었다. 리더는 가치관을 만들라. 직원들이 가치관에 수용하게 하라. 최소 700번 가치관을 외쳐라. 가치관을 기반으로 상벌을 주라. 중요한 결정은 가치관에 맞춰서 하라. 전략, 제도, 관습도 가치관에 맞게 하라. 그리고 조직 중심에 인사임원을 두라는 것이다. 가치관 경영을 통해 조직을 통합과 자율로 뭉치게 할 수 있다. 가치관은 직원을 계약적 존재에서 이념적 존재로 만든다. 그만큼 달라진다는 말이다. 개인이든 조직이든 깊게 생각해볼 일이다.

동기부여: 사람을 살리는 동기부여가 되어야 한다

기업에서 자주 사용하는 단어 가운데 동기부여(motivation)가 있다. 그것은 진정 무엇이 되어야 할까?

인간행동에는 세 가지 기본적인 가정이 자리하고 있다. 첫째는 원인(causality)이다. 어떤 힘에 영향을 받아 그렇게 행동한다는 것이다. 그것은 유전일 수 있고, 환경일 수도 있다. 동기부여를 말할 때 행동의 원인 또는 이유를 따지는 것은 이에 해당한다.

둘째는 방향성(directedness)이다. 행동에는 목표지향성을 가지고 있다. 어떤 것을 향해 나가고 어느 곳을 가고자 한다. 동기부여도 지도하는(direct) 것이다. 행동을 지도한다는 것은 목표를 달성하기 위해 특정 행동에 집중하는 것이다.

셋째는 동기부여다. 이것은 밖으로부터의 당김(pull)보다는 안으로부터의 '미는 것(push)'이다. 미는 것으로 동기, 욕구, 동인, 긴장, 불편함, 불균형 등이 있다. 이런 문제를 해결하기 위해 동기부여를 하는 것이다. 행동을 활력적으로 만드는(energize) 것은 이 때문이다. 활력적으로 만든다는 것은 더욱 정력적으로 더욱 효율적으로 행동하도록 만드는 것이다.

스티어스(R. Steers)와 포터(L. Porter)는 동기부여에 세 가지 주요요소가 있다고 말한다. 첫째는 활성화요소(energizing component)다. 유기체 안의 세력 또는 동인이 어떤 행동으로 가도록 하는 것이다. 둘째는 지휘기능(directing function)이다. 특정 지향점을 향해 행동을 하도록 하는 것이다. 셋째는 유지기능(maintaining or sustaining behavior)이다. 좋은 성과를 내도록 하는 것이다.

이것을 보면 인간의 행동에 있어서 동기부여가 어떤 자리를 차지하고 있는가를 알 수 있다. 작업현장에서 동기부여는 작업장과 연관된 행동에 관심을 불러일으키고 정해진 목표를 향해 나아가며 성과를 내도록 하는 것이다. 동기부여를 흔히 '하겠소' 요소('will do' factor)라 한다. 동기부여는 목표와 함께 방향을 보여주며 사람들로 하여금 행동하도록 의욕을 불러일으킨다.

동기부여에는 두 모델이 있다. 하나는 결핍 모델(deficiency model)이고, 다른 하나는 성장 모델(growth model)이다. 결핍 모델은 긴장을 제거하고 긴장을 일으키는 원인을 중화시킨다. 이에 반해 성장 모델은 인간으로 하여금 그 능력을 발휘하도록 문을 열고, 지속적으로 개발하도록 한다. 한 차원의 동기에서 더 높은 차원의 동기로 나아가도록 하며, 자신을 지속적으로 재위치(repositioning)시켜 더 높은 목적을 이루도록 한다. 낙관적 자세를 취하는 것은 물론이다. 성장 모델이야말로 바람직한 성장 동기부여다.

동기부여가 성공을 거두려면 종업원들이 가지고 있는 동기(motives)를 알아야 한다. 기업이 바라는 것과 종업원 개인이 바라는 것이 다를 수 있기 때문이다. 개인의 욕구를 잘 파악하여 동기부여가 진정한 동기부여가 되도록 하면 효과를 거둘 수 있을 것이다. 그렇다면 사람들은 어떤 동기들을 가지고 있을까? 동기는 크게 생리적 동기와 심리적 동기로 구분할 수 있다.

생리적 동기는 의식주와 관련된 것들로 학습을 하지 않아도 생기는 기본욕구다. 배고픔, 갈등, 잠, 고통의 회피, 섹스, 운동, 따뜻함, 물질에 대한 관심은 여기에 속한다. 배고픔, 갈증, 잠은 몸이 항상성(homeostasis)을 유지하는 데 있어서 뭔가 결핍되어 있음을 나타내는 것이다. 몸의 균형을 위해 그것이 필요하다는 것이다. 고통의 회피는 신체적으로 해를 주거나 해를 줄 가능성이 있는 자극을 피하고 하는 것이다. 섹스와 물질은 자손을 낳고 키우는 데 필요한 것들이다. 이것을 일차적(primary) 동기라 하기도 한다. 정상적인 삶을 유지하기 위해 그만큼 중요하다는 말이다.

심리적 동기는 권력욕구, 성취욕구, 지위욕구, 소속욕구, 안전욕구들로 사회적 학습을 통해 형성된 것들이다. 이것은 학습과 자기가 자란 사회에 의해 결정된다. 이 동기는 기본욕구가 만족된 다음 더 중시된다. 자기존중, 의무감, 역량, 새로운 경험의 추구, 자아실현 등이 그 보기다. 때로는 육체적 욕구, 몸의 신경체계, 다른 사람에 대한 의존성(사회성)의 결과로도 생각될 수 있어 생리적 욕구와 구별하기 어려운 경우도 있다. 외적 인센티브에 의해 생긴 경우가 그 예다. 심리적 동기를 이차적 동기(secondary motives)라 하기도 한다. 일차적인 정도에 미치지 못하지만 중요하다는 말이다.

아들러에 따르면 권력욕구는 열등의식을 벗어나기 위한 것으로 우월감이나 권력을 지향한다. 권력욕구는 정치와 군대뿐 아니라 비즈니스, 정부, 학교 등 조직의 리더십, 조직의 비공식적이고 정치적인 측면에서도 나타난다.

맥클리랜드(D. C. McClelland)는 성취욕구가 높은 사람은 그렇지 않은 사람과는 생각이 근본적으로 다르다고 말한다. 주제통각검사(TAT)를 보면 같은 장면을 놓고 낙관적으로 말하는 사람이 있는가 하면 비관적으로 말하는 사람이 있다. 말하는 것이 다르다.

파슨스(T. Parsons)에 따르면 지위에 따라 달라지는 것이 많다. 특히 지위에 따라 주어지는 것과 심벌에 차이가 있다. 그 문화적 가치에 따라 기준은 다르다. 하지만 더 높은 곳으로 오르려는 강한 동인과 열망이 작용한다.

사람은 소외를 고통으로 여긴다. 쉑터(S. Schachter)가 여대생을 상대로 전기충격 실험임을 예고한 후 동태조사를 했다. 당할 일을 생각하며 피하고자 하는 사람, 날씨 등을 말하며 부러 불안을 줄이려 하는 사람, 정말 얼마나 아프냐며 그 정도를 확인하는 사람, 자기 생각과 느낌을 평가하고자 하는 사람, 그리고 특히 이 불행한 일을 나만 당하는 것이 아니라 함께 당하는 사람이 있다는 것을 생각하며 불안을 줄이는 사람이 있었다. 나만 당하는 일이 아니라는 것도 위안을 준다.

사람은 안전을 추구한다. 안전에도 보험이나 저축, 부가급부 등으로 보호를 받으려는 의식적 안전(conscious security)도 있지만 예측할 수 없는 아주 복잡한 형태의 무의식적 안전도 있다. 지나친 보호나 열중도 문제다.

이 외에도 능력, 호기심, 조작, 활동, 애정의 동기들이 있다. 이것을 일반적 동기(general motives)로 구별하기도 한다. 이것은 생리적인 동기가 아니지만 학습된 것이 아니란 점에 심리적인 것과는 차이가 있다. 역량동기(competence motive)는 환경과 효과적으로 상호작용하고자 하는 것을 말한다. 젊은이들은 농구를 잘하고 읽기도 잘하고 싶어 한다. 나아가 직장에서도 일을 잘하고 싶어 한다. 호기심, 조작, 활동에 관한 것은 여러 실험을 통해 입증되었고, 조직 수준에서도 적용하고 있다. "사랑은 세상을 돌아가게 한다", "사랑은 모든 것을 정복한다"는 말처럼 사랑은 인간의 갈등을 푸는 데 큰 역할을 한다.

동기부여 개념에 있어서 현재 추세는 생리적 동기에 대해서는 점차 덜 의식하고 그 대신 사회적 동기, 자기존중, 역량 등 심리적 동기에 대해 관심이 증가하고 있다. 동인(drive)이나 항상성(homeostasis)보다 각성수준(arousal level), 활성화(activation)에 대한 관심이 커지고 있다. 잠이나 무기력보다 기민성, 강한 기쁨을 택한 것이다. 적정수준은 내적인 욕구와 외적인 자극에 영향을 받는다. 균형을 회복하기 위해 동기를 부여한다. 자극이 적거나 지루할 경우 동기부여해서 극적으로 변화를 일으키게 한다. 너무 심한 변화를 일으키는 자극의 경우 수준을 조절한다. 정서적이어서 너무 복잡하거나 낯설다는 주장도 있다.

욕구가 만족되면 안전을 느낄 뿐 아니라 다른 사람과의 친밀감도 커진다. 건전한 사회적 욕구도 발달한다. 바람직한 일이다. 하지만 욕구가 좌절되면 불안과 적의가 생기고 자기중심적 욕구가 커진다. 권력욕구, 지위욕구, 지식욕구, 독립욕구가 커지는 것은 자기중심적이 되고 있다는 말이다. 잘못된 경우다. 욕구해결에 있어서 어릴 때 어떤 상태에 있었는가는 훗날 산업에 종사할 때뿐 아니라 그 밖의 다른 활동에서도 영향을 준다. 그러므로 어릴 적부터 이 문제를 잘 다룰 필요가 있다.

동기부여는 경영과 어떤 관계가 있을까? 경영자는 권력동기와 성취동기를 가지고 있다. 다른 사람과의 관계에서 친화동기도 중요하다. 권력동기는 자기 자신을 영화롭게 하기 위한 개인적 권력만을 의미하지 않는다. 조직의 일을 잘하기 위한 기관적 권력에 더 관심을 가지고 있다. 성취동기도 마찬가지다.

사회마다 다르지만 어떤 사회는 자녀를 키울 때 다른 사회보다 성취동기를 강조한다. 성취동기가 높으면 경제성장에 기여할 수 있다. 1800년대 뉴잉글랜드 사람들은 바위와 얼음이 많아 육체적으로도 어려운 환경에 처해 있었다. 그들은 좌절하지 않고 얼음을 파는 상인으로 나섰다. 그 땅의 아이스는 아이스크림을 위한 아이스, 차가운 드링크를 위한 아이스, 음식보존을 위한 아이스가 되었다.

성취동기는 여성에게도 적용된다. 종래 여성은 성공에 대한 두려움을 가지고 있었다. 이것은 여성에 대한 편견이 작용한 것이기도 하다. 능력이 있으면서도 의사가 되기보다 간호사, 경영자보다 비서, 파일로트보다 스튜어디스가 되어야 한다고 생각했다. 성취도 다른 사람을 후원하는 간접적인 방법으로 활용했다. 그러나 현대에 있어서 여성은 중요한 경영자원이며 많은 여성들이 경영자가 되었다. 여성파워가 증가하고 있는 것이다. 이 성취의 길은 지금 다른 모든 사람들에게도 열려 있다. 동기부여는 사람을 살리는 것이어야 한다.

모베레: 사람은 그저 움직이지 않는다

동기부여의 영문 motivation은 '움직이다'는 뜻을 가진 라틴어 '모베레(movere)'에서 나왔다. 마음을 움직여(move) 일을 하도록 한다는 뜻이다. 동기(motive)는 어떤 목표를 향해 움직이도록 만드는 어떤 힘(a force) 또는 내적 상태(inner state)를 말하고, 동기부여는 그 과정(process)을 일컫는다.

동기부여의 역사는 어떻게 발전해왔을까? 첫 번째는 합리주의(rationalism)다. 이것이 팽배했던 시기에는 동기부여에 대한 개념이 없었다. 인간을 합리적 존재로 간주했기 때문이다. 인간은 합리적으로 목표를 선택하고 행동을 결정하면 그만이다. 그 선택에 스스로 책임을 진다.

두 번째 흐름은 기계적 관점(mechanistic view)이다. 17∼18세기에 데카르트(R. Descartes), 홉스(T. Hobbes), 로크(J. Locke), 흄(D. Hume) 등의 철학자들이 이 흐름에 영향을 주었다. 인간의 어떤 행동은 우리가 통제할 수 없는 어떤 내적 혹은 외적 힘 때문이라는 것이다. 그것이 모든 행동 기저의 원인이 된다. 그 대표적인 것이 쾌락주의(hedonism)이다. 인간은 쾌락을 추구하고 고통을 회피하는 경향이 있다는 것이다. 희랍의 철학자들을 비롯해 아담 스미스(A. Smith), 벤덤(J. Bentham), 밀(J. S. Mill)이 이에 속한다.

세 번째 흐름은 본능이론(instinct theory)이다. 이 이론은 인간의 합리주의적 견해에 반대했다. 기계적 관점 중 극단적 입장이다. 본능은 인간이 태어나면서부터 가지고 있는 생물학적 힘이다. 다윈의 이론은 동물의 본능이론을 인간에게 적용하게 하는 계기가 되었다.

제임스(W. James)나 맥두걸(W. McDougall)은 본능론을 주장했다. 맥두걸은 그가 쓴 『사회심리학』에서 18가지 본능이 있다고 주장했다.

프로이드는 정신분석에서 인간의 무의식과 비합리성을 주장하며 인간은 크게 삶의 본능(life instincts)과 죽음의 본능(death instincts) 두 가지가 있다고 했다. 삶의 본능은 에로스(eros)로 삶과 성장을 주관한다. 생존과 번식을 위한 성행위가 대표적 행위다. 리비도(libido)는 이 본능의 에너지로 성 및 이와 관련된 행위와 연관된다. 죽음의 본능은 타나토스(thanatos)로 파괴지향적이다. 내적으로 자살 또는 자기 파괴적 행동을 하게 한다. 외적으로는 공격성을 보인다. 공격행위를 무기물로의 복귀하려는 인간의 본능으로 해석한다.

프로이드는 성과 공격이 초기유아기에서 발달한다고 주장했다. 몸의 민감한 부분을 자극함으로 쾌감을 느끼는 것은 성과 연관되어 있고, 물거나 치는 행위는 공격성에 해당한다. 부모는 유아의 이러한 행동을 타부시하고 자유롭게 표현하도록 하는 것이 아니라 억압한다. 자유롭게 표현되지 못한 행동은 무의식적 동기 속에 위장된 형태로 남아 있다. 이 욕망은 꿈으로도 나타나기도 하고, 무의식적인 매너로 나타나기도 하며, 아픈 증세를 보이기도 한다. 꿈은 소원의 표현이자 충동이 무의식적으로 표현된다. 무의식적 매너는 어깨에 멘 가방에서 고양이가 나오듯 감춰진 동기가 언어로 빠져나오는 것으로 본다. 아픈 증상은 정신적인 것이다. 내적인 힘과 충동, 그리고 무의식의 영향을 받아 행동을 하게 된다. 프로이드의 무의식적 동기는 빙산의 밑동처럼 크고 넓다. 그는 인간을 빙산과 같다고 말한다.

그 뒤 본능이론가들은 본능의 숫자를 늘리기 시작했고 경쟁, 감춤, 겸손, 청결, 모방, 아프게 함, 사회성, 질투 등 인간이 생각할 수 있는 거의 모든 행동을 본능적 행위로 간주했다. 극단적으로 그 수를 6천 가지로 늘리기도 했다. 인류학자들의 연구결과 어떤 본능, 예를 들어 싸움을 좋아하는 행위(pugnacity)의 경우 어떤 문화에서는 발견되지 않았다. 인간의 거의 모든 행위를 본능으로 보기엔 무리가 있다는 말이다.

네 번째 흐름은 동인이론(drive theory)이다. 동인(drive)이란 생리적 결핍에 따라 생겨난 욕구 결과 상태다. 동인은 단순히 결핍된 상태를 말하는 것이 아니라 그것을 해결하기 위해 가야 할 방향을 제시한다. 욕구(need)는 음식, 물, 공기 등 생리적으로 필요한 것들이 부족했을 때 일어난다. 생리적 불균형(physiological imbalance) 상태다. 음식이 부족하면 혈액에서 화학적 변화가 일어나고 먹을 것을 요구하며 긴장으로 동인상태를 만들어낸다. 심리적인 불균형(psychological imbalance), 곧 심리적으로 욕구가 일어날 때 동인이 발생한다. 욕구와 동인이 같지는 않다. 욕구가 강하다고 해서 동인이 꼭 강하다는 것은 아니다. 동인을 가설적 구성(hypothetical construct)으로 보기도 한다. 관찰할 수 없기 때문이다.

욕구가 생기면 긴장이 발생하고, 이것이 동인으로 작용하여 행동을 하게 한다. 그리고 동인은 목표(goal)를 향해 나아가도록, 즉 욕구 문제를 해결하도록 영향을 준다. 이것의 연속이 동기부여 사이클(motivation cycle)이다. 욕구가 있다는 것은 그것에 대한 결핍이 있음을 말해준다. 생리적인 것이라면 항상성(homeostasis)을 통해 균형을 유지하려 할 것이고, 심리적인 것이라면 인지적 부조화를 해소함으로써 균형을 찾으려 할 것이다. 욕구가 서로 갈등하는 상황이라면 문제가 복잡해진다. 동인은 그 방향을 찾아가도록 부추긴다. 먹을 것이 필요하면 배고픔이라는 동인이 활동한다. 목표는 그 문제를 해결함으로써, 즉 생리적으로나 심리적으로 균형을 회복함으로써 동인을 줄인다.

동인을 줄이기 위해서는 무엇보다 그것을 만족시킬 만한 것을 찾아야 한다. 음식이 부족해서 생긴 것이라면 음식을 찾아야 한다. 항상성도 회복되어야 한다. 항상성은 적정수준을 찾아 체내 균형을 회복하는 것을 말한다. 우리 몸은 일정한 내적 환경을 유지하고 정상적조건을 회복하려는 경향이 있다. 추워지면 혈관이 수축한다. 정상온도를 유지하기 위해서다. 몸을 떠는 것은 열을 만들어내기 때문이다. 반대로 따뜻해지면 주변 혈관이 팽창한다. 몸의 열기를 내보내 정상체온을 유지하기 위함이다. 땀을 흘리면 시원하게 하는 효과가 있다. 이처럼 몸의 자동체온조절, 혈당조절, 혈액 내 산소와 이산화탄소 조절, 세포 내 수분 조절, 신체감각기관의 이상변화 감지, 배고픔과 갈증 등 다 항상성과 연관된다. 그것을 통해 신체의 균형을 회복하기 위해서다.

동인이론은 주로 과거에 경험한 보상체험과 학습이 다음의 행동에 영향을 미친다고 생각한다. 과거에 만족스러운 결과를 얻은 행동이 학습되어 행동이 되풀이된다는 것이다.

다섯 번째 흐름은 유인이론(incentive theory)이다. 외적 자극에 의해 행동이 일어나는 것이다. 외적인 조건을 동기부여의 원천으로 간주한다. 과자를 맛있어 보이게 한다든지 롤러코스터처럼 긴장을 일으키는 경험을 하게 하는 것이다. 유인은 이중적 역할을 한다. 즉, 갈증상태에 있는 동물에게 물은 긍정적인 유인이다. 하지만 고통을 주는 물체나 상황은 부정적 유인이다. 헐(C. Hull)은 동기부여를 동인, 습관강도, 그리고 유인요소를 함께 고려해야 한다고 했다. 이때 유인요소는 기대요인이다.

여섯 번째 흐름은 강화이론(reinforcement theory)이다. 현재의 조건화를 보며 행동을 한다. 이 이론은 본능적 동인이 아니라 환경과의 싸움에서 배운다. 인간의 행동은 환경에 따라 달라진다. 보상이냐 처벌이냐에 따라 행동이 변한다.

끝으로 인지이론(cognitive theory)이다. 동인이론과는 달리 동기는 인지적 요인에 의해 영향을 받으며 인간 행동은 무엇보다 미래상황에 대한 생각과 기대에 따라 달라진다고 본다. 레빈(K. Lewin)에 따르면 행동을 일으키는 동기는 객관적 현실보다 주관적 인지와 연결된다. 기대가 클수록 행동할 가능성이 크다.

동기부여이론을 역사적으로 추적하는 것은 쉬운 일이 아니다. 인간은 원래 합리적인 존재로 간주해왔고 이성적 판단과 결정을 존중해왔다. 동물이 아니란 생각 때문이다. 하지만 인간은 쾌락을 추구하고 고통을 회피하는 존재라는 사실을 경험하면서 합리적 생각은 무너지게 되었다. 그 뒤 본능에 따라 행동한다는 주장이 봇물처럼 쏟아져 나왔다. 비이성적 존재라는 말이다. 극단적 주장이 아닐 수 없었다. 마음의 정리가 필요하게 되었다. 차츰 생리적이든 심리적이든 결핍현상에 따라 그것을 채우기 위해 행동이 나타나는 것이 아니냐는 주장이 대두되었다. 상당히 설득력이 있었다. 외적 환경자극, 곧 유인이 영향을 준다는 생각도 인정을 받게 되었다. 그것이 현재의 조건화냐 미래의 기대냐에 따라 달라지기도 한다.

경영자는 종업원에게 동기부여를 한다. 조직의 목표를 달성하도록 하기 위한 것이다. 종업원을 움직이기 위해선 당근도 필요하고 마음도 사야 한다. 조직의 목표가 각자의 목표가 되어야 한다. 사람은 그저 움직이지 않는다. 경영자는 그것을 알아야 한다.

Need와 Want: 상대가 무엇을 원하는지 알아야 한다

　심리학이나 경영학에서 Need와 Want를 구별하여 사용한다. 문자적으로 둘 다 욕구라는 의미를 가지고 있기 때문에 일반인이 구분하기는 매우 어렵다. 그러나 욕구에 대한 수순을 따지면 쉽게 이해할 수 있다.

　심리학에서는 Need가 있고, 그다음 Want가 있으며, 최종적으로 그것을 해결하기 위한 행동(Action)이 있다. 그러므로 Want 이전에 Need가 발생해야 한다는 말이다. 예를 들어 갈증이 난다고 하자. 갈증이 나서 목이 마르고 물을 마시고 싶다고 가정하자. 갈증이 나면 긴장이 생긴다. 어서 물을 마시고 싶기 때문이다. 갈증이 나서 물을 마시고 싶다는 것이 Need다.

　그것으로 끝나는 것이 아니다. 어떤 물을 마시고 싶은가가 그다음 차례다. 어떤 사람은 수돗물을 그냥 마시고 싶은 사람이 있을 것이고, 어떤 사람은 수돗물을 믿을 수 없다 하여 특정 생수를 사서 마시고 싶은 사람도 있을 것이다. 물을 마시고 싶은데 특정 생수를 마시고 싶다는 것이 Want다. 생수를 파는 곳이 있는지 살핀다. 하지만 생수를 산 것이 아니기 때문에 아직 불만족 상태(state of dissatisfaction)에 있다. 여기까지가 Want다. 아직은 갈증으로 인해 긴장상태에 있다.

　이제 슈퍼마켓으로 그 생수를 사러 간다. 돈을 지불하고 원하는 특정생수를 사서 마침내 마신다. 마신 다음 갈증으로 인한 긴장이 해소

제1부 생각을 바꾸면 결과가 달라진다 41

된다. 이것이 Action이다. 이로써 Need, Want, Action으로 이어진 고리가 일단 마감된다.

Need에는 크게 두 가지 유형이 있다. 하나는 일차적(primary) Need이고, 다른 하나는 이차적(secondary) Need다.

일차적 Need는 인간의 정상적 생활을 계속하기 위해 기본적으로 필요한 생리적, 그리고 정신적 웰빙을 말한다. 삶을 유지하는 데 필수적인 것이란 말이다. 이것에 속한 것으로 음식, 섹스, 애정, 운동, 따뜻함, 동무, 잠 등이 있다.

이차적 Need는 사회적이고 심리적인 것들로 생활이나 정신적인 건강을 유지하기 위해 필수적인 것들은 아니다. 경쟁, 자존감, 의무감, 기부, 아름다움, 편리함, 안락함, 경제성, 소속, 애정을 받음, 자기주장 등이 그 예다.

이차적 Need는 여러 특징을 가지고 있다. 우선 경험에 의해 강하게 조건화되어 있다. 경험에 따라 다르다는 말이다. 또한 Need의 유형이나 강도는 사람마다 다르다. 개인 안에서도 변화가 있다. 개인보다는 집단에서 작용한다. 이따금 의식을 통해서는 알기 어려운 때가 있다. 만질 수 있는 육적인 욕구 대신 막연한 느낌일 수 있다. 행동에 영향을 준다.

Need에도 우선순위가 있다. 그것을 잘 보여주는 것이 매슬로우의 욕구 5단계 이론이다. 맨 아래의 생리적 Need로부터 시작해서 안전 Need, 사회적 Need, 존중 Need, 그리고 정상에 자아실현 Need가 있다. Need에도 위계(hierarchy)가 있다는 말이다.

킴블(G. Kimble)과 가미지(N. Garmezy)은 Need와 관련해 동기유발 된 행동(motivated behavior)으로 세 가지 유형을 들었다.

첫째는 해소행동(consummatory behavior)이다. 가장 동기유발 된 행동으로 욕구를 직접 만족시킨다. 그 보기로 먹기(배고픔), 마시기(갈증), 클럽에 가입하기(친화, 지위), 출마(정치권력)가 있다. 그것으로

Need가 완전히 해소되기 때문이다.

둘째는 도구적 행동(instrumental behavior)이다. 만족을 달성하기 위한 도구적 행동일 뿐이다. 그 행동으로 욕구가 직접 만족되지는 않는다. 가게를 향해 걸어가는 것, 볼링대회에 참가하는 것이 그 보기다. 이것은 음식이나 친구를 얻기 위한 도구적 행동이다.

셋째는 대체행동(substitute behavior)이다. 간접적인 행동으로, 이것이 무엇인가 설명하기 어려워 검은 상자(black box) 개념에 속한다. 약간 굶는 행동을 한다고 하자. 그것은 살을 빼 보기 좋게 하려는 뜻을 가질 수 있다. 또한 레스토랑에서 식사를 한다고 치자. 그것은 여자에게 잘 보이기 위해서라든가 자기의 지위를 과시하려는 뜻도 담겨 있다. 그러나 그것이 무엇인지는 정확히 말할 수 없다.

그러면 작업장에서 종업원들이 바라는 Wants는 무엇일까? 물론 개별 환경에 따라 달라질 수 있다. 그 보기로 좋은 리더십, 소식을 잘 듣기, 인간의 존엄성, 인센티브와 성장하고 발전할 수 있는 기회, 상대적인 독립성과 자유, 상대에 대한 존중(갈등을 피하려는 의도도 있을 것이다), 안전, 봉급과 작업조건, 의미 있는 작업(성취), 공정한 대우 등을 들 수 있다.

경영자는 종업원이나 소비자가 지금 무엇을 원하는지 알아야 한다. 그리고 그것을 채울 수 있는 길을 마련하고, 그것으로 인해 생겨난 긴장을 풀 수 있도록 해야 한다. 그래야 삶이 편안해진다.

자아실현: 인간의 삶은 자아실현의 과정이다

현상학적 및 인간주의 접근에서 중시하는 개념이 있다. 바로 자아이론(self theory)과 자아실현(self-actualization)이다. 자아이론은 내가 누구이며 무엇을 할 수 있는가에 관한 것이라면 자아실현은 그 자아가 얼마나 성취지향적으로 나아가고 있는가를 살피는 것이다.

자아이론의 대표적 이론가는 로저스(C. T. Rogers)다. 그는 자아를 세 가지로 말한다.

첫째, 비지시적이다. 비지시적이라 함은 내담자 중심의 사고를 한다는 것을 말한다. 의사 중심이 아니라 내담자 중심이다. 의사의 지시적 행위에 기계처럼 따르는 것이 자아가 아니란 말이다. 그는 환자라 말하지 않고 내담자라 한다. 의사가 아니라 내담자로 하여금 스스로 변화를 일으켜 성장하고 성숙하며 적극적으로 변하게 한다.

둘째, 자아개념(self concept)이다. 자아(self)는 나는 무엇이고, 내가 무엇을 할 수 있는가에 초점이 맞춰 있다. 이상적 자아(ideal self)는 내가 되고자 하는 그 무엇이다. 실제의 자아와 이상적 자아가 같을 경우 문제는 없다. 그러나 일치하지 않을 경우 갈등이 생긴다.

셋째, 인간은 선천적으로 자아실현으로 나아가고자 하는 성향이 있다. 따라서 그는 자아실현을 동기를 부여하는 기본적인 힘으로 간주한다.

자아실현은 무엇일까? 삶이란 타고난 소질을 실현시키는 과정이다.

그 과정에서 인간이 가지고 있는 가능성과 능력을 더 완전한 형태로 발전시키고자 하는 것이 자아실현이다. 신이 인간에게 허락한 재능을 땅에 묻지 않고 정성을 다해 최고로 발전시키는 것이다.

로저스에 따르면 인간의 삶은 자아실현의 과정이다. 인간은 실현하고자 하는 성향(actualizing tendency)을 가지고 있다. 몸이 세포분열을 하고 근육조직이 발달하며 호르몬 작용을 하는 것은 유기체로서 성장을 지향한다는 것을 보여준다. 정체하지 않고 발전하는 것이다. 마찬가지로 인간은 자아를 실현하는 쪽으로 나아가는 성향(tendency toward self-actualization)을 가지고 있다. 자아에 부합하도록 행동하는 것도 이 때문이다. 개인이 남으로부터 긍정적 평가를 받고 싶어 하는 것(need for positive regard)이나 자기 자신으로부터도 그 같은 평가를 받고 싶어 하는 것(need for positive self-regard)도 같은 맥락이다.

로저스는 생래적 가능성 실현으로 삶을 유지해 인간의 격을 높이고자 했다. 프로이드와는 달리 개인과 사회는 상호보완적 관계를 가지고 있다 주장한다. 투쟁은 예외일 뿐 참모습은 아니다. 분쟁은 오해와 의심의 산물이므로 오해가 풀리면 인간은 조화와 협동관계로 간다. 그는 인간을 긍정적으로 보았다. 사자도 자기가 위협을 받지 않으면 다른 사자를 해치지 않는다는데 하물며 사람이랴. 자아실현도 그래서 중요하다.

마디(S. R. Maddi)는 자아실현의 속성을 다양하게 보았다. 현실지향성, 자기와 타자 그리고 자연세계의 수용, 자발성, 과업지향성, 독립성, 인류와의 동류의식, 민주적 가치, 수단과 방법의 구별, 독창성, 비동조성, 그리고 최고도의 자아실현은 자기초월에 있다고 했다.

자아실현하면 빼놓을 수 없는 인물이 있다. 바로 매슬로우(A. H. Maslow)다. 그에 따르면 인간은 생존성향(survival tendency)에서 실현성향(actualizing tendency)으로 간다. 생존성향은 생리욕구, 안전욕구, 소속 및 사랑욕구 등 결핍을 채우려는 것에 동기부여 되어 있다

(deprivation motivation). 이에 비해 실현성향은 인정과 존경을 받고자 하는 욕구, 자아실현 욕구 등 성장을 향해 동기부여 되어 있다. 두 성향은 서로 갈등관계가 아니고 전자가 어느 정도 충족되면 후자의 성향이 작동한다.

매슬로우의 욕구 5단계(need hierarchy)는 너무나 잘 알려져 있다. 그는 이것을 다섯 가지로 한정하진 않았지만 학자들이 쉽게 이해하기 위해 만들었을 뿐이다.

제일 아래엔 생리적 욕구가 있다. 음식, 물, 공기, 섹스, 잠 등이 자리한다. 이것은 생존에 꼭 필요하다 하여 생존욕구(survival need)라 하기도 한다. 종업원의 경우 임금이 될 것이다. 안전욕구에는 외부 위험이나 위협으로부터의 안전, 경제적 및 사회적 안전, 웰빙, 연금 프로그램 등이 있다. 산업사회에서 종업원의 안전은 매우 중요해지고 있다. 소속 및 사랑 욕구에는 소속감, 친밀감, 수용과 사랑 등 사회적 욕구가 자리하고 있다. 존경욕구에는 다른 사람들로부터의 존중(지위, 인정, 감사), 자기 존중(자신감, 유능감, 성취, 지식), 인간의 존엄, 가치 있고 존중을 받는다는 느낌 등 에고 욕구(ego needs)가 있다. 그리고 가장 정상의 자리엔 자아실현 욕구가 있다. 이것은 잠재능력의 실현, 계속적인 자기계발, 자아개념, 성취와 연결된다. 음악가는 타고난 재질에 따라 음악을 연주하고, 시인은 시를 씀으로써 자아실현을 한다. 최고의 경지에선 희열을 느낀다. 한 인간이 될 수 있는 것이 그 무엇이라면 그는 그런 사람이 되어야 한다(what a man can be, he must be). 최고의 능력을 발휘하라는 말이다. 생리적 욕구와 안전욕구는 육체적 욕구(physical needs)에 속하고, 사회적 욕구와 존중욕구는 사회관계적 욕구에 속하며, 자아실현만이 자아욕구(self need)에 속한다.

매슬로우는 욕구단계에서 두 가지 가정(postulate)을 내세웠다. 인간의 욕구는 단계적으로 볼 수 있다는 것이고, 만족된 욕구는 더 이상 행동의 동기요인이 되지 않는다는 것이다. 낮은 단계의 욕구가 채워지면 다른 높은 단계의 욕구가 즉시 나타난다. 높은 단계가 만족되면 새롭고 더 높은 단계가 나타난다. 더 나아지고 싶은 인간의 욕구는 한정 없다는 말이다. 성숙한 사람일수록 고차원적 욕구를 가진다. 고차원 욕구가 만족되면 행복감을 느끼고 평온하며 내적 삶이 풍부해진다. 생물학적으로도 효율성이 높고 건강하며 수명도 길다. 욕구 체계는 어느 사람에게나 고정되어 있다 하지만 예외도 있다. 간디는 생리적 욕구나 안전욕구가 충족되지 못했지만 자아실현에 도달했다. 정신질환자나 이상성격 소유자, 권위주의적 성격 소유자는 저차원의 욕구충족에 고착되는 경우가 많다.

매슬로우는 자아실현인으로 스피노자, 제퍼슨, 링컨, 아인슈타인 등을 든다. 대학생 중에 1%가 이에 속한다고 말한다. 그에 따르면 자아실현인은 절정경험(peak experience)을 한다. 아름다움, 선함, 진리, 총체성, 완전, 생동감, 독특함에서 자아실현감을 갖는다.

매슬로우는 자아실현을 위해 유사이키안(eupsychian) 사회를 꿈꿨다. 유사이키안은 문자적으로 좋은(eu) 정신사회다. 그가 만든 조어로, 자아실현인들이 이상적인 환경 속에서 살아가는 사회다. 그는 1,000여 명의 자아실현인들이 어느 보호된 섬에서 아무런 간섭도 받지 않고 이상적인 사회를 만들어가는 사회를 설정하고 꿈꿨다. 그뿐 아니다. 그는 유사이키안 경영을 강조했다. 기업경영에서도 이것을 적용할 수 있다는 말이다.

그는 이 욕구단계를 정태적으로는 보지 않았다. 환경조건에 따라 저차원의 욕구가 만족되지 못했다 해도 고차원의 욕구가 나타날 수 있다. 상황적이라는 말이다. 하지만 그는 자아실현 욕구만을 유일한 성장욕구로 보았다. 자발적이고 창조적이며 끊임없이 자기성취를 추구한다는 말이다. 이에 반해 다른 욕구들은 결핍욕구(deficit needs)다. 이런 욕구들이 결여되었을 때 자극을 받아 스스로 이를 이루고자 한다.

매슬로우의 욕구단계론이 발표되자 이에 대한 검증이 있었다. 비어(Beer)는 동기부여 조사결과 매슬로우의 모델은 종업원들이 선호하는 욕구를 측정하는 데는 상당히 신뢰할 만한 것이었다. 자아실현, 존경, 사회적 욕구는 중시되고 생리적, 안정 욕구는 덜 중시되었다. 하지만 욕구충족과 비어의 동기부여측정결과 사이에는 어떤 상관관계는 없었다. AT&T 조사연구에서도 욕구변화와 욕구강도 사이의 상관관계는 약했다. 매슬로우의 이론을 적용하는 데는 한계가 있다는 말이다. 와바(M. Wahba)와 버드웰(L. Birdwell)도 한 수준의 욕구충족이 다음의 더 높은 수준의 욕구행동과 연관성이 적다며 매슬로우 모델을 지지하지 않았다. 클라크(Clark)는 각 욕구 수준이 활성화될 때 생산성, 결근, 인사이동이 어떻게 되는가를 측정했고 로러(E. Lawler)와 포터(L. Porter)는 생리적 욕구를 제외하고 여러 욕구 충족과 업무수행 간의 상관관계를 조사했다. 그들의 결론은 저조한 상관관계를 보였다. 그러나 높은 수준의 욕구를 충족시키는 것이 낮은 수준의 욕구를 충족시켰을 때보다 높은 성과를 보였다.

매슬로우에 대한 비판도 있다. 매코비(M. Maccoby)는 모든 사람을 획일적 단일 발달기준으로 평가하는 모순이 있다고 포문을 열었다. 특정 욕구 또는 창의적 욕구를 가진 상이한 인간성격 이해에는 부적절하다는 것이다. 사회적 요인과 개인발달 사이의 관계를 이해하는 기반으로서도 부적합 판정을 내렸다. 또한 몰사회적이며 내적 갈등을 무시하고 발전적 욕구와 퇴행적 욕구 사이의 구분도 없다고 했다. 매슬로우는 자아실현 하는 승리자를 찬양하는 대신 산업체계의 희생자를 비난함으로써 승리자와 패배자를 선정하고, 순진하고 수동적이며 교육을 받지 못한 사람을 착취하고 조정하는 체제를 비판할 수 없게 했다고 했다.

그뿐 아니다. 스미스(M. Brewster Smith)는 매슬로우의 자아실현인간은 융의 초월적 자아라기보다 반지성주의와 낭만적 충동성을 강조하는 관능적 편견 위에 있다 했다. 또한 매슬로우가 언어, 문화, 자아의식을 가진 인간의 생물학적 기록의 단절성과 이에 따른 사회의 도덕적 질서를 무시했으며, 인간에 대한 준생물학적 모형은 윤리학, 정치학, 미학을 배제시킨다 했다.

　매슬로우가 어떻게 받아들일지 모르지만 비판도 만만치 않다. 인간 모두가 이런 단계에만 매달리는 존재가 아니란 것이다. 하지만 인간을 긍정하고 발전지향적으로 보았다는 점에서 자아실현론이 기여한 바가 적지 않다.

내용이론과 과정이론: 돈보다 중요한 것이 있다

경영자가 동기부여를 하고자 할 때 어느 것에 초점을 맞춰야 할까? 인센티브를 더 주는 것일까 아니면 도전과 성취감을 높이는 것일까? 외재적이든 내재적이든 보상은 공정해야 하지 않을까? 이런 생각이 든다면 동기부여이론 중 내용이론과 과정이론에 주목할 필요가 있다.

동기부여이론은 크게 내용이론(content theories)과 과정이론(process theories)으로 나눌 수 있다.

내용이론은 사업장에서 사원들에게 동기를 부여할 때 무엇이 그들의 마음을 움직이게 하는가에 관심을 두고 있다. 테일러(Taylor), 길브레드(Gilbreth), 갠트(Gantt) 등 과학적 관리는 임금과 인센티브의 역할을 강조했다. 돈이 중요하다는 것이다. 인간관계론은 작업조건, 안전, 감독의 민주적 스타일을 강조했다. 하지만 매슬로우는 존중이나 자아실현과 같은 고차원의 욕구를 강조했다. 허츠버그(F. Herzberg)는 내용을 위생요인과 동기부여요인 등 두 요인으로 나누었고, 그 가운데서 도전, 성취, 성장, 인정, 책임을 강조한 동기부여요인의 중요성을 강조했다. 알더퍼(Alderfer)는 ERG이론을 제시했다. 매슬로우, 허츠버그, 알더퍼 모두 통하는 부분이 있다.

허츠버그는 1959년 피츠버그 심리학연구소 주관으로 그 지역 11개 부문의 산업에서 203명의 회계사와 기술자들을 대상으로 직무경험과 직무태도에 조사를 했다. 질문의 내용은 크게 두 가지였다. 작업수행

중 어떤 일로 불행에 빠지거나 불만을 느끼게 되었는가? 작업수행 중 어떤 일로 행복하고 만족을 느끼게 되었는가? 조사결과 인간은 일에 불만을 느낄수록 자기가 일하고 있는 환경에 관심을 가지고, 일에 만족할수록 일 그 자체에 지대한 관심을 갖게 된다는 것이었다.

첫 번째 욕구 범주는 인간의 환경에 관계되어 있고, 이것이 불만을 일으키는 것으로 보았다. 따라서 이것을 예방함으로써 불만을 줄일 수 있는 불만족 요인, 곧 위생요인(hygiene factor)으로 간주했다. 위생요인이라 한 것은 의학에서 위생을 예방적이고 환경적으로 보았기 때문이다. 위생요인에 해당하는 것은 회사의 정책과 관리, 감독, 작업조건, 대인관계, 임금, 부하와 상사, 직무안전성, 개인생활에 미치는 직무요인 등이다. 환경변화에 따라 가치관도 변한다.

두 번째 욕구 범주는 보다 높은 업적을 위해 사람들을 동기 부여하는 데 유효하다 생각하여 이를 동기부여요인(motivators) 또는 만족요인으로 보았다. 동기부여요인으로는 성취, 성취에 대한 인정, 도전적인 직무 그 자체, 책임, 승진, 성장 및 발전 가능성 등이었다. 동기부여요인은 보람 있는 작업을 통해 자아실현을 한다.

그에 따르면 두 요인은 서로 구분 격리된 별개의 현상이다. 연속체의 양극이 아니다. 불만족요인이 충족되었다고 해서 그것이 곧 만족요인이 되는 것은 아니다. 예를 들어 부가급부가 없으면 불만족을 느끼지만 그것이 있다 해도 진실로 동기부여가 이뤄지는 것은 아니다. 어떤 요인이 불만족의 원인이 아니라 해서 그것이 곧 만족의 원인이라 볼 수 없다는 것이다. 이것은 아브라함이 아담으로 대치될 수 없는 것과 같다. 아담의 욕구를 충족시키는 것이 아브라함의 욕구에 큰 영향을 미치지 못한다. 그러므로 위생요인이 동기부여에 도움이 되지 않는다는 것이다.

그러므로 동기부여를 위해서는 자아실현 욕구를 바탕으로 한 동기부여요인을 충분히 고려해야 하며, 동기부여 된 종업원에게는 직무충실화(job enrichment)를 확보해주어야 한다. 직무충실화는 비슷한 일을 더 많이 하게 해 도전이나 성장의 기회를 주지 못하는 직무확대화(job enlargement)가 아니라 직무의 내용을 의욕적으로, 실제적으로 증대시켜 일에 대한 도전감과 성취감을 갖게 한다.

허츠버그는 두 요인이 서로 독립되었다고 주장했다. 그러나 작업에서는 상당기간 두 요소 모두 작용하고 있어 과연 이 주장이 옳다고 볼 수 있는가 하는 이른바 허츠버그 논쟁(Herzberg controversy)을 불러일으켰다. 같은 요인이 만족 또는 불만족 요인이 될 수 있음을 간과했다는 주장도 있다. 하지만 그는 직무설계 때 직무확대보다 직무충실이 중요하고, 외재적 동기부여보다 내재적 동기부여가 중요함을 일깨워주었다.

알더퍼의 ERG 이론은 생존욕구(Existence needs), 관계욕구(Relatedness needs), 성장욕구(Growth needs)의 영어 첫 자를 딴 것이다. 생존욕구는 인간의 삶에서 기본적으로 필요한 것으로 의식주와 연결된다. 직무의 경우 봉급, 부가급부, 안전한 작업조건, 직업안정 등이 이에 속한다. 관계욕구는 직무 안에서나 밖에서 다른 사람과의 상호관계에서 요구되는 욕구들이다. 그리고 성장욕구는 개인의 능력을 계발하고 발전시키고자 하는 것을 말한다. 한 단계의 욕구가 만족되면 다음 단계로 진행되며(만족-진행), 더 높은 욕구가 좌절되면 퇴행된다(좌절-퇴행). 각 단계의 욕구 강도는 개인마다 다를 수 있다.

과정이론은 동기를 부여하는 변수가 무엇인가에 관심을 가지고 있으며, 특히 그 변수들이 서로 어떻게 연관되는가에 주목한다. 레빈(K. Lewin)과 톨만(Tolman)은 기대의 중요성을 강조했다. 브룸(V. H. Vroom)은 유의성(valence), 기대(expectancy), 도구성(instrumentality)과 같은 개념을 발전시켰다. 포터(L. W. Porter)와 로러(E. E. Lawler)는 성과와 만족의 관계를 규명했다. 로러는 나아가 E→P(노력→성과) 기대와 P→O(성과→결과) 기대를 구분했다. 이 밖에 페스틴거의 인지부조화 이론과 호만스(Homans)의 교환이론(exchange theory), 그리고 아담스(J. S. Adams)의 공정성이론(equity theory)도 과정이론에 속한다.

브룸에 따르면 유의성은 특정 결과에 대한 개인선호 강도를 말한다. 인센티브, 태도, 기대효용이라는 용어로 대치가 가능하다. 개인이 결과에 대해 무차별적이거나 어떤 결과를 얻어낼 수 없을 때 개인행동을 유발시키지 않는다. 그러나 유의성이 높을 경우 바람직한 결과를 얻기 위해 선택적 행동을 한다. 기대는 그 같은 행동을 했을 때 거기서 얻을 수 있으리라 예측한 개인적 기대치다. 주관적 확률로 0에서 1까지 있다. 유의성과 기대치가 모여 동기부여를 촉발하게 된다. 이 속엔 매슬로우와 허츠버그에서 볼 수 없는 복잡한 동기부여 과정이 있다. 개인이 택하는 행동 선택은 그가 가진 심리적 상태에 달려 있다. 브룸의 과정이론은 개인의 목표와 조직의 목표가 다름을 보여준다. 개인의 목표는 금전, 안전, 인정이지만 조직의 목표는 생산목표의 달성에 있기 때문이다. 이 이론만으로는 동기부여에 따른 의사결정과 실제 동기부여 문제해결에 별 도움을 주지 못한다. 만족과 성과 사이의 관계도 밝혀주지 못하였다.

포터와 로러의 이론은 일종의 기대이론으로 브룸의 것보다 실제적이다. 이 이론은 만족을 해야 성과가 높다는 전통적 사고에 일대변화를 가져왔다. 성과가 만족에 영향을 준다고 보았기 때문이다. 하지만 그 만족은 외재적 그리고 내재적 보상에 대한 공정성 여부에 달려 있다. 성과에 대한 보상이 기대에 못 미칠 경우 만족할 수 없다. 그러므로 이들은 노력-성과-보상에 있어서 보상을 최대화하려는 관점임을 알 수 있다. 일정수준의 성과에 대해 그 보상의 크기가 개인이 받으리라 기대한 공정한 보상과 같거나 그 이상이 되어야 한다. 그럴 경우 만족을 하지만 그렇지 못하면 불만을 가진다. 이 점이 이 이론의 특징 가운데 하나다.

로러는 기대이론을 다시 정리해 두 가지 유형의 기대를 제시했다.

하나는 E→P 기대이고, 다른 하나는 P→O 기대이다. 전자는 첫 번째 기대로 의도한 성과를 이룰 확률이다. 객관적 상황, 개인의 자기존중, 과거 경험, 다른 사람과의 소통이 중요하다. 이것이 P→O 기대에도 영향을 준다. 후자는 두 번째 기대로 성과가 특정 결과를 낳을 확률이다. E→P 기대, 결과에 대한 매력, 통제점(locus of control)이 외적이냐 내적이냐에 따라 좌우된다. 이것은 미래 성과와도 직결된다.

브룸, 포터와 로러는 수학적 모형을 이용했다. 집단의 성과를 예측하기 위한 이 모델은 내용이론과는 다르다. 조사결과 능력은 성과에 크게 작용하지 못함을 발견했다. 이 모델의 단점은 개념정의가 불분명하다는 데 있다. 도구성은 성과-보상 확률을, 기대는 노력-성과 확률을 사용하고 있다. 그러므로 구체화된 접근방법은 있어도 이를 통일하기 어렵다.

스미스(P. Smith)와 크래니(C. J. Cranny)는 과정을 더 단순히 만들어 성과를 노력, 만족, 보상이라는 3자관계로 풀어냈다. 여기서 열쇠는 노력에 있다. 성과는 노력에 의해서만 영향을 받기 때문이다. 성과는 심장부에 위치에 있으면서 보상과 만족에 영향을 준다. 이 모형은 전문적 기술용어가 적어 활용에 어려움은 없다. 그러나 예측과 문제해결을 위한 논리적 목표설명은 부족하다.

아담스는 공정성이론을 통해 동기부여 과정이해에 도움을 주었다. 그에 따르면 인간은 자기의 투입과 산출의 비와 타인의 그것을 비교하여 불공정성을 지각할 때 긴장을 일으키며 이 긴장이 클수록 불공정성도 커진다. 이것은 대등한 노력 수준에서는 균등한 대우를 받고 싶어 한다는 것을 적나라하게 보여준다. 개인은 불공정성에 따른 긴장을 줄이기 위해 생각을 달리한나든지, 직장을 그만둔다든지, 비교인물을 바꾼다든지 다양한 방법을 사용하게 된다. 그러나 아담스이론은 불공정의 지각요소를 설명하지 못하고 자기비율과 타인비율을 종합하는 방법과 과정을 설명하지 못하고 있다. 기대이론과 공정성이론이 어떤 관련이 있는지 설명도 필요하다. 불공정성 이해엔 도움이 되지만 이 이론을 실제 예측과 통제 용도로 사용하기는 힘들다.

　내용이론과 과정이론은 동기부여에 관한 이론화에 크게 기여했다. 각 이론이 가지는 한계도 있지만 경영자로 하여금 돈보다 더 중요한 것이 있다는 것을 일깨워주었다. 봉급이나 작업조건 등은 무시할 수 없는 것들이다. 그러나 성숙한 사람은 그것만이 모두가 아니라고 말한다. 조금 힘들더라도 도전적이고 성취감을 느낄 수 있으면 더 좋다. 산을 올라본 사람이 자꾸 산을 오른다. 그 느낌을 알기 때문이다. 경영자는 상당수 종업원들이 이런 경지에 있다는 것을 알아야 한다. 인간은 기계가 아니다.

인성: 인성은 내적인 자아의식이다

인성을 가리키는 단어 personality는 두 가지 라틴어 단어에서 유래된 것으로 추정하고 있다. 하나는 "--을 통해 말하다(to speak through)"는 뜻을 가진 라틴어 '페르 소나레(per sonare)'다. 무엇을 통한다는 것인지 정확히 알 수 없다. 그런데 다른 하나에서 그 추정이 가능하다. 고대 희랍이나 로마에서 배우들이 가면을 쓰고 그에 맞는 역을 했다. 그 가면이 '페르조나(persona)'다. 가면을 보면 그가 어떤 역할을 할지 사람들은 예측할 수 있었을 것이다.

인성은 한 인간이 가진 특성의 총합이자 개인의 전인성과 독특성을 드러내는 내적인 자아의식이다. 생리적 요인이나 환경적 요인으로 설명될 수 없는 심리적 차원의 것이 대부분이지만 사람들은 대인관계를 통해 이것을 읽어내고 상대를 대한다. 인성을 말할 때 잊지 말아야 할 것이 있다. 인성은 그 사람의 지속적인 면(continuity)을 통해 인식되어야 한다는 점이다. 한 번 화내는 것을 보고 그가 화를 잘 내는 성격이라고 말하지 않아야 한다는 말이다. 또한 고정관념을 통해 사람을 인식하고 대해선 안 된다는 점이다. 고정관념이 작용하면 그 것은 상대에게 아픔을 준다. 본인의 인격형성에도 좋지 않다.

인성은 어떻게 형성될까? 유전공학자들은 유전의 역할을 강조한다. 유전자가 행동을 변화시키고 통제한다는 것이다. 어떤 이는 뇌의 역할을 강조한다. 뇌에 전기 자극을 주면 긴장도 감소시키고 창의적인 사고도 일깨운다는 것이다. 어떤 이는 신체적 특성이 영향을 준다 하고, 어떤 이는 문화가 영향을 준다 하고, 어떤 이는 가족 중에서 몇 번째로 태어났는가에 따라 달라진다고 한다. 친척과 동료, 이웃, 선생, 직장 동료도 영향을 준다. 그때마다의 상황도 영향을 준다. 밀그램(S. Milgram)의 가짜 전기충격실험이 그 예다. 전기충격을 가장한 실험이었는데 참여자는 볼트가 올라갈 때 소리를 질러댔다. 고통스럽다는 것이다. 사실 전기충격은 없었는데 말이다. 참 심리는 알 수 없다. 지진은 자연현상인데도 동경지진 때 많은 한국인이 죽임을 당했다. 한국인에 대한 고정관념 때문이었다.

학자들은 인성을 측정하고자 한다. 양적인 차이를 밝히려는 것이다. 이것도 의미가 없는 것은 아니지만 만일 피연구대상자가 연구대상이 되었다는 것을 알면 부자연스럽게 행동할 가능성이 아주 높다. 그만큼 객관적으로 연구하기 어렵다.

대부분의 학자들은 인성이 단계적으로 달라진다고 말한다. 프로이드는 성심리(psychosexual) 차원의 5단계를 말했고, 에릭슨은 사회심리(psychosocial) 차원의 8단계로 말했다. 피아제는 인지 및 지적 발달 차원에서 4단계를 설정했다.

이에 반해 아지리스(C. Argyris)는 미성숙에서 성숙으로 간다 했다. 단계가 아니라 연속선(continuum)이다. 그런데 특이한 것은 미성숙이 공식조직에 의해서 이뤄진다는 지적이다. 왜 그럴까? 조직은 구성원에게 어린아이 같은 역할을 강요하며 성장을 방해한다는 것이다. 조직은 통제를 위해 개인의 자아실현 욕구를 무시하고 타율적 존재로 만든다. 전문화, 계층화, 명령일관화로 좌절을 증대시킨다. 개인은 이를 해결하기 위해 물질에 치중한다든지 비공식조직을 만드는 등 방어기제를 형성한다.

이 문제를 해결하기 위해 아지리스는 개인과 조직이 함께할 수 있는 혼합모형(mix model)을 제시했다. 본질적 속성으로부터 멀어진 상태에서 본질적 속성으로 나아가 균형을 회복하자는 것이다. 조직은 개인의 심리적 성공을 실현토록 설계되어야 하며, 개인은 사명감을 가지고 직무에 임해야 한다. 각자는 사명의식을 높이 가져야 하며 스스로 통제할 수 있도록 해야 한다.

인성이론은 크게 유형론(type theory)과 특질론(trait theory)으로 나눈다. 전자는 질적 접근을 하는 것으로 인간성격을 그 특징에 따라 질적으로 다른 종류로 구분하려 한다. 후자는 양적 접근을 하는 것으로 개인의 특징이 질적으로 다르기보다 양적인 차이가 있음에 주목한다.

먼저 유형론을 보자. 크레치머(E. Kretchmer)는 체격에 따라 정서적 감수성이 다르고, 정신병에 걸릴 소질도 체격에 따라 다르다 했다. 키가 크고 마르면 분열증에 걸리기 쉽고, 작고 뚱뚱하면 조울증에 걸리기 쉽다는 것이다. 쉘던(W. Sheldon)은 발생학적 근거에서 내장기관이 발달한 체격은 먹기 좋아하고 몸이 편하기 바라며 사교적 기질을 가지고 있다고 보았다. 골격이나 근육이 발달한 사람은 정력적이고 운동을 좋아하며 담백한 기질을 가지고 있다. 그리고 피부와 신경계통이 발달한 사람은 감수성이 높고 걱정을 잘하며 사람과 어울리기 싫어하고 혼자 있기를 좋아한다. 이 두 이론은 실제 체격과 성격구성에 큰 상관관계가 없음이 알려져 있다.

체액에 따라 성격을 분류하기도 했다. 고대 그리스의 경우 혈기가 많으면 다정하고 유쾌하다 했다. 점액이 많으면 행동이 느리고 성질도 느긋하다. 흑담즙이 많으면 우울하고 슬퍼하기 잘한다. 담즙이 많으면 쉽게 화를 내고 행동이 민첩하다. 어떤 이는 내분비선의 무게와 형태에 따라 성격의 차이가 있다고 주장하기도 하고, 어떤 이는 자율신경계통의 교감신경과 부교감신경의 균형상태가 성격과 관계가 있다고 주장하기도 한다. 우리는 흔히 혈액형을 가지고 쉽게 성격을 논하는데 범위가 너무 넓고 정확하지 않아 인정을 받지 못하고 있다.

신체적 조건과 관계없이 심리적 내용에 따라 구분하기도 한다. 융은 내향성과 외향성으로 구분했다. 리스만(D. Riesman)은 사회적 가치에 근거해 전통지향성, 내적지향성, 타자지향성으로 구분했다. 프리드맨(M. Friedman)은 완벽주의적인 A형과 느긋한 B형으로 나누었고, 말스턴(W. Marston)은 DISC, 곧 지배형(D), 영향형(I), 후원형(S), 그리고 순응형(C)으로 나누었다.

맥코비(M. Maccoby)는 장인, 정글 파이터, 조직인, 게임인 등으로 구분했다. 장인(匠人)은 생산과 축적, 작업윤리, 존경, 질과 검약의 전통을 중시한다. 일에 흥미가 있고 완전을 목표로 하며 보다 나은 것을 이루는 데 기쁨을 느낀다. 정글 파이터(Jungle fighter)는 권력추구와 방어메커니즘에 익숙하다. 권력을 탐하고 상대방을 무너뜨리는 데 쾌감을 느끼며, 멸망에 대해 공포감을 갖고 있고 유아독존을 좋아한다. 조직인(organizational man)은 조직에 잘 동조한다. 실패에 대해 두려움을 갖고 있으며 권위에 의해 인정받기 좋아하고 지위확보를 가치 있게 생각한다. 게임인(gamesman)은 도전적이고 경쟁적이며 모험을 좋아한다. 인생을 하나의 놀이로 간주한다. 경쟁과 혁신 아래 의욕적으로 팀을 이뤄 나가며 환경변화에 빠르고 신축성 있게 대처한다. 후기산업사회에 적합한 인성이나 인생을 이김과 짐의 놀이로 본다면 다소 곤란한 점도 있다.

유형론은 육체적 구조나 심리상태에 따라 인성을 그룹화한다. 결국 인간을 전인격적으로 보지 못한다는 비판을 받는다. 인성을 지나치게 단순화함으로써 인간이해에도 방해된다. 그리고 유형을 지나치게 강조하면 운명론에 빠질 우려가 크다.

특질론도 여러 이론이 있다. 올포트(G. Allport) 등은 개인의 기본가치(basic valus)에 따라 사람을 이론적인 사람, 경제적인 사람, 심미적인 사람, 사회적인 사람, 정치적인 사람, 그리고 종교적인 사람으로 나누고 양적인 차이를 살폈다. 사람은 기본적으로 이 모든 요소를 골고루 가지고 있지만 양적인 차이는 존재한다는 것이다. 올포트는 비교할 수 있는 공동특질도 있지만 비교할 수 없는 독자적 특질도 있음도 인정했다. 캐텔(Cattell)은 결집분석과 요인분석을 통해 성격을 16개로 나눠 항목표를 작성했다. 수많은 성격특성을 반영하는 문항을 만들어 상관계수를 계산하고 요인으로 묶어 인성을 결정하는 특질을 찾아낸 것이다.

초기 사색가들은 질적인 방법을 선호했다. 하지만 지금은 개인의 특징이 질적으로 다르기보다 양적으로 차이가 있음에 주시하고 있다. 그렇다고 양적인 연구가 늘 환영을 받는 것은 아니다. 인간은 수치로만 나타낼 수 없는 화학적인 요소가 분명 존재하기 때문이다. 개인의 인성을 100% 안다는 것은 불가능한 일이다. 인간은 그만큼 복잡하다.

프로이트: 당신의 심적 에너지 상태를 점검하라

프로이트의 관심영역은 한마디로 인간이해에 있다. 그의 이론은 인성과 인격형성 과정에서 부모 역할이 중요하다는 것을 알았으며 개인과 집단과의 관계, 사회 및 문화의 기원에 대해서도 나름대로 갈파했다. 그의 이론은 정신의학뿐 아니라 심리학, 사회심리학, 그리고 인류학 등에 큰 자취를 남겼다.

그의 이론의 중심에는 인간의 본능(instinct)이 있다. 본능은 심리적 과정의 방향을 결정짓는 생래적 조건이라 할 만큼 중요한 자리를 차지하고 있다. 각 본능에는 각기 다른 원천, 목표, 대상 및 추진력이 있다.

본능에는 여러 종류가 있지만 그는 크게 에로스(eros), 곧 삶의 본능과 타나토스(thanatos), 곧 죽음의 본능으로 나누었다. 이 명칭은 희랍신화에서 따온 것이다.

삶의 본능은 생존과 번식을 한다. 성본능이 그 예다. 초기에는 리비도(libido, 문자적으로는 wish, desire의 뜻)가 성본능 개념으로 사용되어 오다가 후반기에는 이를 삶의 본능 전체의 에너지로 정의했다.

죽음의 본능은 불변의 무기물 상태로의 회귀를 원하는 것이다. 파괴욕, 공격욕이 그에 속한다. 이 본능에 따르면 삶은 순간적 비정상 상태요 결국 죽음의 에움길이다. 그러므로 죽음은 정상에로의 복귀, 곧 무기물 상태로의 회귀라는 숙명론적, 결정론적 견해다.

그는 본능의 자리를 이드(id)에 두었다. 이드는 문자적으로 '그것'이라는 뜻이다. 이드는 심적 에너지의 큰 저수지와 같다. 본능은 심적 에너지의 총량을 조직하고 규제하므로 에고와 슈퍼에고를 형성하려면 심적 에너지가 이드에서 이동해야 한다.

이드의 성격은 아주 다르다. 가치, 이성, 이론에 지배되지 않고 쾌락원칙(pleasure principle)을 추구한다. 오직 긴장해소를 통한 쾌감의 추구가 목적이다. 욕구충족을 위해 대상을 찾고 마침내 목적을 이룬다. 충동적 인간의 전형적 모습이다. 에고나 슈퍼에고의 영향을 받을 경우 그 에너지가 공상이나 다른 행동, 곧 실언, 착각, 기억착오 등으로 표출된다.

에고(ego)는 쾌락원칙 대신 현실원칙(reality principle)을 따른다. 환경 등 여러 현실적 요인을 고려해 행동하는 것이다. 그래서 에고를 가리켜 본능충동감독자라 한다. 경험 있는 기수는 말의 행동을 잘 통제한다. 사고, 추리, 학습, 상상, 판단, 기억, 식별을 발달시켜 현실검증(reality testing)을 하는 것도 에고다. 이드에서 에고로 가면 인격성장에 도움이 된다. 에고의 힘이 강해지면 이드의 힘은 상대적으로 약해진다. 그렇다고 이드가 늘 지지는 않는다. 에고가 수비에 실패할 때가 있다. 평소 자제력이 있던 사람이 꾸준히 참다 화를 폭발시키는 경우가 그 예다. 하지만 에고가 힘을 발휘하지 못한다면 객관세계와 상호작용하기 어렵고 현실에 적응할 수 없다. 따라서 정신적으로 현실에 잘 적응하며 살아간다면 자신의 에고가 그만큼 건강하다는 증거다.

슈퍼에고(superego)는 완전원칙(perfection principle)을 추구한다. 부모를 통해서 전수된 사회의 전통적 가치와 이상을 반영하며, 도덕의 실행을 강조한다. 슈퍼에고는 자아이상(ego ideal)과 양심(conscience)을 통해 자리를 굳힌다. 자아이싱은 부모의 칭찬을 통해 형성된다. 완전, 곧 도덕적 선을 위해 노력했을 때 상을 준다. 그로 인해 우월감과 자부심이 생긴다. 양심은 부모의 처벌을 통해 형성된다. 도덕적 악에 대해 벌이 내려진다. 그로 인해 가책, 자기혐오가 생긴다. 양심은 무조건적, 절대적으로 이드나 에고의 작용을 정지시킨다. 이를 통해 도덕적인 인간이 형성된다.

그렇다고 슈퍼에고가 늘 좋은 것은 아니다. 이드의 대리자로 사용되는 경우 이드의 공격욕의 앞잡이가 되어 에고를 학대해 자살하게 만든다. 또한 자기의 고결한 도덕률로 남을 사정없이 매도해 이드의 공격욕을 충족시킨다. 이때 이드와 슈퍼에고는 비합리적, 무조건적이며 현실을 왜곡하고 변질케 한다는 점에서 공통점을 가지고 있다. 이 점에서 슈퍼에고는 두 얼굴을 가지고 있다. 그럴 땐 속지 마시라.

이드, 에고, 슈퍼에고는 인성과 인격을 설명하는 프로이트의 중심개념이다. 하지만 이 모두는 어떤 구체적 특성을 지닌 실체가 아니다. 오직 인격 속의 심리과정에서 그 역학을 설명하기 위한 분석개념일 뿐이다. 그래서 정신분석이다. 프로이트는 인격의 역동체계가 심적 에너지 분배 상태에 따라 인간행동의 유형이 달라진다고 보았다. 이 이론에 따르면 지금 나의 심적 에너지 상태가 어떤가가 중요하다. 이드 쪽이 많다면 나는 충동적 본능에 충실한 사람일 것이고, 에고 쪽이라면 현실적 인간이 될 것이다. 슈퍼에고 쪽이라면 도덕지향적 인물이 될 것이다. 하지만 때론 나를 자학하게 만든다는 점도 염두에 두어야 한다. 나를 한마디로 말할 수 없다. 지금 나를 알려면 분석이 필요하다.

에릭슨: 인간 생애의 각 단계마다 중심가치가 다르다

행동과 태도는 어릴 때 다르고 어른이 되어 다르다. 그 사이 변하기 때문이다. 유전적 요인도 있지만 환경과 지속적으로 상호작용하며 자라고 성숙한다.

인간의 발달에 영향을 주는 것은 무엇일까? 유전적 요인일까? 아니면 환경일까? 유전은 타고난 천성(nature)을 이룬다. 유전은 환경과는 다른 독립된 지위에서 생리와 심리에 영향을 준다. 그러나 환경은 다르다. 타고난 천성보다 양육(nurture)의 방법으로 영향을 준다. 문화에 따라 아이를 키우는 방법이 다르듯 환경도 물론 다르다. 촘스키는 언어의 선천성을 주장했고, 스키너는 언어의 후천성을 주장했다. 선천성과 후천성이 맞부딪친 것이다. 그러나 그것을 따로 갈라놓을 수 없다. 선천성과 후천성을 모두 고려하는 것이 좋다. 인간은 그 모든 것을 받아들이며 성장해왔기 때문이다.

몸의 성장과 변화는 환경과는 상대적으로 독립되어 있다. 정상과정에서는 환경에 영향을 받지 않는다. 나이대가 같으면 거의 같은 순서로 발달을 한다. 그러나 부적합과정에서는 환경의 영향을 받는다. 자궁의 아기는 엄마의 엉양상태, 알코올 또는 마약사용 여부에 영향을 받는다. 엄마가 어떤 상태인가 환경에 따라 태아는 그 영향을 고스란히 받는다.

인간은 연속적 발달을 할까 아니면 단계적으로 발달을 할까? 연속적 발달을 하면 경험을 통해 행동이 순조롭게 변한다. 단계적으로 발달할 경우 그 순서는 일정하지 않다. 하지만 각 단계마다 독특한 특색을 지닌다. 각 단계마다 주제가 다르고, 한 단계의 행동은 다른 단계의 행동과는 질적으로 다르다. 같은 단계에 있는 사람은 같은 발달 순서를 갖는다. 일반적으로 단계는 인지적 발달단계, 도덕적 발달단계, 사회적 발달단계를 거친다.

어린 시기로 가보자. 갓난아기도 환경에 반응한다. 흥미롭다. 특히 단맛과 향기로운 냄새를 좋아하며, 새로운 소리에 귀를 기울이고, 움직이는 물체에 관심을 보인다고 한다. 성장에 따라 몸의 숙련도도 달라지는 만큼 적절한 환경자극도 필요하다. 제약된 환경에서는 동작발달이 느리다는 조사도 있다. 이란의 한 고아원에서 조사한 결과 자극을 주지 않는 환경에선 42%가 2년에 혼자 앉고, 15%가 4년 만에 걸었다. 그러나 자극을 늘리면 동작발달도 빨라진다. 동작기술의 경우 초기 자극은 초기의 발달을 촉진시키기는 하지만 지속적인 효과는 의문이다.

사람의 인지는 어떻게 발달할까? 피아제(J. Piaget)는 어린이의 지적 발달을 연구하고 감각운동 단계, 전조작적 단계, 구체적 조작 단계, 공식적 조작 단계로 나누었다.

감각운동(sensorimotor stage) 단계는 태어나서 2살까지의 단계로 감각과 운동행위 사이의 관계를 발견하는 시기다. 물체를 잡기 위해 손을 자꾸만 뻗히는 것은 얼마나 뻗혀야 하는지를 알기 위함이다. 음식 그릇을 식탁 끝까지 자꾸만 밀어댄다. 어른들이야 그 결과를 알지만 아이는 알지 못한다. 그래서 어떤 일이 벌어지는지 알고 싶어 계속 민다. 아이도 흥미 있는 일에 관심을 가진다는 말이다.

전조작적(preoperational) 단계는 2살에서 7살 사이로 언어, 이미지, 단어 등 상징들을 사용한다. 자기중심적이어서 다른 사람의 견해를 수용하기 어렵다. 논리적 사고가 부족해 같은 양의 두 흙뭉치 중 하나를 다른 모양으로 만들 경우 무게가 서로 다르다고 판단한다.

구체적 조작(concrete operational) 단계는 7살에서 12살 사이로 논리적 사고를 한다. 수는 6살 때, 양은 7살 때, 그리고 무게는 9살 때 그 개념을 가진다. 이 나이대에 분류와 비교가 가능하다.

공식적 조작(formal operational) 단계는 12살 이후로 추상적 용어 사고가 가능하고, 문제해결을 위한 가설을 조직적으로 시험할 수 있다. 가설, 미래, 이념적 문제에 관심이 있다.

피아제의 이론에 대해 개인의 차이를 인정해야 한다는 비판이 있다. 어른이라고 해서 다 공식적 조작을 한다고 볼 수 없다는 것이다. 또한 특별훈련으로 각 단계를 향상시킬 수 있는가에 대해서는 실험결과 서로 다른 답을 가져왔다.

사람은 어린이 단계를 거쳐 성년(adolescence)이 된다. 사춘기 때는 성적으로 성숙한다. 개인마다 다르지만 여성이 남성보다 2년 정도 빠르다. 일찍 성숙하는 것과 늦게 성숙하는 것 모두 장단점이 있어 한마디로 단정하기 어렵다. 하지만 늦게 성숙하면 자아개념이 그만큼 빈약하다. 성적인 자유도 더 빨라져 킨제이 보고 때보다 거의 2배에 달한다. 성에 대한 기준도 달라지고 있다.

성년은 무엇보다 자기에 대한 정체성(identity)을 찾고 확립하는 일에 관심이 크다. "나는 누구인가?" 자기에 대한 그림을 확고히 하고 싶은 것이다. 하지만 정체성 위기(identity crisis)도 발생한다. 여러 역할을 하나의 정체성으로 종합하는 데 어려움이 생기면서 역할의 혼란을 겪는 것이다. 세대차이도 경험한다. 이것은 이해와 의사소통의 부족 때문이다. 그러나 결국 가치에 대한 평가는 비슷하다. 물론 그 평가는 나라마다 다를 수 있다.

지금까지 여러 얘기를 했지만 인간의 생애를 중심으로 한 간단하고 명료한 해석은 에릭슨(E. Erikson)에서 찾을 수 있다. 그는 사회적 적응에 초점을 맞추어 인성의 성숙과정을 8단계로 나누었다. 이른바 심리사회적 발달의 8단계이론이다. 이것은 생애의 각 단계에서 무엇이 중시되는가를 알 수 있다.

<표 2> 에릭슨의 8단계론

단계	시기	성공 대 실패 특성	중심가치	관심사항
초기유아단계	출생~1년	신뢰감 대 불신감	희망	감각성
후기유아단계	1~3년	자율성 대 수치와 의심	의지력	근육성
초기아동단계	4~5년	주도성 대 죄책감	목적	운동성, 동작
중기아동단계	6~11년	근면성 대 열등감	능력	수행성
사춘기/청년기단계	12~20년	정체감 대 역할혼란	성실	자아정체 개발
성인초기단계	20~40년	친밀감 대 고립감	사랑	친교, 내성
성인중기단계	40~65년	생산성 대 침체성	돌봄	안정, 실제성
성인후기단계	65 이상	자아통합 대 절망	지혜	성숙, 최고

출생에서부터 1세까지는 초기유아단계다. 이 시기는 어머니의 보살핌이 어떠했는가에 따라 달라진다. 보살핌이 민감하고 자신 있고 일관성이 있으면 아이는 남에 대해 기본적으로 신뢰하고 자신에 대해서도 확신을 갖는다. 아이는 세상을 안전하게 보고 남에 대해서도 신뢰감이 있다. 그러나 이러한 신뢰감이 발달하지 못하면 불신감이 커지고 불안과 소외감이 생겨 장차 위기해결에 문제를 발생시킨다.

1세부터 3세까지는 후기유아단계다. 이 시기는 부모와 아이 사이에 의지의 싸움이 시작된다. 아이는 대변과 소변을 봐야 할지 참아야 할지, 뛸지 걸을지, 침을 뱉을지 말지, 먹을지 말지, 순종해야 할지 말지를 선택해야 한다. 이런 가운데 자율성이 커진다. 이때 부모가 관용적인 가운데 확고하지 못하면 1단계로 퇴행할 수도 있다. 그렇게 되면 적개심과 수치심이 생긴다.

4세부터 5세까지는 초기아동단계다. 유치원 시절이다. 그때 아이는 가정환경에서 무엇이 허용되고 허용되지 않는지를 배운다. 언어능력과 신체적 기능이 성장해 생각하고 행동할 수 있게 된다. 무엇이 가능한지도 알게 되면서 스스로 뭔가 해보려 한다. 부모가 이 주도성을 민감하게 격려로 이끌어주고 다치지 않게 조심스럽게 보호해주면 주도적인 태도가 생긴다. 하지만 과다하게 처벌하거나 무시하면 죄책감이 생긴다.

6세부터 11세까지는 중기아동단계다. 이 시기에는 학교와 이웃과의 관계에서 경쟁행동을 학습하게 된다. 공부를 하다 보니 노는 것과 공상은 억제되지만 생산적 구성원이 되게 할 근면성은 격려된다. 그러나 불쾌한 학교경험, 학교생활에 대한 가족의 지지부족은 아이로 하여금 열등감을 만들어낸다.

12세에서 20세까지는 사춘기요 청년기단계다. 끝나고 성년기에 들어선 것이다. 아이는 이전 단계들에서 얻은 정보와 기술을 다져 개인의 정체성을 확립해 나간다. 이것은 자기가 남들이 지각하는 바와 일치하며 이것이 삶에서의 자기 자리를 위한 기초를 형성할 수 있다는 확신을 갖게 한다. 그러나 자신을 발견한다는 것은 어려운 작업으로 이따금 역할 혼란이 일어난다.

20세에서 40세까지는 성인초기단계다. 결혼을 하고 사회에서 경쟁하고 협동한다. 이 시기는 새로이 발견된 정체가 다른 사람에게 맡겨지는 때이다. 개인적 정체와 더불어 사랑, 친교, 친밀, 안정된 관계 등에 대한 능력이 생긴다. 행복한 결혼생활을 하며 서로 존중하고 참으며 공동의 목표를 세우고 추진해 나간다. 자아정체를 구축하는 과정에서 실패한 사람은 그러한 관계를 확립할 수 없어 종종 개인적 고립상태에 빠지거나 거짓된 친밀 형태를 만들어낸다.

40세에서 60세까지는 성인중기단계다. 이 시기는 삶의 중간대로 다음 세대에 공헌하려는 것이 지배적인 동기가 된다. 이 동기가 가족 부양으로 채워지기도 하고, 생산적이고 창조적인 사람이 됨으로써 채워지기도 한다. 다음 세대에 대한 관심도 커진다. 목표를 달성하지 못하고 자기가 해온 것에 대해 불만이 크면 자기 침체가 오고 자멸적인 자기중심성 내지 자기도취에 빠진다.

65세 이상은 성인후기단계다. 지난 과거의 삶을 반추하며 통합적인 감각을 가지면 이상적이다. 이 땅에서의 짧은 수명의 가치를 용납하고 만족한다. 경험, 사람, 사건들이 달랐더라면 하는 바람 없이 그들을 소중히 생각한다. 나이가 들어서도 교사보조, 도서관봉사 등을 하면서 공동체 생활에 적극 협조한다. 하지만 자기 존중감을 잃거나 외롭거나 삶이 후회스러울 때는 절망감에 빠진다. 죽음에 대한 공포, 실망, 분노 등 때문에 삶을 돌아보기 어렵고 현재를 따져보며 불만하게 된다.

에릭슨에 따르면 출생에서 사망까지의 인간의 생활단계는 신체적으로 심리적으로 성장하는 유기체와 상호작용하는 사회적 영향에 의해 이루어진다. 또한 각 단계마다 관심사항, 성공 및 실패특성, 그리고 중심가치가 다르다. 그가 중시하는 단계는 정체성의 위기를 겪는 청년기와 건강한 성격을 가지고 창조적이고 자발적인 면모를 보여주는 성인중기단계이다. 청년기는 자기의 정체감을 스스로 파악하여 조직사회에 보다 적응력을 높여나가야 하는 시기이며, 성인중기단계는 생산성이 가장 높아 조직에 기여할 수 있는 폭이 크기 때문이다. 에릭슨의 단계이론은 조직성원의 경력계획과 경력개발에 있어서 매우 중요한 몫을 차지하고 있다.

제2부

보다 **완전**한
삶을 **추구**하라

좌절: 자신의 능력에 맞는 목표를 세워라

살다보면 좌절하는 일이 한두 가지가 아니다. 만사가 뜻대로 되지 않기 때문이다. 그러나 일이 잘 안 될 때는 무조건 추진하려 하지 말고 다시금 생각하고, 목표를 너무 높게 잡은 것이 아닌지 다른 대안은 없는지 살펴볼 필요가 있다.

심리적으로 볼 때 좌절은 사실이라기보다 느낌이다. 원하는 목표를 향해 갈 때 길이 막힌, 그래서 돌아가야 할 원치 않은 과정이 발생하여 심적으로 지체감이 발생한 것이다. 막힘이나 지체는 환경의 장애 때문이기도 하고, 사회적으로 제약이 있기 때문이기도 하며, 개인적인 한계나 동기부여에 있어서 갈등이 발생하기 때문이기도 하다.

갈등이라고 다 같지 않다. 서로 배타적인 두 동기 사이의 관계가 어떤가에 따라 달라진다. 두 동기 중 어느 것을 택하든 좋은 것이라면 접근-접근 갈등(approach-approach) 상황이다. 나귀가 앞에 있는 두 사료 뭉치를 보며 어느 것을 택할까 고민한다. 즐거운 고민이지만 고민하다 어느 것도 취하지 못하고 굶어죽기도 한다. 두 동기 중 하나는 좋은 데 다른 하나는 나쁜 경우가 대부분이다. 접근-회피(approach-avoidance) 갈등이다. 운동선수가 운동소질을 따라 갈 것인가 아니면 좋은 성적을 따야 할 것인가 고민하는 것이나 캔디는 맛이 있지만 살을 찌게 하니 먹을지 말지 고민하게 한다. 독립 대 의존, 친밀 대 고립, 협력 대 경쟁, 충동표출 대 도덕적 기준도 이에 속한다. 두 동기

중 어느 것을 택해도 상황이 좋지 않은, 그래서 그 모두 피하고 싶은 갈등 상황도 있다. 회피-회피(avoidance-avoidance) 상황이다. 두 가지 모두 위협적이어서 그 어느 것도 선뜻 택하기 어렵다. 최악의 고민이다.

좌절에 대한 반응은 크게 공격(aggression), 무감각(apathy), 또는 퇴행(regression)으로 나타난다.

공격은 대상에 따라 직접공격(direct aggression)과 대체공격(displaced aggression)이 있다. 직접공격은 대상에 대해 직접 공격하는 것이다. 목표달성 가능성이 있다고 판단될 경우 장애요인에 직접 도전한다. 외면적 공격이다. 그러나 비관적이라 판단될 경우 공격은 내면적이 된다. 깊게 생각해봐야 한다. 대체공격은 사실 무엇을 공격해야 할지 알지 못한다. 직접적인 대상이 아니라 다른 대상에 화풀이를 한다. 자기도 모르는 사이에 속죄양이 되고 만 대상은 억울하기 그지없다. 히틀러 시대에 유대인들이 학살된 것이 그 예다. 소수집단에 대한 증오가 높아지면 인종적 편견이 작용한다. 보스턴의 청교도들이 아일랜드계 가톨릭교도들에 가한 행동이나 캘리포니아 주가 멕시코 불법이민자나 전시 일본인에 대해 취한 강제조치들, 백인이 흑인에 가한 행동들 모두 이에 속한다. 살인이나 재산파괴 형식의 공격은 평시에는 금지된다. 하지만 전시 경우는 다르다. 적이나 그 동조자로 간주되기 때문이다.

무감각은 무관심(indifference), 퇴각(withdrawal)이다. 기본적으로 학습된 무력(learned helplessness)이 그 원인이다. 예를 들어 공격적인 폭발을 시도했지만 실패를 맛본 사람은 자신의 행동에 의해 욕구를 만족시킬 힘이 없다는 것을 알고 차후 그 같은 좌절 상황에 당면하면 무감각해진다. 셔틀 박스(shuttle box), 곧 두 칸이 장벽으로 분리된 기구에서 개를 대상으로 실험을 했다. 철사에 전기가 들어오기 몇 초 전에 전구에 불이 켜지면 개는 신호에 맞춰 안전한 칸으로 넘어가야 쇼크를 피할 수 있다. 그러나 개가 이전에 그 신호에 맞춰 갔어도 쇼크를 피할 수 없었던 경험을 한 경우 고통을 피할 수 있게 했는데도 그대로 주저앉아 쇼크를 받았다(Seligman, 1975).

무감각은 장기간의 좌절에 대한 반응이기도 하다. 수용소나 포로수용소의 수용자들, 예를 들어 나치수용소의 유대인이나 전쟁포로의 경우 도주할 희망도 기력도 없는 좌절 상태에 있다. 계속적인 박탈, 고문, 죽음의 위협에 처하면 모든 것에 무감각해진다. 정서도 찾아보기 어렵다.

퇴행은 좌절 상황에서 미숙한 행동으로 되돌아가는 것을 말한다. 욕구가 좌절되면 더 어린 연령의 행동특징을 보이는 것이다. 예를 들어 좌절한 아동의 경우 그림을 그리는 대신 마구 낙서를 해댄다. 다리미질을 시키면 하는 척하면서 다리미질 판을 부수는 행동을 나타낸다. 장난감 자동차를 가지고 놀면서 목적 없이 마구 밀어낸다. 변을 가리던 세 살 아이가 동생이 태어나자 다시 오줌을 싸기 시작한다. 부모의 주목을 받고 싶은 것이다. 성인이라고 예외가 아니다. 욕을 하고, 고함을 지르고, 주먹다짐을 하고, 어른답지 못한 행동을 한다. 대응노력을 포기하거나 다른 사람이 자기문제를 해결해주기 바라기도 한다. 퇴행이다.

좌절에 대한 대처방안으로 과연 무엇이 있을까? 무엇보다 능력에 맞는 목표를 세우는 것이 중요하다. 좌절은 개인의 성공척도에 따라 다르다. 그 척도는 상대적이다. 열망수준과 그 열망은 성취할 수 있는 능력과 맞아야 한다. 자기 능력을 뛰어넘는 목표를 설정할 경우 실패할 가능성은 아주 높다. 능력에 맞게 목표를 설정하는 것이 답이다. 나아가 개인적인 목표를 추구함에 있어서 장애물에 직면했을 경우 나도 할 수 있다는 자신감을 길러줘야 한다. 주도하고 인내하고 끈기 있게 나아가는 능력을 키우는 것이다. 이것은 어느 정도의 공격성이 필요하다는 말이다. 따라서 자신을 좌절에 굴복시키지 말고 이에 걸맞은 특성을 배양하도록 한다. 끝으로 새로운 대안을 찾는 것도 방법이다. 새로운 각오를 다지며, 지속적으로 장애를 극복하도록 노력하면 성공이 보인다.

공격성: 우리 사회는 공격성에 포위되어 있다

공격성(aggression)은 다른 사람을 해하거나 재물을 파괴할 의도를 말한다. 공격성이 강해지면 직접 공격행위를 하게 된다.

공격은 목적에 따라 두 가지 유형으로 나뉜다. 하나는 적대적 공격 (hostile aggression)이고, 다른 하나는 도구적 공격(instrumental aggression) 이다. 전자는 손상을 주려는 목적으로 상처를 가하는 행위를 말하고, 후자는 피해자의 고통 이외에 다른 보상을 얻고자 하는 데 목적이 있다. 후자의 보기로는 자기방어를 위해 싸우는 행위, 강도행위가 일어났을 때 강도를 공격하는 행위, 약자의 권리를 보호하는 친사회적 공격(prosocial aggression)을 포함해 특정인의 권한과 지위를 보호하기 위해 싸우는 행위가 있다.

위 두 유형에 구분되지 않는 경우도 있다. 예를 들어 갱단에 속한 사람이 죄 없는 행인을 무자비하게 공격했다고 치자. 표면상으로는 적대적 공격으로 보인다. 하지만 내면적으로는 자기가 속한 갱단 안에서의 지위향상을 위해 동기부여 된 경우일 수 있다.

공격에 관해 여러 학파는 어떤 생각을 가지고 있을까? 프로이드학파의 경우 공격은 본능 또는 쇄설이 만들어낸 드라이브(drive)로 본다. 공격적 본능이 공격적 행동을 한다. 본능에는 죽음의 본능이라는 것이 있다. 타나토스(thanatos)다. 이것은 자기 파괴적 행동 형태를 띠고 있다. 적대, 파괴, 전쟁은 모두 이 본능의 모습들이다. 동인이론에 따르면 좌절이 생기면 공격적 드라이브가 발생하고 이것이 공격행위로 연결된다.

돌라드(J. Dollard)나 밀러(N. Miller) 등이 제시한 좌절-공격 가설 (frustration-aggression hypothesis)이 있다. 이에 따르면 공격은 천성적인 욕구나 본능이 아니며 욕구좌절이 일으킨 욕구다. 타고난 것이 아니므로 좌절된 욕구의 출구를 찾게 된다. 목표달성 노력을 막는 것은 공격적 욕구를 일으키고 이 욕구는 욕구좌절을 일으킨 사람이나 대상에 손상을 주려는 행동을 동기화시킨다. 이때 공격적 행동은 좌절로 생긴 논리적이고 예견된 결과다. 공격은 좌절에 대한 우세한 반응이다. 공격의 표출은 그에 따른 욕구를 감소시킨다. 만일 한 공격행위가 과거에 처벌을 받은 경우 다른 반응이 생길 수 있다. 공격행위가 나타나기 전까지, 곧 출구를 찾기 전까지는 공격적 에너지가 축적된다. 그러다 갑작이 폭발한다. 비이성적인 행동으로도 나타난다. 이따금 캠퍼스에서 총기사고와 같은 잔인한 범죄가 일어나는 것이 그 예다. 이런 공격행동을 보면 대개 그런 행동으로 이끈 과거역사가 내재해 있다.

생물학자들은 다르다. 하등동물인 경우 시상하부(視床下部 hypothalamus)에 자리한 신경 메커니즘의 통제를 받는다. 쥐 실험 결과 시상하부의 특정 부위에 전기충격을 가하면 공격적 행위를 보이고 죽이기까지 한다. 고등동물의 경우에는 대뇌피질(cortex)이나 경험, 특히 환경과 과거 경험에 의해 더 통제를 받는다. 원숭이 실험에서 왕초 원숭이에게 전기충격을 가했더니 부하 원숭이를 공격했다. 공격대상은 수놈이지 암놈은 아니었다. 순위가 낮은 원숭이에게 전기충격을 가했더니 굽실거리고 복종적인 태도를 보였다. 인간은 어떨까? 인간은 신경적 메커니즘을 가지고 있다. 뇌손상으로 인해 신경장애를 가진 경우 평상시 공격행위를 보이지 않을 자극에도 공격적으로 반응했다. 반복적으로 계속 폭력적이고 공격적인 사람은 신경적 결함률이 높다. 인간은 인지적 통제를 받기도 한다. 정상인의 공격행위의 빈도·형태·상황은 학습 그리고 사회적 영향에 따라 결정된다.

사회적 학습 이론가들은 본능이나 좌절-공격가설과 같은 프로이드학파의 견해에 반대한다. 그들은 공격을 관찰, 모방, 강화(reinforcement)에 따른 학습된 반응으로 정의한다.

혐오경험, 꽉 막힌 목표, 육체적 불편함, 격렬한 신체운동, 선정적 필름을 본 뒤 일어난 성적 자극 등은 정서적 흥분을 일으킨다. 타인에게 도움을 청하기도 하고, 장애극복을 위해 더 열심히 노력하기도 하며, 그로부터 도망하거나 마약을 택하기도 한다. 공격도 그 방법 중에 하나다. 어른들의 공격행위를 보고 모방한다. 실제로 본 경우도 있을 것이고, 필름으로 본 경우도 있을 것이다. 그것이 어떤 것이든 공격행위는 비슷하게 반영된다. 강화는 관찰을 통해 학습된다. 그 결과에 따라 강화되기도 한다. 공격을 했을 때 피공격자가 겁에 질리고 울경우 더 적극적으로 강화된다(positive reinforcers). 피공격자가 오히려 역습을 해올 경우 덜 강화된다(negative reinforcers). 피공격자가 공격자의 공격행위를 무시할 경우 강화는 중립적이 된다(neutral reinforcers). 공격결과는 행동형성에 주요역할을 한다.

공격을 하게 되면 카타르시스가 될까? 공격이 하나의 욕구라면 그것을 표현했을 경우 공격감정의 강도를 감소시킬 것이다. 그러나 증거는 그렇지만 않다. 넬슨(Nelson, 1969)의 연구에 따르면 공격행위를 했을 경우 공격감정을 감소시키기보다 공격행동을 증가시키거나 같은 수준에 머물렀다. 공격자가 더 야수적이고 과잉 살상으로 나타나도 했다. 공격행동이 더 많은 공격을 위한 정적 피드백을 제공하는 것이다.

그렇다면 TV나 폭력영화가 공상적 출구 역할을 할까? 프로이드학파는 관람을 통해 공격충동이 발산되는 효과를 가져와 공격행위가 감소할 수 있다고 주장한다. 그러나 모방효과에 따라 대인간 공격이 증가한다. 스터이어(Steuer) 등의 어린이 실험을 보면 폭력만화를 본 그룹은 대인관계에서 점점 공격적인 데 반해 비폭력만화를 본 그룹은 대인관계에서 변화가 없었다.

폭력에는 상호성의 규범(norm of reciprocity)이 있다. 폭력이 폭력을 부른다는 것이다. 어린이나 남자의 경우 공격이 더 증가한다. 여성의 경우 일정치 않지만 남성보다 덜 공격적이다. 그러나 여경이나 슈퍼우먼이 자주 등장하면 여성을 공격적으로 만들 수 있다.

폭력물 관람이 사회적 행동에 영향을 준다. 폭력물은 어떻게 폭력을 행사하는지를 잘 보여준다. 그래서 사람들이 그것을 보고 따라한다. 범죄행위가 자주 모방되는 것은 그 때문이다. 폭력물은 정서적 흥분을 자극시켜 폭력을 유발한다. 폭력물을 볼 때 GSR(Galvanic Skin Response)의 증가로 땀이 나고 심장박동이 높아진다. 공격행동 확률을 높여준다. 폭력물은 사람들로 하여금 폭력에 대해 둔감하게 만든다. TV를 통해 폭력행위를 본 사람들은 실제 뉴스 속의 폭력행위에 대해 둔감하다(정서적 반응감소). 아이들의 주먹다툼을 말리는 속도나 자발성(말릴 의욕)을 감소시킨다. 폭력물은 폭력행위에 대한 자제력을 감소시킨다. 공격에 대한 죄책감, 보복의 두려움, 타인의 불인정을 고려해서 행동하는 자기통제의 능력을 감소시킨다. 누가 욕하는 말만 들어도 쉽게 적대감을 나타내거나 더 적대감을 표현한다. 폭력물은 갈등해소에 관한 생각을 왜곡시킬 수 있다. TV극이 현실과 다른 점이 있음에도 불구하고 현실 그것으로 받아들이게 해 왜곡시킨다. 폭력물에 자주 노출되다 보니 육체적 공격이 최선의 해결방법인 것으로 착각하게 만든다. 좋은 사람이 나쁜 사람을 폭력으로 이겨도 정당화한다. TV를 많이 본 사람은 그렇지 않은 사람보다 다른 사람을 더 믿지 않으려 한다. 타인을 불신하게 만드는 것이다. 자기가 희생될 것으로 간주하고 감금, 총, 개 등으로 자기를 방어하려 든다. 이와 달리 정적 태도와 협동적 행동을 묘사하는 프로그램은 대인적 공격을 감소시킨다.

공격 행위를 자극하는 요소도 많다. 어떤 이는 가난하기 때문이라 하고, 인구가 과밀해지면 공격성이 높아진다고 한다. 경찰처럼 공권력을 행사하기 위해서 폭력을 사용할 경우도 있다. 또는 문화적으로 가치관이 다른 집단에 속해 있어 갈등이 폭발하기 때문에 공격성이 높아지기도 한다. 이것을 보면 공격의 요인이 다양하다는 것을 알 수 있다.

공격성에 대한 관점과 해법도 학파에 따라 다르다. 정신분석학파는 어릴 적 경험에 주목한다. 발산하고 싶은 충동에 대한 억압으로 분노가 잠재하고 있는 것이다. 적의를 나타내는 개인의 무의식을 조사하고 수용 가능한 방법을 찾아 그쪽으로 풀도록 한다. 행동주의학파는 어떤 종류의 학습경험을 가졌느냐에 주목한다. 그 대안으로 환경조건을 개선하거나 비공격적 행위에 보상하는 방법을 사용한다. 인지학파는 공격성을 인지(perception) 문제이거나 정보의 종류가 어떤 것이냐에 달려 있다고 본다. 분노를 일으키는 인지와 사고과정에 초점을 맞추어 해결한다. 신경생리학파는 공격성을 뇌의 메커니즘에 이상이 발생한 것으로 간주한다. 이 문제를 해결하기 위해서 공격성을 통제하기 위한 수술을 권할 것이다. 인본주의 심리학파는 공격을 개인의 자아실현을 막는 사회의 문제로 간주한다. 이를 해결하기 위해 사회의 우선순위를 변경해 건설적이고 협조적인 행위를 조장하도록 한다.

우리 사회는 공격성에 포위되어 있다. 내일은 어떤 공격행위가 등장할지 모른다. 중요한 것은 우리가 공격적 성향을 피할 수 없다 해도 그것을 최소화할 수 있는 역량을 높이는 것이다. 우리가 평화를 원하고 질서 있는 삶을 살고자 한다면 나쁜 의미의 공격적 행동을 경계하고 보다 안전한 사회를 만들어야 한다.

강화: 인간은 보상에 민감하다

학습(learning)은 학교에서만 행해지는 것이 아니다. 직장에서도 학습을 한다. 학습의 초점은 변화에 있다. 학습은 강화행동이나 경험을 통해 행동을 변화시키고자 한다. 변화를 추구하는 곳이면 어디든 학습이 필요하다.

파블로프는 조건화(conditioning) 실험을 했다. 학습이 안 된 개는 벨소리에 반응을 하지 않는다. 그러나 벨 소리가 난 뒤 고기가 나온다는 것을 알게 되면 개는 벨 소리만 들어도 침을 흘린다. 이미 학습되었기 때문이다. 빛을 보이고 벨 울리는 것을 되풀이하면 빛만 보아도 침을 흘린다. 벨이나 빛이 아니라 언어로도 할 수 있다. 예를 들어 "서울은 좋은 도시다"라 하고 먹을 것을 주면 그 말에 침을 흘린다. 반대로 "친구가 아프대"라고 하고 먹을 것을 주지 않으면 침을 흘리지 않는다. 이것이 바로 고전적 조건화(classical conditioning)다. 학습되었는가 그렇지 않은가에 따라 행동이 다르다.

그러나 계속 강화를 하지 않는 경우 조건반사는 줄어든다. 예를 들어 빛은 켰는데 고기를 안 주는 경우가 흔하면 타액 분비가 줄어들고, 이 일이 반복되면 결국 침을 흘리지 않게 된다. 소거(extinction)다.

파블로프의 조건화는 반사적 행동에만 설명될 수 있을 뿐 인간행동에는 적용될 수 없다는 비판이 일었다. 그 뒤 나온 것이 조작적 조건화(operant conditioning)다. 이것은 인간의 학습에 크게 영향을 주었다.

조작적 조건화는 인간이 외부의 환경을 통해서 배우며, 보상은 정확한 반응을 했을 경우에만 주어진다. 강화(reinforcement)를 통해 최초의 우연적인 반응을 통상적 반응형태로 변화시킨다. 손다이크(E. Thorndike)의 효과의 법칙과 연습(용불용)법칙은 강화의 중요성을 보여주었다. 효과는 유기체의 행동을 변화시킬 수 있는 원인이 되며, 같은 상황에 다시 처할 때 더 빠른 시간 내에 문제를 해결할 수 있다.

스키너(B. Skinner) 상자 안의 쥐는 배가 고프다. 하지만 바를 누를 때 알약만 한 음식이 나오도록 설계했다. 상자 안의 쥐는 자유로운 상태에서 행동한다. 조작적 조건화의 조작이란 쥐가 바를 누르면, 곧 조작하면(operate) 음식을 얻을 수 있게 했다는 것에서 나온 것이다. 음식은 바를 누르는 행위를 강화한다. 강화는 기본적 드라이브를 만족시킨다. 바를 누르는 행위는 극적으로 증가한다. 학습했기 때문이다. 조작적 조건화는 강화에 따른 반응확률을 높이는 것을 말한다. 반응이 더 자주 발생할수록 조작 강도는 커지고 바를 눌러도 음식이 나오지 않게 하면 바를 누르는 행동은 감소한다. 강화를 통해 행동 확률을 높이는 것이다. 간헐적으로 강화를 하면 언제 보상이 있을지 몰라 꾸준히 행동한다.

강화에는 긍정적 강화와 부정적 강화가 있다. 긍정적 강화는 보상, 쾌락, 사회적 인정 등이고 부정적 강화는 처벌, 고통, 사회적 불인정(비판, 위협, 괴롭힘) 등이다. 반복 자극이 없으면 중성화된다. 선택적 강화(selective reinforcement)를 통해 새로운 행동이 형성된다. 선택적 강화는 실험자가 원하는 때만 구별하여 강화한다. 즉, 불이 켜졌을 때 바를 누르면 음식이 나오게 하고, 꺼졌을 때는 음식이 나오지 않게 하는 것이다. 그렇게 되면 점차 원하는 행동만 하게 된다. 빛이 반응을 통제한다. 이때 빛은 차별적 자극(discriminative stimulus)이 된다.

강화를 할 때 어떤 비율로 할 것인가, 시간적 간격을 둘 것인가, 아니면 간헐적으로 강화할 것인가 생각해둔다. 스키너는 쥐가 바를 192

번 눌러야 먹을 것을 얻을 수 있게 했다. 쥐도 끈기가 있다. 그리고 비둘기에겐 45분 간격으로 먹이를 주기도 했다. 사람에겐 어떤 방법이 좋을까? 정력적이고 꾸준한 사람에겐 비율강화가 좋고, 행동이 느리고 정력적이지 않은 사람에겐 간격강화가 좋다고들 한다. 그러나 때론 간헐적 강화도 효과가 크다. 일단 조작을 경험한 비둘기의 경우 언제 보상이 있을지 몰라 꾸준히 쪼아댄다. 시간당 6,000번까지 쫀 것으로 기록되었다. 이것은 어린이 교육에도 도움을 준다. 즉, 잘했다고 해서 매번 보상을 주는 것보다 어쩌다 보상을 하면 아이는 언젠가 있을 보상을 기대하며 성실하게 행동하게 된다. 이것은 기업에서도 마찬가지다.

불쾌한 자극을 줌으로써 행동을 통제할 수도 있다. 스키너 상자의 쥐는 불 켜진 지 10초 후에 올 전기충격으로 인한 고통을 피하기 위해 바 누르는 행동을 배웠다. 잘못을 한 아이는 부모로부터 들을 핀잔을 피하려 한다. 도피행위다. 그러나 부모로부터 "이것 안 하면 혼날 줄 알아" 미리 경고를 들은 아이는 예상된 벌을 피하기 위해 미리 애쓴다. 회피행위다. 벌은 시그널 효과가 있다.

벌(punishment)은 원치 않은 행동을 줄이기 위해 사용하는 불쾌한 자극이다. 벌은 원하는 행동을 택하게 할 때 효과적이다. 그땐 받아들일 수 있는 대안을 제공해야 한다. 대안이 없으면 원치 않은 행동이 재현되고, 결국 공포와 불안을 일으키게 된다. 벌은 부적합한 행동을 했을 때 가해야 효과적이다. 일주일 전에 한 일을 가지고 나무라면 효과가 없다. 처벌도 타이밍이 맞아야 한다. 벌은 원치 않는 행동에 대한 보상이 되지 않도록 해야 한다. 맺고 끊는 것이 분명해야 한다는 말이다. 벌을 준 다음 곧 위로를 해주면 그 벌을 뭐라 생각하겠는가. "아, 해도 괜찮구나." 그러면 벌의 효용은 없다.

과거엔 처벌 위주였다. 그러나 지금은 처벌보다는 상담이나 지도의 방법을 택한다. 벌은 부작용이 많기 때문이다. 무엇보다 긴장하게 하고, 처벌하는 사람을 미워하게 되며, 되레 공격을 받을 가능성도 있다. 지도와 상담은 상대의 인격을 존중하면서 행동의 변화를 가져오기 때문에 시간은 걸리지만 효과는 크다.

그러면 강화는 늘 효과가 있을까? 유치원생을 대상으로 한 레퍼(M. Lepper), 그린(D. Greene), 그리고 니스벳(R. Nisbett)의 실험을 보자.

한 그룹에게 말했다. "그림을 잘 그리면 금보(gold seal)와 붉은 리본으로 장식된 우수상장을 주겠다." 이 그룹은 EAP(상장을 기대하는 그룹, Expect Award Group)이자 강화된 실험집단이다. 다른 그룹에게는 상장에 대해 아무런 언급을 하지 않았다. 보상을 기대하거나 받지도 않는 통제집단이다. 이 그룹의 명칭은 NAG(No Award Group)이다. 일주일 뒤 그림을 보러 어떤 선생님이 오실 것이라 했다.

실험결과는 어떻게 되었을까? 우수상을 준다 했을 때 EAG는 NAG보다 적극적으로 그림을 그렸다. 그런데 상에 대해 아무런 말이 없을 때 EAG는 NAG보다 관심을 적게 보였다. 보상이 주어질 때만 적극적으로 움직인 것이다. 사람이든 동물이든 보상에 민감하다. 우연적 반응을 통상적 반응으로 만들기는 생각처럼 쉽지 않다. 보상을 뛰어넘어 바람직한 행동을 적극적으로 하게 할 방법은 없을까? 행동주의자들의 고민이 깊어졌다.

게쉬탈트 심리학: 전체는 부분의 합 이상이다

게쉬탈트(Gestalt) 심리학은 인지심리학의 특징을 나타내는 것 가운데 하나로 행동주의적 심리학에 반기를 들었다. 자극과 반응보다 총체적 접근을 한다. 균형과 질, 그리고 총체성을 강조한다.

게쉬탈트 심리학의 주된 영역은 지각(perception)이다. 게쉬탈트는 원래 '형태(form)', '윤곽(configuration)', '패턴(pattern)'을 의미하는 독일어로 최상의 형태를 의미한다. 인간의 시각적 감각과 그 과정을 연구하면서 지각의 법칙이 작용함을 알게 되었다. 그것이 바로 게쉬탈트 지각법이다. 쉽게 말하면 사람은 어떤 형태와 윤곽 그리고 패턴을 따라 좋은 모양으로 지각한다는 것이다.

게쉬탈트 심리학은 인간이 총체적으로 인지한다고 말한다. 총체적 패턴(wholistic pattern)으로 인식한다는 것이다. 총체주의(wholism, holism)다. 이에 따르면 "전체(whole)는 부분의 합(the sum of its parts) 이상이다", 곧 "전체는 부분의 합과는 다르다"는 것이다. 단순한 합으로 지각하는 것이 아니라 부분의 합 이상, 곧 '플러스알파'가 있다는 것이다. 이것이 바로 게쉬탈트 심리학의 구성법칙(law of composition)이다. 가법보다는 질을 강조한다.

플러스알파란 무엇일까? 예를 들어 TV에서 두 남녀가 사랑을 나누는 장면을 소개하고 있다고 하자. 사실 TV화면은 물리적으로 볼 때 빨강, 파랑, 노랑 등 여러 색깔의 점들이 모여 장면, 장면을 연속적 필름처럼 보여주고 있다. 그러나 우리는 어느 한 장면을 볼 때마다 빨간색 몇 개, 파란색 몇 개, 그리고 노란색 몇 개로 지각하지 않는다. 각 색깔(부분)의 합으로 인식하지 않는다는 말이다. 우리는 "두 사람이 사랑을 나누고 있구나", "멋진 자연풍광이다"라고 말한다. 두 사람의 사랑, 멋진 풍광은 플러스알파다. 이것이 바로 게쉬탈트 심리학이 말하고자 하는 인간의 지각방법이다. 사람의 지각은 물리적인 것을 뛰어넘는다는 말이다. 기계적 지각과는 차이가 있다.

그렇다면 사람은 어떤 패턴으로 지각하려 할까? 여러 자극이 왔을 때 그룹으로 지각하려는 특징이 있다고 말한다. 지각의 집단화 또는 패턴화(perceptual grouping or patterning)다. 이것은 '전체의 속성이 부분 지식에 영향을 준다', '전체는 부분의 합 이상이다'는 의미를 실감케 한다.

첫째는 완결성(closure)이다. 완결되지 않아 빠진 곳, 곧 채워지지 않은 곳을 의식적으로 채워 보다 완전한 그림으로 보려 한다는 것이다. 동물이나 어느 인물에 관한 그림을 볼 때 때로는 완벽한 그림이 아니라 군데군데 비어 있는 것을 볼 수 있다. 그러면 우리는 불완전한 모습이라며 아예 무시하는 것이 아니라 그 빈곳을 채워가며 이것은 개다, 고양이다 말하고 인물일 경우 링컨이다, 간디다 한다. 부족함에도 채워서 인식한다는 점에서 우리 지각의 여유를 보게 한다.

조직에서도 이런 현상을 볼 수 있다. 부서에서 일부가 프로젝트에 반대함에도 불구하고 완전한 일치로 보려는 부장이 있다면 그것을 완결성에 입각한 지각태도다. 이런 현상은 의사결정 때 자주 나타난다. 이런 경우 완결성에도 문제가 있음을 보여준다.

둘째는 연속성(continuity)이다. 라인이든 패턴이든 연속석 형태로 될 수 있는 것끼리 뭉쳐 연속적 도형으로 지각하는 것을 말한다. 새로운 상품의 디자인, 칼라가 연속적 라인으로 연결됨으로써 혁신적인 아이디어나 디자인이 입체적으로 부각되는 경우가 이에 속한다.

셋째는 친근성(proximity)다. 가까이 있는 자극들을 한데 묶어 어느 총제적인 패턴으로 인식하려는 것을 말한다. 신체적으로 가까운 기계에서 일하는 사람들을 한 집단으로 지각하는 것이 그 예다. 집단의 한 사람이 불성실한 탓에 그 집단 전체가 동일시되는 경우도 마찬가지다.

끝으로 유사성(similarity)이다. 자극의 속성이 같은 것끼리 뭉쳐 지각하려는 것이다. 자극의 유사성이 클수록 그것을 하나의 공통된 그룹으로 지각하려는 성향이 크다. 각 노동자가 독특한 존재임에도 불구하고 블루칼라를 입은 종업원을 블루칼라로, 화이트칼라를 입은 종업원을 화이트칼라로 지각하는 것이다. 피부가 검은 종업원을 흑인 노동자 그룹으로 지각하는 것도 마찬가지다.

이렇듯 지각의 집단화에 의해 형성된 지각이 여러 가지 조건을 변화시킨다 해도 지각을 변화시키지 않는 현상이 나타나기도 한다. 이것을 지각의 항등현상(恒等現象, perceptual constancy)이라 한다. 사람의 인상이든 물체의 모양과 색 그리고 사이즈에 대해 일단 지각이 형성된 것은 조건이 변해도 지각내용은 같다. 단서(cue)로 인해 특정 지각이 이미 형성되었고, 상대적으로 안정되었기 때문에 그것을 변화시키기는 어렵다. 검은 벨벳은 햇빛, 그늘, 반사에도 검게 보인다(밝기의 항등현상). 충분한 색채대비와 그림자만 있으면 색채 있는 물건은 조명이 변하거나 색광을 투사해도 본래 색채대로 보인다(칼라 항등현상). 책상은 어느 방향에서 보든지 직사각형으로 지각한다(형태의 항등현상). 집이 멀리 떨어져 있어도 그 크기가 작다고 생각하지 않는다(크기의 항등현상). 우리가 돌아다닐 때 무수한 인상변화가 있음에도 불구하고 한 상황 속의 대상을 근본적으로 고정되어 있는 것으로 판단한다(위치의 항등현상). 작업장에서 작업의 거리나 재료, 도구의 다양성에도 불구하고 알맞은 사이즈의 도구나 재료를 찾게 되는 것도 항등현상이다. 항등현상은 대상을 고정적으로, 변함없이 지각한다는 특성을 가지고 있다. 이것은 대상에 대한 신뢰일까, 지각에 대한 신뢰일까. 그만큼 자신의 지각을 믿는다는 점에서 지각의 지조를 본다.

지각에서 재미있는 것은 간단한 자극, 물체, 사건, 상황, 인물에 대해 어떤 의미와 가치를 부여하려 한다는 점이다. 보기엔 의미가 없는 자극일지라도 의미나 가치를 부여하는 것이다. 이것을 지각의 맥락(perceptual context)이라 한다. 손으로 등을 두드려준다든지 눈썹을 치켜세운다든지 하는 것에 굳이 의미를 부여하는 것이 그 보기다. 그 행동이 보기엔 아무런 의미가 없다 할지라도 상호작용(맥락) 속에서 그 의미를 찾을 수 있다.

인간 지각의 이런 다양한 작용과 능력 때문에 작은 것도 크게 보고, 그것들을 의미 있게 엮으며, 삶의 의미를 찾으려 하는지도 모른다. "전체는 부분의 합 이상이다"라고 말하는 게쉬탈트 심리학은 우리에게 물리적 합산이 아니라 화학적 합산도 가능하다는 것을 가르쳐준다. 이러한 사고가 인간 사회에서도 긍정적으로 작용하기를 바란다.

지각적 방어: 인간은 있는 그대로 받아들이지 않는다

사람은 물건을 보며 여러 가지 생각을 한다. 대물지각(object perception)이다. 사람을 보고도 여러 가지 생각을 한다. 대인지각(person perception)이다. 우리는 물건에 대한 지각보다 사람에 대한 지각에 관심이 많다. 사람을 어떻게 지각하느냐에 따라 대인관계가 달라질 수 있기 때문이다.

경영의 주요관심은 대인지각에 있다. 기업 안에 개인과 집단, 그리고 그들이 만들어놓은 문화가 있기 때문이다. 사람과 집단은 사회적 관계의 주요 원천이다. 서로 직접 연결되어 있기 때문이다.

사람에 따라 보고 싶은 사람도 있고 그렇지 않은 사람이 있다. 듣고 싶은 말도 있지만 그렇지 않은 말도 있다. 사람이라도 다 같지 않고, 말도 다 같지 않다.

대인지각에는 주로 세 가지 면을 고려한다. 육적인 면은 눈에 보이는 색, 크기, 모양이다. 행동적인 면은 여러 행동 특질이다. 우호적인지 적대적인지, 창조적인지 그렇지 않은지 느낌이 온다. 상호작용 면은 인간상호관계에서 나타난다. 얼마나 의존적이고, 좋아하며, 영향을 주고, 존경하는지 등을 인식한다. 사실 사람을 정확히 지각하기는 어렵다. 사회화의 과정에서 서로 영향을 주고받으며 때론 자기방어를 위해 왜곡도 하기 때문이다.

사람들은 사회적 경험과 환경에 영향을 받아 대상을 지각하는 데 있어서 기본적으로 그 사회집단이 먼저 설정한 표준에 일치시키려는 정신적 마음 갖춤새(mental set)를 가지고 있다. 그러나 각 사람이 모두 같은 것은 아니다.

사람은 어떤 것을 지각할 때 자기에게 유리한 것, 자기의 욕구를 만족시키는 데 도움이 되는 것을 먼저 보고자 한다. 자기에게 유익하다고 생각되는 부분을 선택한다. 뭔가 방해가 된다고 생각되면 무시한다. 선택적 지각(selective perception)이다. 경영자도 목표달성에 대한 선입견을 바탕으로 주위세계를 선별적으로 보는 경향이 있다. 소비자도 마찬가지다. 현대인은 하루에도 수천 개의 광고물 공세를 받는다. 그러나 지각적 필터를 통과해 소비자의 반응을 얻는 것은 십여 개에 불과하다. 소비자는 기존신념과 기대에 일치하지 않는 것은 무시한다. 선별적으로 지각한다는 말이다.

사람은 자기 자신을 보호하기 위해 방어행동을 한다. 지각에서도 마찬가지다. 개인적으로나 문화적으로 갈등이 되는 자극, 위협을 주는 자극, 받아들일 수 없는 자극이나 상황적 사건에 대해 방어적 태도를 취한다. 지각적 방어(perceptual defense)다. 방어는 거부, 수정 또는 왜곡으로 나타난다. 조크로 웃어넘김으로써 지각에 변화를 주기도 한다. 인정은 하지만 변화를 거부하기도 한다. 그가 어떤 행동을 할 것인가는 오로지 상황에 따라 어떻게 자기를 보호하고자 하는가에 달려 있다. 인간은 이처럼 보호본능이 강하다.

왜 방어를 할까? 보고 싶지 않은 것은 막고 보고자 하는 것을 통과시키는 것은 불확실한 경험으로부터 자신을 보호하기 위해서다. 자기가 지각할 수 있는 사실은 집중적으로 파고들지만 자기가 받아들일 수 없는 것에 대해선 외면해버린다. 막든지 인정하기를 거부한다. 지각의 스크린 작용이다. 자기가 가지고 있는 고정관념을 버리지 않으려는 것이라는 주장도 있다.

지각적 방어는 노사관계나 상사와 부하의 관계 등 갈등을 이해하는 데 도움을 준다. 인사고과에서도 방어가 발생한다. 그래서 이를 줄이기 위해 모든 평가요소가 평가에 포함되도록 하기도 한다.

방어자세를 취하기보다 적극적으로 수용하는 사람도 있다. 지각적 방어가 아니라 지각적 공격(perceptual offence)을 하는 것이다. 의사소통을 할 때 자기에게 호의적인 것만 받아들이는 것이 아니라 비호의적인 것들이라 할지라도 이것을 결코 무시하지 않는다. 불쾌한 표지는 무엇이든 받아들여 조그마한 힌트에도 '그것이 뜻하는 바'를 질문하고 생각하면서 마음을 정해 나간다. 그만큼 적극적이다. 사람이 다 이렇게 한다면 얼마나 좋을까 싶다.

인간은 내적으로 부지런히 들어온 정보를 처리한다. 여러 인지요소들을 솎아내고 변형시킨다. 인간은 자극에 대해 기계적으로만 반응하지 않는다.

지각이론 가운데 페스틴거(L. Festinger)의 인지부조화이론(cognitive dissonance theory)이 있다. 인지상 비일관성이 존재하면 부조화가 생겨 불편한 인지상태를 경험하게 되고 어떤 노력을 통해서라도 조화상태로 가고자 한다. 이것은 우리의 태도·사상·신념·행위들 사이에 일관성을 유지하려는 경향이 있음을 보여준다. 인지적 요소 사이의 불일치는 인간의 마음에 불안, 긴장, 초조, 불쾌감 등 좋지 못한 상태를 일으켜 그것을 일치의 상태로 바꾸는 동인이 된다. 태도들 사이에 불일치가 있다든지 행동과 태도 사이에 불일치가 있을 경우 불안을 느껴 불안을 최소화시키려는 움직임이 있는 것이 그 예다. 이 과정에서 태도변화가 있게 된다. 태도변화는 부조화를 피하고 조화를 추구하는 과정에서 일어난다.

부조화를 감소시키는 방법은 다양하다. 행동을 변경시킨다든지 태도를 바꾼다든지 부조화요소보다 더 가치 있는 조화요소를 찾아낸다든지 심지어 개념구성체계를 변화시키고자 한다. 부조화를 낳게 하는 요소가 상대적으로 중요하지 않으면 그 같은 부조화를 바로 잡고자 하는 심리적 압박이 그만큼 낮아지고, 부조화 발생 원인에 대해 미칠 수 있는 영향력 정도가 낮을 경우 부조화를 감소시키고 싶은 생각이 적어지며, 고도의 부조화에서 오는 긴장도 높은 보상이 수반되면 감소된다. 조직성원이 직무상의 부조화를 잘 이겨나가고 있는 것은 그것을 상쇄할 만한 보상이 있기 때문이다.

페스틴거의 이론은 기본적으로 인지일관성이론(cognitive consistency theory)에 속한다. 이 이론은 다른 사람과의 관계에서 발생한 인지상의 부조화를 어떻게 극복하는가 하는 문제를 다룬다. 어떤 대상에 대한 인지들 사이에 일관성이 없거나 두 개 이상의 태도 사이에 불일치가 있거나 행동과 태도 사이에 불일치가 있으면 불편함을 느끼기 때문에 일관성을 이루는 방향으로 인지들 사이에 또는 행동과 태도 사이에 조정을 모색한다는 것이다.

인간은 기본적으로 불편보다 안정지향적이다. 인지에도 마찬가지다. 인지부조화 상태인 경우 서로 상반되는 두 가지 인식 가운데 불안정한 인식을 바꿈으로써 안정된 상태를 유지하고자 한다. 인지부조화는 행동을 유발시킨다. 물론 그것은 지금 나타난 현상에 대한 자기인식에 초점이 맞춰 있다. 하이더(F. Heider)의 균형이론(balance theory), 오스굿(C. Osgood)과 탄넨바움(P. Tannenbaum)의 일치성이론(congruity theory), 아벨슨(R. Abelson)과 로젠버그(M. Rosenberg)의 심리의 논리(psycho-logic) 등이 이에 해당한다.

이에 반해 벰(D. J. Bem)은 자기지각이론(self-perception theory)을 통해 앞과는 대조적인 방법을 취한다. 이것은 종래 행동주의이론에 바탕을 둔 것으로 타자의 반응이 자신의 인식에 주는 영향(상황)을 고찰해서 인지적 부조화를 설명한다. 자신이 아닌 관찰자의 입장에서 자신의 태도나 내적 상태를 알아내는 것이다. 타인뿐 아니라 자신의 행동을 보고 전에는 알지 못했던 자신의 태도를 이해하게 되는 것이다.

지각적 방어를 보면 인간은 참 이기적이다. 인지부조화이론을 보면 인간은 불편함을 참지 못한다. 사람들과의 관계에서 이런 행동을 지속하는 것은 사람을 참 피곤하게 만들기에 충분하다. 이런 때 모든 것을 잊고 푹 쉬고 싶은 생각이 들 것이다. 하지만 다시 세상으로 돌아와야 하고 부딪혀야 한다. 사회적 관계를 피할 수 없다. 그러나 이 경우들이 다 부정적인 결과만 낳는 것은 아니다. 그로 인해서 개인과 사회는 더 다듬어질 것이다. 더 이해하고 배려하는 세상을 만들어가는 것이다. 우리의 인지도 보이지 않는 가운데 불일치를 줄이며 실제 세계와 일치하도록 부단히 노력한다. 우리도 삶에서 그 못지않은 노력이 필요하다.

귀인이론: 인간은 이기적 존재다

콧물이 나온다. 진달래가 피는 때다. 사람들은 말한다. "진달래가 필 때는 언제나 이런 일이 생기지." 상황에 그 원인을 돌린다. 그럴 수도 있고 아닐 수도 있다. 우리는 다른 사람의 행동을 보며 해석하고 설명하기를 좋아한다. 특히 그 행동의 원인을 분간하려 한다. "원래 그 사람 성격이 그래", "아니야, 저런 상황에서 그렇게 행동할 수밖에 없어." 행동의 원인을 개인적 속성으로 돌릴 것인지 상황으로 돌릴 것인지 쉽지 않다.

심리학에서 귀인이론(attribution theory)은 단어 그대로 특정 행동의 원인이 어디에 있는가를 알아보는 것이다. 원인을 외적 환경으로 돌릴 수 있고, 개인의 내적 원인으로 돌릴 수도 있다.

하이더(F. Heider)는 어떤 행동결과가 지각 내에 들어오면 그 행동이 왜 일어났는가, 왜 그런 행동을 취했나를 연구했다. 그렇게 된 행동의 원인을 분석한 것이다.

환경적 원인은 외적 귀인에 작용한다. 상황, 규칙, 기후, 어쩔 수 없는 자연의 힘을 어쩔 수 없는 것으로 인식한다. 행동주의적 결정주의와 같다. 직무가 워낙 어려워서, 운이 없어서, 그리고 기회가 전혀 닿지 않아서, 그렇다면 그 원인을 외적으로 돌릴 수밖에 없다. 개인적 원인은 내적 귀인에 작용한다. 자신의 힘과 능력, 노력, 피로 등 개인적 속성이 이에 속한다.

존스(E. Jones)와 데이비스(K. Davis)는 일치성(correspondence)이 높아지는 조건을 연구하며 내적 귀인 조건을 체계화했다. 일치성은 특정 행동과 행동자의 성격, 만성 등이 측정에 의해 비슷하게 설명되는 척도를 말한다. 사회 문화적으로 대부분의 사람들에게 바람직한 결과가 아닐수록, 비정상효과(non-common effects)의 수가 적을수록 일치성이 높다.

켈리(H. Kelley)는 공변성 분석(covariation analysis)을 통해 외적 귀인 조건을 설명했다. 행동이 일어난 상황에 초점을 두어 분석했다. 그는 특이성, 시간경과에 따른 일관성, 양식변화에 따른 일관성, 그리고 세론과의 합의성 등 4가지 개념을 행동성향 분석에 적용했다. 이 모두에 "예"라면 그 행동결과는 외부에 원인이 있다. '함께 변한다(vary together)'는 공변성 법칙(covariance rule)이 적용된다.

우리는 이를 간단하게 특이성(distinctiveness), 일관성(consistency), 합의성(consensus)으로 살펴볼 수 있다.

특이성이란 지각대상의 행동이 그 사람의 다른 행동들과 어떻게 다른가를 따지는 것이다. 만약 그 사람이 지각했을 경우 흔히 지각을 하는데 오늘도 지각을 했다면 그 행동은 내적 원인(게으름)으로 귀인되고, 그렇지 않을 경우 외적 원인(교통체증)으로 귀인된다.

합의성은 비슷한 상황에서 비슷한 행동을 했는가를 따지는 것이다. 지각한 종업원의 경우 그와 출근노선이 같은 사람들이 모두 늦었다면 그 행동의 원인은 외부로 귀인되며 그 사람들이 정상출근을 했다면 그 행동의 원인은 내부에 있다.

일관성은 행동의 일관성을 말한다. 지각한 종업원의 경우 일주일에 두어 차례 지각하는데 오늘도 지각을 했다면 그 행동은 일관성이 있는 것이고 몇 달 동안 지각을 하지 않았는데 오늘따라 지각을 했다면 일관성이 없는 것이다. 일관성이 높을수록 그 원인은 내부적인 것으로 귀인되고 일관성이 낮을수록 외부적으로 귀인된다.

만약 행동의 원인이 상황적인 것으로 판단하기에 충분하다면 개인적 성향으로 보지 않으려 한다. 물론 반대의 경우도 성립한다. 이것을 할인규칙(discounting rule)이라 한다. 외적인 원인과 내적인 원인은 이처럼 서로 경합한다.

존스(E. Jones)와 니스벳(R. Nisbett)은 행위자 자신의 외적 귀인 성향과 관찰자의 내적 귀인 성향 현상에 주목했다. 그 해석을 위해 이용 가능한 정보의 차이, 정보여과 과정의 차이, 인성을 보는 관점의 차이, 자존심을 높이려는 동기부여 등 4가지 요인에 주목했다.

연구 결과 자기에 관한 지각에 있어서는 후하고 다른 사람에 관한 지각에 있어서는 박한 지각상의 인간의 이기주의(egotism)를 밝혀주었다. 즉, 성공과 실패에 관한 귀인에 있어서 자기가 성공한 경우 실력이 있어서 성공한 것으로 말함으로써 내적으로 귀인함에 반해 다른 사람이 성공하면 실력보다는 배경이 튼튼해서 성공한 것으로 말함으로써 외적으로 귀인한다. 자기가 실패한 경우는 실력이 모자라기보다 배경이 없어 실패한 것으로 말함으로써 외적으로 귀인하려 함에 반해 다른 사람이 실패한 경우 배경보다는 실력이 모자라 실패했다고 말함으로써 내적으로 귀인하려 한다.

이것을 자기지원편견(self-serving bias)이라 한다. 이 편견현상은 자기방어기제가 작동한 것으로 우리가 흔히 "잘 되면 내 탓 못 되면 조상 탓" 하는 것과 같다. 다음의 글은 이 특성을 적나라하게 보여준다.

만일 그가 그의 일을 끝내지 않았다면 그는 게으르다 하고 내가 일을 끝내지 않았다면 나는 너무 바쁘고 많은 일에 눌려 있기 때문이라 하고, 만일 그가 다른 사람에 관해서 말하면 수다쟁이라 하고 내가 다른 이에 관해서 이야기하면 건실적인 비판을 한다고 하고, 자기가 하면 로맨스이고 남이 하면 스캔들이라는 것과 같다. 이것은 우리가 얼마나 이기주의적일 수 있는가를 보여준다. 성공과 실패에 대한 이 귀인과정은 나쁜 결과나 행동에 대해서 자기의 잘못을 회피하고, 다른 사람을 나쁜 쪽에서 봄으로써 상대적으로 자신을 좋게 나타내게 한다는 점에서 바람직하지 못한 태도라 할 수 있다. 존스의 귀인이론은 인간의 이기주의성을 잘 보여주고 있다. 인간은 그만큼 자존심을 지키고자 한다.

귀인이론은 하이더와 켈리 등 인지학파에서 주도해왔다. 이 이론은 개인의 행동을 해석하는 인지과정에서 그 원인을 밝히는 데 도움을 주었다. 하지만 상대의 행동원인을 논함에 있어서 자신의 감정, 태도, 심지어 개인적 특성에 의존하여 평가하는 문제점을 보이기도 했다. 타인을 관찰하는 데 자기관찰방법을 사용하는, 이른바 자기인지(self-perception) 태도다. 이것은 객관성이 떨어진다. 귀인이론의 근본적인 문제는 상황적 요소보다 개인적 요소를 보다 중시하는 경향이 있다는 것이다. 언제쯤 사람은 편견 없이 상대를 보다 공정하고 바르게 이해할 수 있을까.

인지이론에 인상관리(impression management)가 있다. 사람은 다른 사람에게 더 좋게 보이려 한다는 것이다. 고프만(E. Goffman)은 인간을 사이비예술가(con-artist), 상징적 조작자로 보았다. 타인보다 우수함을 보여주려는 인상조작자라는 것이다.

셰익스피어는 "이 세상은 무대이며 모든 남자와 여자는 배우"라 했다. 인간은 배우로서 어떤 역할을 할까? 말로 자신을 드러내기도 하고, 분장을 통해 은유적으로 자신을 드러내기도 한다. 은유적 표현이 강할수록 사람들은 크게 영향을 받는다.

귀인이론을 보면 인간은 다분히 이기적이다. 인상관리 면에서 볼 때도 자기를 더 들어내고자 한다. 굴드너(A. Gouldner)는 상호성의 규범을 말한다. 사람은 자기를 돕는 자를 돕고 해치지 않는다는 것이다. 보복의 규범도 있다. 자기를 해치는 자의 행동이 자의적일 경우 눈엔 눈으로 보복한다. 자기를 인정하는 사람에겐 잘할 것이고, 그렇지 않으면 보복할 수 있다. 매우 상대적이다. 나아가 사람은 관찰자가 자기를 어떻게 보느냐에 따라 행동하기도 한다. 관찰자의 태도에 따라 정의 행동을 하기도 하고 부의 행동을 하기도 한다. 이런저런 이론을 만나면 사람은 어느 하나로 설명하기 어려운 존재임을 알 수 있다. 사람을 다 안다 말하지 말라. 그래서 인간은 늘 연구의 대상이다.

지각오류: 사람들이여, 제발 착각하고 살지 말라

사람들은 늘 합리적으로 생각할까? 답은 그렇지 않다. 인지이론을 공부하다 보면 인간은 얼마나 쉽게 속고, 속이며 사는가를 알 수 있다. 그뿐 아니다. 너무나 많은 편견에 사로잡혀 있다. 사물을 볼 때도 그렇고, 사람을 대할 때도 그렇다. 그런 생각을 고치려 하지 않는다. 고집도 세다. 그래서 때로는 사람은 참 비합리적이구나 하는 생각이 들 때가 있다.

사회적 지각오류 중 대표적인 것이 고정관념(stereotyping)이다. 잘 변하지 않는다 해서 상동적 태도라 한다. 고정관념을 stereotyping이라 한 것은 1922년 월터 리프만(Walter Lippman)이 올록볼록한 인쇄연판 (stereotype)을 인지용어에 도입한 것이다. 사람들의 머릿속이 그림처럼 그렇게 판에 박혀 있다는 것이다. 인쇄를 하면 볼록한 데 잉크가 묻어 글이나 그림이 나오듯 우리가 사람을 인지하는 데도 그렇다는 것이다. 얼마든지 다를 수 있음에도 불구하고 머릿속에 이미 그려진 판대로 사람을 인식하는 것이다. 그는 우리의 대인지각에 있어서 얼마나 편견이 많은가를 보여주고 싶었다.

고정관념은 사람을 분류(classification)하고 범주화(categorization)하는 특성이 있다. 애매하고 정확하지 않으며 불완전하고 제한된 정보를 가지고 사람을 지나치게 일반화시켜 잘못된 평가를 내리는 것이다. 그렇다 보니 편견이 작용한다. 실제는 얼마든지 그렇지 않을 수 있는

데, 이미 범주화된 인식에 따라 잘못된 판단을 내린다. 성, 인종, 종교, 국가, 지방에 따라 성격을 고정화시키는 것이다. 인종차별은 민족적 편견이 작용한다. 이 편견이 작용하면 스스로를 문화적으로 고립시키고 외지인에 대해 적대감을 보이며 그들을 두려워하고 불신하게 된다. 미국에 사는 흑인을 가리켜 미신적이고 게으르며 음악을 좋아하고 얼렁뚱땅 살아가는 사람들이라 말하는 것, 아르메니안 사람들을 정직하지 못하다 말하는 것, 유대인을 가리켜 야심이 많고 돈만 안다고 말하는 것 등이 대표적인 보기다. 한국사회에서도 지방색은 뿌리가 깊다. 오랫동안 양반, 상놈 가리며 살아오지 않았는가. 직장에서도 경영자, 감독자, 노조원, 노동자, 전문가에 대한 성격을 고정시켜 이해하려 든다. 경영자들은 부하들을 게으르고 일하기 싫어하는 사람들로 본다. 국제적으로도 사업가와 선생에 대한 고정관념이 작용한다. 이것은 사람에게만 적용되지 않는다. 일찍이 일본제품은 싸구려로 통했고, 한동안 한국제품에 대해 그런 인식을 가지더니, 중국제품에 대해서도 그리 말한다. 어디 그 나라 제품이 다 그런가. 좋은 제품이 얼마든지 많다. 그런데도 그렇게 말한다. 이미 머릿속에 그리 박혀 있는 것이다. 이제 그 연판을 녹여버리고 각 사람을 제대로 인지할 필요가 있다. 금방 생각을 바꾸기 어렵겠지만 그 편견으로부터 벗어나야 모두 평화롭게 살 수 있다.

대표적인 오류로 후광효과(halo effect)와 뿔효과(horns effect)를 들 수 있다. 후광은 주로 성인들 그림에서 자주 볼 수 있다. 후광이 있으면 그것만 보고서도 그 사람을 좋게 평가한다. 후광효과는 한 가지 좋은 특질에 현혹되어 그에 대한 모든 것을 다 좋게 평가하는 것을 말한다. 인물이 좋으면 성격도 좋고 일도 잘할 것이라 판단하는 것, 출석률이 뛰어나면 생산성도 높고 일의 질도 높을 것으로 생각하는 것 모두 이에 해당한다. 미군을 대상으로 한 조사에서 IQ검사 결과 점수가 같았는데도 우호적인 장교가 비우호적인 장교보다 더 지적일 것이라 생각했다. 우호적인 사람에게 더 후한 평가를 내리는 것이다. 뿔효과는 이와 정반대의 경우다. 후광 대신 도깨비뿔이 그려져 있으면 그 사람을 마귀 취급한다. 얼굴이 아니라 생각되면 성격도 나쁘고 일도 못할 것이라 생각한다. 성형외과가 문전성시를 이루는 이유가 다 있다. 이 것은 근본적으로 우리의 인지태도가 잘못되었기 때문이다. 사람이 사람답게 살려면 이런 인식부터 고쳐야 한다.

관대화 경향(leniency tendency)도 오류의 한 종류다. leniency란 어느 한쪽으로 기우는 것을 말한다. 후한 쪽으로 기우는 것은 정의 관대화(positive leniency)다. 동향이다, 학교후배다 하면 후한 점수를 준다. 이 경우 실제 능력이나 실적보다 더 높게 평가된다. 인사고과의 경우 이런 경향이 자주 나타나는데 나쁘게 평가하여 대립할 필요가 없고 자기부하가 타부문의 종업원에 비해 더 나쁘게 평가되는 것을 피하며, 나쁜 평가는 평가자 자신의 책임으로 간주될 수 있기 때문이다. 이와 반대로 박한 쪽으로 기우는 것을 부의 관대화(negative leniency)라 한다. 이 경우 관대화라 하니 말이 안 되는데 정확성을 기하기 위해서는 부의 기울기가 맞을 것이다. 능력과 실력을 제대로 인정받지 못하니 억울하기 그지없을 것이다.

이외에도 많은 오류가 발생한다. 대비오류(contrast error)는 면접시험에서 많아 나타나는 것으로, 한 피평가자에 대한 평가가 다른 피평가자에 대한 평가에 영향을 주는 것을 말한다. 하나씩 정확하게 개별적으로 평가되지 못하는 것이다. 유사효과(similar-to-me effect)도 있다. 평가자가 태도, 취미, 성, 종교, 정치적 견해에 있어서 자기와 유사한 사람에게 후한 평가를 하는 것을 말한다. 기준이 자기라는 점에서 문제다. 편견과 고정관념이 작용한다. 중심화 경향(central tendency)은 평가의 결과가 중간으로 몰리는 것을 말한다. 극단적인 평가를 피하려는 인간의 자연적인 현상이다. 잘 모르기 때문일 수도 있고, 알지만 갈등을 피하고자 하는 의도도 있다. 논리적 오류(logical error)는 서로 상관관계가 있는 요소 사이에서 어느 한쪽이 우수하면 다른 요소도 당연히 그럴 것으로 생각하는 것을 말한다. 지적이고 부지런하며 따듯하면 현명하고 유머러스하고 인기가 있고 상상력이 있을 것으로 판단한다. 이것은 후광효과가 작용한 것이다.

순위효과(order effect)는 상대를 인지하고 평가함에 있어서 쉽게 기억할 수 있는 순서에 의존하는 것을 말한다. 초기효과(primary effect)는 첫인상에 집중해 판단하는 것을 말하고, 나중효과(recent effect)는 최근의 실적과 태도에 따라 평가하려는 것을 말한다. 상사가 어떻게 평가할지 모르기 때문에 첫인상을 좋게 갖게 하려 하고, 고과시기가 가까우면 잘 보이려고 노력하게 된다. 이 오류들은 사람을 전체적으로, 전 기간을 고려해서 판단하지 못하는 오류가 있다. 종합평가가 되지 못하고 선택적 평가를 한다는 점에서 문제가 된다.

규칙적 오류(systematic error)는 가치 판단상 규칙적인 심리적 오류다. 예를 들어 어느 고과자는 다른 고과자에 비해 후한 평정을 하거나 박한 평정을 한다. 특히 고과목적이 감시일 경우 박한 평가를 하고, 관리목적일 경우 후한 평가를 한다. 어떤 목적, 곧 가치에 따라 판단이 달라지는 것이다. 이런 평가가 그대로 유지되는 성향이 강해 항상 오류(constant error)라 하기도 한다.

지각이 분화되어 제대로 판단을 하지 못하는 경우도 있다. 이른바 분화된 지각(differentiated perception)이다. 부하직원이 친절한지 그렇지 못한지 그 여부에 너무 신경을 쓰는 관리자는 부하직원의 성과 중 다른 측면에 대해서는 제대로 판단하지 못한다. 지각이 편중되어 있기 때문이다. 시합에서 이긴 팀의 주장이 선수들을 전체적인 능력에 따라 구분하기보다 누가 드리블을 잘했고, 누가 패스를 잘했는가에 신경을 쓰는 것도 마찬가지다. 작은 것에 집중하다 보니 전체를 보지 못하는 것이다.

젤킨드(S. Zalkind)와 코스텔로(T. Costello)는 사회적 인식, 곧 대인관계 인식에서 이런 성향이 있다고 말한다. 평가자의 경우 자기 자신을 잘 아는 사람은 비교적 남을 잘 지각한다. 자기 자신의 특질이 남에게 동시에 존재한다고 보는 경향이 있다. 그래서 안정된 사람은 타인의 따뜻한 면을 많이 보려 한다. 자기 자신을 인정하는 사람은 타인의 좋은 면을 더 보려 한다. 그리고 인간 사이의 차이, 규범 등을 고려할 때 타인을 정확하게 지각하는 문제는 결코 간단한 것이 아님을 안다. 평가할 때 피평가자의 지위나 역할은 그를 범주화하는 데 영향을 주며, 눈에 드러나는 특질도 평가에 크게 영향을 준다. 이에 따라 지각에 차이가 나타난다.

지각에 이런 성향이 나타나는 것을 보면서 사람을 객관적으로 인식하고 합리적으로 판단한다는 것이 얼마나 어려운가를 실감한다. 사람은 대물지각이나 대인지각에서 이렇듯 오류를 범한다. 그러면서도 가장 이성적인 인간으로 살아간다고 생각한다. 착각하고 있는 것이다. 이런 점에서 삶은 착각인지 모른다. 사람들이여, 제발 착각하고 살지 말라. 편견과 아집을 버려라. 그래야 세상이 공평하고 평화로워질 수 있다.

아들러: 보다 완전한 삶을 추구하라

사람들은 건강하게, 많은 사람들에게 유익을 주며 살아가고자 한다. 그러나 몸이 정상을 벗어나는 수가 있다. 이상심리학(abnormal psychology)에서는 이상(abnormality)을 이렇게 정의한다.

첫째, 통계적 표준에서 벗어났을 때 이상이라 한다. 비정상적으로 키가 크거나 작을 때, 지나치게 똑똑하거나 행복해할 때 이상이라 한다. 이런 이상은 보통사람과 다소 차이가 있다는 것뿐이지 크게 문제가 되지 않는다.

둘째, 사회적 규범으로부터 벗어나 있을 때다. 사회적으로 받아들일 수 없는 행동을 하는 것이다. 물론 그 행동도 문화마다 다를 수 있다. 아프리카에선 환각이 널리 퍼져 있지 않은가. 세월이 변함에 따라 다를 수 있다. 동성애를 금기시했지만 지금은 크게 달라졌다.

셋째, 부적응 행동을 보일 때다. 군중이 두려워 버스를 못 타는 사람, 알코올 중독으로 일을 할 수 없는 사람, 자살을 시도하는 사람, 과격하게 공격적 행동을 보이는 사람, 과대망상을 하는 사람 등이 그 보기다. 과대망상자는 사람들에게 극단적 피해를 줄 수 있다.

넷째, 개인적으로 스트레스가 많은 사람이다. 정신적으로 문제가 있다. 지나치게 걱정하고 우울해하며 불안해한다. 신체에 영향을 줘 신경증(neuroses)이 발생하고 잠을 잘 자지 못하고 식욕을 잃거나 아픔과 고통을 호소한다.

이상상태를 법적으로 정신이상(insanity)이라 한다. 옳고 그름을 판단할 능력이 없고, 자신의 행동을 통제할 능력도 없다.

이상행동은 여러 가지로 분류된다.

첫째는 신경증이다. 신경증은 불안과 걱정(anxiety)이 원인이다. 극단적 방어기제를 사용하고, 문제를 대면하기보다 피하려 든다. 도움이 필요하고 병원신세를 지는 경우도 발생한다.

둘째는 정신병(psychoses)이다. 정신병은 정신기능에 이상이 발생한 경우다. 현실을 왜곡해 환상과 실제를 구별하지 못한다. 망상(delusion)과 환상(hallucination)도 보인다. 망상이 심한 경우 "내가 우주의 왕이다"라며 자신의 위엄함을 드러내 보이려 하며, "사람들이 나에 대해 수군거려. 그들이 나를 독살시키려 한다"고 말한다. "내 생각은 화성으로부터 온 주파수에 의해 조정된다"며 외부의 통제를 받는다고 한다. 심지어 "나는 더 이상 실제의 사람이 아니야. 내 안의 모든 것은 썩어 없어졌어"라며 자신은 더 이상 사람이 아니라(depersonalization)한다. 환상의 경우 아무렇지도 않은데 나를 부르는 소리가 들린다, 무엇이 보인다, 독가스처럼 이상한 냄새가 난다고 한다.

셋째는 성격장애(personality disorder)다. 성격장애를 가지면 사회적 부적응 행동을 한다. 지나치게 의존심이 강하다든지, 반사회적 행동을 하거나 성적으로 일탈된 행동을 한다. 알코올중독이나 마약중독으로 빠지기도 한다.

문제는 이런 이상행동이 우리로 하여금 정상적인 삶을 살기 어렵게 한다는 데 있다. 그래서 정상으로의 회복이 필요하다. 그렇다면 정상(normality)은 무엇일까? 다음은 심리학에서 말하는 정상이다.

첫째, 현실에 대해 효율적으로 인지한다. 세상 돌아가는 것을 현실적 매너로 판단한다.

둘째, 자기지식(self-knowledge)을 가지고 있다. 자신의 동기와 감정을 인지한다.

셋째, 자신의 행동에 대해 자의적으로 통제할 능력을 가지고 있다. 성적인 충동이나 공격성을 자제하는 것이 그 보기다.

넷째, 자기를 존중하고 자기를 수용한다. 자기의 가치에 대해 인정하고, 다른 사람과 평온한 관계를 유지하며, 사회상황에 잘 적응한다. 무가치, 소외, 수용결핍은 없다.

다섯째, 애정관계를 형성할 능력을 가지고 있다. 지나치게 자기중심적이지 않고 사람들과 친해지는 것을 두려워하지 않는다. 친한 관계를 유지하며, 그 관계를 통해서 만족을 얻고, 서로 사랑을 주고받는다.

끝으로 생산성이 있다. 삶에 대한 열정이 있다. 정상이라면 현실에 적응하고 건강한 인성을 가지며 자아실현을 하려고 한다.

정상의 삶을 사는 사람이라면 보다 완전한 삶을 추구한다. 이 땅에서 완전하게 살 수는 없지만 삶의 목표를 이상적 가치에 두고 유전적 결함까지 보완해가면서까지 삶을 이상적이고 완전한 것으로 만들고자 하는 것이다.

이것의 대표적 학자로 아들러(Alfred Adler)가 있다. 그에 따르면 삶은 자기초월의 과정으로 보다 나은 상태, 궁극적으로는 완전한 상태로 지향하는 과정이다. 완전에의 추구(superiority tendency)는 이상적 삶의 실현을 목표로 한다. 이상적이고 가상적이라는 점에서 의사종국(疑似終局 fictional finalism)이다. 사람이다 보니 열등의식을 가질 수 있다. 그러나 그는 열등의식도 높은 차원에로의 발전을 위해 필요하다고 말한다. 여기에서 우리는 인간의 회복가능성과 희망을 본다.

완전에의 추구는 라이프스타일 형성에 영향을 준다. 이를 위해 가정의 역할이 중요하다고 본다. 부모가 자식의 의사를 존중하고 용기를 북돋아주면 건설적인 라이프스타일이 형성된다. 하지만 자식을 무시하고 돌보지 않은 경우 파괴적 라이프스타일이 형성된다. 건강한 사회는 건강한 가정에서부터 출발한다. 사회의 핵은 가정이지 않은가.

아들러는 개인과 사회의 관계를 상보적이라 주장한다. 이 점에서는 프롬(E. Fromm)도 생각을 같이한다. 프롬도 인간에게는 동물적 측면과 인간적 측면이 있으며, 그중 인간적 측면은 사람을 완전한 상태로 이끌려는 욕구를 낳는다고 주장했다.

인간의 이상행동은 우리가 바라지 않는 현실이다. 사람이 사람답게 살기 위해서는 이상행동을 유발하는 환경조건이 아니라 삶에 대한 열정을 가지고 생산적으로 살아가도록 해야 한다. 우리가 이 사회를 위해 해야 할 일이 많다.

감정: 마음이 아프면 육신이 병든다

일을 하다 보면 감정(emotion)이 따른다. 감정은 행동을 유발하고 이끈다는 점에서 동기가 되기에 충분하다. 감정은 기쁨과 쾌락을 가져오는 것이 목적이다. 동기유발 행동엔 감정이 동반한다.

감정은 외적인 자극에 의해 일어난다. 물론 내적인 자극도 영향을 준다. 배고프면 느낌이 다르다. 감정은 기쁘고 즐겁다는 한쪽과 화가 나고 불쾌하다는 다른 한쪽 사이에서 오간다. 몸의 생리에 따라 변하기도 한다. 그러나 항상 느낌이라는 것이 있다.

감정이 깊어지면 몸에 변화가 인다. 두려움과 분노가 일면 심장박동이 빠르고 숨이 가빠진다. 목과 입이 마르다. 근육이 긴장되고 땀이 난다. 몸이 떨리고 위에서도 가라앉는 느낌이 든다.

감정이 일어나면 자율신경체계 중 교감신경체계의 활동으로 에너지가 방출한다. 생리적으로 변화가 오는 것이다. 부교감신경체계에서는 유기체가 정상상태로 돌아오도록 에너지 보호작용을 한다.

이런 현상을 감정이론(emotion theory)에서는 어떻게 말할까? 제임스-랑게 이론(James-Lange) 이론에 따르면 하나가 원인이 되어 다른 결과를 낳는다. 신체에서 뇌로 어떻게 피드백했느냐에 따라 감정의 질이 결정된다. 즉, 생리적 변화의 인지(원인)에 따라 놀라게 되든지 화가 나게 된다(결과). 예를 들어 30초 동안 미소 짓는 자세를 취하면 기분이 좋아진다. 하지만 상을 찌푸리면 긴장되고 화가 난다.

캐논-바드 이론(Canon-Bard theory)은 다르다. 하나가 다른 것의 원인이 되지 않는다고 본다. 감정과 자율반응은 동시에 발생하기 때문이다. 즉, 신체의 변화와 감정의 경험이 동시에 발생한다는 것이다. 왜 그럴까? 시상(thalamus)은 대뇌피질뿐 아니라 신체의 다른 부분에 동시에 충격을 주어 감정이 발생하도록 한다. 감정은 대뇌피질과 자율신경체계의 공동각성인 것이다. 감정은 인체의 내장기관이나 골격의 피드백에 의존하지 않는다.

통합이론(integrative theory)은 상호작용을 강조한다. 인지적 요소는 과거 경험을 기억하고 현재의 상황을 평가한다. 자극요소는 외적 자극을 뇌에 입력한다. 그리고 생리적 요소는 내장기관과 골격근육으로부터 뇌에 입력한다. 이런 여러 작용을 통해 감정이 일어난다고 본다.

이론마다 주장이 조금씩 다르기 때문에 어느 하나로 통일할 수는 없다. 감정은 그만큼 복잡한 과정을 거친다. 그렇다면 감정의 표현은 어떨까? 먼저 감정표현이 선천적이라는 주장이 있다. 어린아이가 다치거나 슬플 때 울고, 기쁠 때 웃는다. 문화에 따라 조금씩 다르지만 얼굴표정, 자세, 몸짓에 잘 나타난다. 다윈은 앞을 보지 못하는 아이와 동물이 혐오스런 표정 짓는 것을 비롯해 괴로운 표정, 토할 때와 같은 입주위의 운동, 눈꺼풀 움직임, 눈 돌림과 몸 돌림, 침 뱉기 행동들을 관찰하고 비교하며 유사성을 발견했다. 선천성임을 보인다는 것이다.

이와는 달리 학습에 따라 달라진다고 주장하는 학자도 있다. 경험에 따라 수정된다는 것이다. 예를 들어 내색하지 않는 얼굴(poker face)은 분노나 두려운 감정이 감춰져 있다. 내색을 하지 않으니 숨은 감정은 알 길이 없다. 그러나 주먹을 꽉 쥔 몸짓을 하거나 경직된 자세를 취하거나 도전적으로 낮은 턱주가리를 내밀면 그 상태를 알 수 있다.

감정의 표현은 문화마다 달라 그 의미를 정확히 알 수는 없다. 중국소설에 따르면 여성의 눈이 동그래졌다가 넓게 열리면 화가 났다는 것이고, 혀를 쭉 내놓는 것은 놀랐다는 것이며, 두 손을 가볍게 치는 것은 실망했다는 것이고, 귀와 뺨을 긁적이는 것은 행복하다는 뜻이다. 하지만 감정표현에도 만국공통의 것이 있다. 노련한 배우의 얼굴 표현, 어조, 몸짓에 따라 사람들은 웃고 운다. 주먹을 꽉 쥔 것은 화가 났다는 것이고, 눈썹을 치켜뜨는 것은 의심이 가거나 인정하지 않는다는 뜻이다.

감정상태가 장기화되면 육체적 건강을 해칠 뿐 아니라 정신적으로도 효율성을 떨어뜨린다. 심신질환(psychosomatic illness)이 있다. 원인은 심리적이지만 증세는 육체적으로 나타난다. 궤양, 천식, 편두통, 고혈압, 피부발진 등이 생긴다. 마음의 병이 육체의 여러 병으로 나타나는 것이다. 감정을 빨리 풀라. 마음이 아프면 육신이 병든다.

인간관계: 당신의 삶 속에 사랑의 전류가 흐르게 하라

인간은 공기와 물 없이는 살 수 없다. 절대적으로 필요하다. 우리 생활에서 절대적으로 필요한 것이 무엇일까? 여러 가지가 있지만 전기를 꼽을 수 있다. 만일 전기가 없다면 그 많은 첨단장비도 무용지물이다. 휴대전화도 사용할 수 없다.

그런데 인간관계도 전기라는 생각이 든다. 당김과 밀어냄이 있기 때문이다. 전기(electricity)라는 단어는 희랍어로 '엘렉트론(electron)'이라는 단어에서 나왔다. 이것은 호박(琥珀)을 가리킨다. 호박은 나무에서 흘러나온 진이 땅속에 묻혀 있다 수소, 산소, 탄소 등과 결합하면서 돌처럼 굳어진 광물질이다. 희랍인들은 반들반들하고 투명한 이것을 보석처럼 생각했다. 호박은 지금도 귀한 대접을 받고 있다.

사람들이 이 호박을 더 윤기 나게 만들려고 천으로 닦았다. 그런데 이상하게도 닦을수록 먼지가 더 달라붙는 것이었다. 현대어로 말하면 정전기(static electricity) 현상이다. 이것이 전기 현상의 최초의 발견이다. 전기의 역사를 보면 주전 600년경 그리스의 탈레스는 호박을 마찰할 경우 전기가 일어나 가벼운 물체를 끌어당기는 것을 알아냈다.

이 현상은 호박에서만 일어나는 것은 아니다. 우리가 옷을 입거나 벗을 때 옷이 달라붙거나 누구와 악수를 하려 할 때 순간적으로 전기를 느낀다. 일상에서 경험할 수 있는 전기다. 그런데 그런 전기는 아니어도 사람을 만날 때 감전되기도 한다. "느낌이 와?", "전기가 통했어?"라고 묻는 것은 인간관계에서도 전류가 통할 수 있음을 비유적으로 말해준다.

정전기는 전하(電荷 electric charge)가 움직이지 않고 정지 상태에 있는 전기를 말한다. 전하는 전기를 가지는 가장 작은 단위의 입자다. 전하에는 +전하와 -전하가 있다. +전하를 양성자라 하고, -전하를 전자라 한다. 전하를 띤 두 물체를 연결하면 서로 다른 전하는 잡아당기고, 같은 전하는 밀어내면서 전하들이 이동하게 된다. 전기엔 이처럼 끌어당기는 인력과 밀어내는 척력의 법칙이 존재한다.

사람의 관계, 특히 남녀관계나 친구관계, 부부관계에서 당김과 밀어냄이 있는 것은 보이지 않는 전하관계가 있음을 보여준다. 서로 좋아할 것 같은 데도 서로 밀어내는 사람도 있고, 서로 맞지 않을 것 같은데 서로 끌어당기며 사랑을 불태우는 사람도 있다. 그 전류의 성격을 다른 사람은 모른다. 그것이 어디 사람뿐이랴. 그것은 민족 사이에도 일어나고 국가 사이에도 일어난다. 좁은 땅에서 서로 당기고 밀치며 살아가는 우리네 모습에서도 그것이 뚜렷하게 나타난다.

전기는 +전하와 -전하를 띠는 입자들이 이동할 때, 다시 말해 -전하를 가진 전자가 이동하면서 만들어내는 전류이다. 전하가 지속적으로 보충되면 전류는 계속 흐를 수 있다. 전류의 상태에 따라 전기의 질도 다르다. 당김의 인간관계도 당김의 요인이 지속적으로 유효할 때 계속된다. 전류가 흐르지 않으면 전기가 존재할 수 없듯 사랑의 당김이 없으면 인간관계도 지속되기 어렵다. 사람들과의 관계에서 오늘 당신의 질은 어떤가.

전기는 지금까지 가장 깨끗한 에너지로 각광을 받아왔다. 그런데 요즘 전자파에 대한 두려움이 높아지고 있다. 건강을 해친다고 생각하기 때문이다. 전자파는 주기적으로 세기가 변하는 전기장과 자기장이 쌍을 이루어 공간 속으로 퍼져나가는 전자기파를 말한다. 전자파는 파장이 아주 짧은 것에서부터 우주선, 감마선, 엑스선, 자외선, 가

시광선, 적외선, 마이크로파, 라디오파 등 그 종류도 다양하다. 사람에게 유익을 주는 것도 있고 해를 주는 것도 있다.

　유해 전자파는 전하가 급속히 진동하거나 전류가 변화할 때 발생한다. 주위의 전자기장을 변화시키면서 방출된다. 한 번 발생한 전자파는 직진, 반사, 굴절 등 다양한 형태로 공간을 누비며 전파된다. 흘러가다가 주변 물체나 대기에 흡수되면서 다른 에너지로 변하기도 한다. 일반적으로 열로 변한다. 전자기기로 인해 발생하는 전자파가 피부로 흡수될 경우 피부를 비롯해 주위 조직에 열을 발생시키며 피해를 입힌다. 열이 아닌 다른 형태도 있을 수 있다.

　사람의 몸은 70%가 물로 구성되어 있다. 인체는 1-3GHz의 주파수에 민감하게 반응한다. 이유는 이 주파수가 물분자를 진동시켜 체온을 끌어올리기 때문이다. 이 주파수를 많이 받으면 체온이 오른다. 다행히 우리 몸엔 다량의 혈액이 있고, 지속적인 순환으로 인해 잠시 올랐던 체온도 정상으로 회복된다. 혈액의 보이지 않는 역할에 감사해야겠다. 하지만 혈관이 적은 눈의 수정체나 망막, 고환의 경우는 사정이 다르다. 이 주파수에 오래 노출되면 백내장에 걸리거나 생체기능이 저하될 수 있다. 그래서 유해하다고들 한다.

　우리가 늘 가지고 다니는 휴대전화에서도 전자파가 발생한다. 그 어떤 기기보다 우리 몸에 밀착되어 있어 유해성이 높다. 그런데 유해의 정도는 우리가 그것을 어떻게 사용하느냐에 따라 달라진다고 한다. 주머니에 넣고 다닐 때와 손에 들고 다닐 때, 얼굴에 붙여 통화할 때와 조금 떨어져 통화할 때 서로 다르다. 그만큼 민감하다는 말이다. 우리가 늘 함께하는 사람도 어떻게 대하는가에 따라 다르지 않는가.

　전기는 전류에 따라 다르게 작용한다. 어떤 전자파는 사람에게 유익을 주기도 하지만 해를 주기도 한다. 같은 전자파도 그것을 어떻게 사용하느냐에 따라 다르다. 사람관계도 전류처럼 변화가 있고 파장도 있다. 그 변화가 때로 많은 사람들에게 유익을 주기도 있지만 어떤 것은 해를 주기도 한다. 화가 잔뜩 나 있는 사람에게 쉽게 접근하기 어려운 것은 그 열기 때문이다. 유해전자파에 데이기 전에 피하는 것이 상책이다. 그러나 사랑의 전류가 흐르고, 용서의 전자파가 발생한 다면 걱정할 것이 없다. 사람과의 관계에서 당신이 흘려보내는 전류의 질은 온전한가? 당신은 오늘 어떤 전자파를 발생시키고 있는지 궁금하다.

생물심리와 생리심리: 생리를 알면 행동이 보인다

인간의 행동을 보다 과학적으로 알기 위한 인간의 노력은 끝이 없다. 그중에 생물심리학(biological psychology)과 생리심리학(physiological psychology)이 있다. 생물심리학은 생물학을 배경으로 심리학의 여러 주제를 다룬다. 감각과 지각, 각성과 수면, 동기, 성 행동, 불안과 공격성, 스트레스, 학습과 기억, 언어, 뇌손상과 회복, 우울증과 조울증 등 다루는 분야도 넓다. 생리심리학은 생리적 과정과 신경 과정에 토대를 두고 심리 현상을 논한다. 유기체의 심리를 생리학적으로, 특히 인간의 행동과 정신과정을 신경계와 내분비계에 근거하여 이해하려 한다.

심리학에 신경생물학파(neurobiological approach)가 있다. 뇌 및 신경 체계를 통해 인간행동을 연구한다. 인간의 행동이 체내에서 발생하는 이벤트와 어떤 연관이 있는지를 살핀다. 뇌의 활동, 인간행동, 경험의 상관관계를 연구하는 것이 그 보기다.

인간의 뇌는 120억 개의 신경세포와 그것의 무한한 상호연계로 이뤄져 있으며, 인간의 행동은 뇌의 메커니즘과 깊은 관련이 있다. 뇌의 신경세포를 자극함으로써 시각 인지에 영향을 주고, 뇌의 특정 영역에 자극을 줄 때 기쁨을 느끼거나 고통을 느끼며, 과거 사건을 생생하게 기억나게 한다. 그러나 이 접근에 제약이 없는 것은 아니다. 신경생물학적 접근을 통해 신경세포의 저변에 깔린 인간행동을 구체화할 수 있지만 뇌는 복잡할 뿐 아니라 연구상의 난점이 있다.

　인간의 행동은 얼마나 생물학적인 영향을 받을까? 생각보다 많다. 우선 신경체계로 들어가 보자. 그 영향이 크기 때문이다. 신경체계의 기본단위는 신경세포(neurons)다. 인간의 두뇌에는 100억에서 120억 개의 신경세포가 있다. 이 속에 학습뿐 아니라 감정과 생각을 관장하는 정신기능에 대한 온갖 비밀이 숨어 있다. 신경세포에는 기능에 따라 크기와 모양이 다르지만 공통 특질을 지니고 있다. 수상돌기(dendrites)와 세포체(cell bodies)를 통해 자극을 받아들이며 축색돌기(axon)를 통해 메시지를 다른 신경세포나 근육 그리고 내분비선으로 전달한다.

　신경세포에는 감각(구심성, 들)신경세포(afferent neurons), 운동(원심성, 날)신경세포(efferent neurons), 그리고 개재(사이)신경세포(interneurons)가 있다. 감각신경세포는 감각기관, 근육, 피부, 관절 등 감각기관을 통해 받아들인 메시지를 뇌나 척수로 운반하는 세포다. 운동신경세포는 신호를 뇌나 척수로부터 반응(effector) 기관, 곧 근육이나 내분비선으로 전달한다. 개재신경세포는 들어오고 나가는 신경세포를 중재하며 척수에 위치해 있다.

　신경(nerve)은 축색신경다발 그룹(axon fibers group)을 함께 묶은 것이다. 축색신경다발(axon fibers)은 수백 혹은 수천의 신경세포를 묶은 축색돌기 묶음이다. 아교질세포는 신경세포들을 밀접하게 엮어주고, 이웃하는 신경세포와 화학적 교류를 한다.

　신경메시지는 어떻게 전달될까? 그것은 신경다발을 따라 전달된다. 그 과정은 전자화학적 과정이다. 세포막을 통해 나트륨, 칼륨, 염소와 같은 이온들(ions)이 서로 교류한다. 축색돌기를 덮는 막이 있을수록 전도가 빨라진다. 신경세포 사이의 신경절(synaptic junction)을 건너 전달되기도 한다. 시냅스 전달(synaptic transmission)이다. 화학적 신경전달물질인 아세틸콜린(acetylcholine)이 시냅스 간극(연접틈새)을 건넌다.

이것이 근육활동을 돕고, 학습과 기억을 개선시킨다. 나이가 들면서 아세틸콜린이 든 신경세포를 잃어버리면서 정신장애를 가져온다. 아세틸콜린이 들어 있는 약을 드는 것도 이 때문이다. 신경전달물질은 감각신경세포의 수상돌기와 세포체에 작용, 막의 삼투성을 변화시킨다. LSD와 같이 기분을 바꾸는 약물(mood altering drugs)은 시냅시스에서 지나치게 세포를 자극하거나 감정을 일으켜 행동에 변화를 가져온다.

신경체계는 크게 중추신경계와 말초신경계로 구성되어 있다. 중추신경계는 뇌와 척수 안에 있는 모든 신경들로 신경세포의 다수를 차지하고 있다. 말초신경계는 뇌와 척수로부터 모음의 다른 부분에 이르는 신경들이다.

말초신경계는 체성계(somatic system)와 자율계(autonomic system)로 이뤄져 있다. 체성계는 감각기관, 근육, 체표면을 오간다. 메시지가 감각기관과 중추신경계를 왕래하면서 첫 메시지가 전해진 곳에서 고통, 억압, 온도변화를 느끼게 한다. 자세와 몸의 균형을 이루게 한다. 자율계는 내부기관을 오가는 신경들로 호흡, 심박 수, 소화과정을 규제한다. 그리고 교감부와 부교감부 상호작용을 통해 감정의 반응에 주요 역할을 한다.

뇌는 중핵(central core), 번연계(limbic system), 대뇌(cerebrum)로 이뤄져 있다. 중핵 중 숨뇌(medulla)는 호흡, 일어선 자세, 삼키기, 소화, 심장박동을 통제한다. 소뇌(cerebellum)는 근 긴장도, 몸의 균형, 걷거나 놀이를 하는 동작운동의 조정을 담당한다. 시상(thalamus)은 대뇌피질에 감각 중계국 역할을 한다. 시상하부(hypothalmus)는 감정을 조절하고 항상성(homeostasis 체온, 신진대사, 내분비균형)을 유지한다. 망상체계는 각성(주의) 체계를 통제한다.

번연계는 시상하부의 조정을 받아 본능적 행동, 곧 먹이주기, 공격, 위험으로부터의 도피, 짝짓기를 통제한다. 번연계의 해마는 기억과 감정에서 역할을 한다.

대뇌는 두 반구로 나뉘어 있다. 좌반구는 언어의 사용과 수리 기술을, 우반구는 정신적 상상, 공간관계와 언어의 이해를 담당하고 있다. 뇌들보(뇌량)는 두 반두 사이에서 신경섬유를 연결한다. 대뇌피질은 차별, 선택, 학습, 사고 등 높은 정신적 과정을 담당한다. 피질은 몸의 모든 운동, 감각, 시각, 청각 등을 관장하고 있다.

내분비체계는 호르몬을 분비한다. 호르몬은 혈액을 따라 몸 전체에 파급된다. 이것은 기관활동을 통합하고 항상성을 유지한다. 정서, 동기부여, 인성 형성에도 영향을 준다. 시상하부와 자율신경체계는 밀접히 연관되어 있다. 내분비선은 뇌하수체선, 부신, 생식선이 있다. 뇌하수체선은 가장 많이 여러 종류의 호르몬을 생산한다. 뇌하수체 후엽은 출산 시 자궁수축, 젖, 체수분량, 혈압을 조정한다. 뇌하수체 전엽은 신체의 성장을 조절한다. 부신은 스트레스를 조정한다. 부신 호르몬의 하나인 아드레날린은 감정을, 비아드레날린은 정신 질병을 관장하며 모두 긴급행동에 대비한다.

유전자도 행동에 영향을 미친다. 행동유전학에 따르면 유전자는 심리뿐 아니라 체질에 영향을 준다. 염색체는 유전자로 구성되어 있다. 유전자는 성의 구별뿐 아니라 우성과 열성을 가른다. 정상 여성의 경우 23쌍의 염색체가 XX로 구성되어 있고, 남자는 XY로 구성되어 있다.

그런데 이와 달리 비정상인 경우 이상이 발생한다. 예를 들어 XX 대신 X만 가진 여성이 있다. 이 경우 성적으로 정상 발육이 안 되고 인지에도 결함이 있다. 이것을 터너 신드롬(Turner's syndrome)이라 한다. 23번째의 염색체가 XXY인 경우 남자는 몸은 남성이나 여성의 가슴을 가지고 있고 정자가 없는 등 여성 생리적 구조를 가지고 있으며, 여자는 몸은 여성이나 남성적인 여성스포츠우먼과 같다. 이것을 클라인펠터 신드롬(Klinefelter's syndrome)이라 한다. XYY 남성의 경우 키가 더 크고, 공격적이어서 범죄 성향이 높다. 다운 신드롬(Down's syndrome)은 21번 염색체에 또 다른 염색체가 있어 정신적 결핍을 가져온다. 인간은 여러 세트의 유전자가 작용하는 특성이 있다.

때로 사람들은 우생학적 결합을 꿈꾸기도 한다. 좋은 특질을 가진 남녀가 만나면 좋은 자녀를 낳을 것이라는 생각이다. 이것은 선별사육(selective breeding)이다. 그렇다면 우와 열이 결합하면 나쁠까? 유전자보다 환경에 영향을 받는 경우는 없는가? 궁금한 것은 많다.

쌍둥이 연구를 보면 유전도 있지만 환경의 영향을 받는다는 것을 알 수 있다. 지성도 유사하고 성격도 유시한, 유전적으로도 같은 일란성 쌍둥이가 있는가 하면 유전적으로 같은 것이 전혀 없는, 보통 형제보단 유전적으로 아주 다른 이란성 쌍둥이도 있다.

종합적으로 볼 때 인간의 행동은 유전과 생리적 영향을 많이 받는다. 유전자는 개인의 잠재력을 제한해주지만 이 잠재력은 환경에 종속된다. 환경의 영향도 많이 받는다는 말이다. 이로 미루어 볼 때 인간 행동은 생리와 환경의 상호작용의 결과이다. 인간의 행동은 그만큼 복합적이다.

제3부

인간 현상은
가치 지향적이다

뇌 운동: 뇌가 건강해야 삶이 건강하다

몸에서 뇌가 차지하는 비중은 아주 높다. 신은 그것의 중요성을 너무 잘 알기에 몸에서 자장 높은 부분에 놓아두고 보호하도록 했을 것이다.

그동안 좌뇌와 우뇌의 기능을 분리하며 이성적 활동과 감성적 활동을 강조해왔다. 창조성이 높으려면 우뇌를 많이 사용하라는 것이다. 감성적 부분을 강조하는 것이다. 그렇다고 좌뇌의 역할이 무시되는 것이 아니다. 풍요한 감성도 이성이 없으면 사업으로 나갈 수 없다. 어떤 학자는 좌뇌와 우뇌의 기능을 이분법적으로 생각해서는 안된다고 말한다. 상호작용을 한다는 말이다. 그런데 요즘 뇌의 건강이 삶의 건강과 이어진다는 주장이 높아지고 있다. 새로운 어프로치다.

맥길대학 브렌다 밀러(B. Miller) 교수는 100세가 다 되어 가는 세계 최고령 현역교수다. 65세만 넘으면 내치는 우리네 대학과는 판이하게 다르다. 그는 아직도 뇌신경학 연구소에서 일한다.

그는 종종 1950년대만 해도 뇌에 관한 상식이 그리 높지 않았다고 말한다. 당시 의학자들은 우리가 경험한 것을 기억하는 데 뇌 전체가 쓰인다고 생각했다. 그래서 경련을 일으키면 환자의 뇌 일부를 잘라내기도 했다. 그러다 뇌의 측두엽 일부 절제 수술을 받은 환자가 조금 전의 일도 기억하지 못하는 일이 미국에서 일어났다. 밀러 교수는 이 환자를 10년 가까이 연구하면서 이름이나 얼굴을 알아보고 일상을 기억하는 기능은 측두엽 안쪽 해마가 담당한다는 것을 알아냈다. 1960년대 초반 때다. 그 후 치매나 뇌 손상 환자의 기억이 사라지는 과정도 알게 되었다. 그는 기억력을 잘 유지하려면 무엇보다 신체적으로 건강해야 하며 즐겁게 살면서 매일 무언가 읽으라 한다.

조선일보는 '두근두근 뇌 운동'을 하고 있다. 스트레스가 쌓이면 뇌 신경 회로에 피로가 누적되어 기억을 관할하는 뇌 속 해마도 퇴행하게 된다. 전두엽 기능이 떨어지면 뇌 회로가 단순화되어 고집이 세지고, 남의 말을 잘 듣지 않으며 경직된다. 생각과 기억은 전두엽이 총괄한다. 온종일 아무것도 안 하고 TV만 보는 것이 가장 나쁘다. 부단히 움직이고 새로운 것에 관심을 가지며 뇌 기능을 다양하게 써야 한다. 평소에 머리를 자주 써서 뇌세포를 많이 키워 놓으면 나이가 들어 뇌세포가 일부 망가져도 치매에 잘 안 걸린다. 매일 아침 신문 보고 뇌 운동하는 습관은 뇌 곳간에 똑똑한 뇌세포를 한 톨 한 톨 쌓아 놓는 것과 같다. 중앙치매센터 김기웅 소장은 매일 새로운 운동으로 뇌의 곳간을 채워나가라 한다.

잠을 잘 자는 것도 중요하다. 데이비드 랜들은 『잠의 사생활』을 통해 잦은 수면방해는 심각한 기억장애를 일으킬 수 있다고 주장한다. 인생의 3분의 1은 수면시간이다. 그만큼 중요하다는 것인데, 사실 잠은 의식주보다 큰 영향을 준다.

잠자는 동안 뇌가 활동을 멈춘다는 것은 옛날 생각이다. 1950년대 렘 수면(REM sleep)에서 안구가 빠르게 움직이는 것을 발견한 이후 이런 생각은 깨졌다. 랜들에 따르면 잠은 마음이 문제를 해결하는 시간이다. 뇌는 매일 잠을 통해 어수선한 잡동사니를 정리하며 보관할 것은 보관하고 버린다. 뇌에게 차분히 정리할 시간을 주는 것이다. 때론 꿈도 꾼다. 그것도 부정적인 꿈을 많이 꾼다. 그것은 먼 옛날의 방어메커니즘이다. 부정적인 꿈은 위험을 대비해 뇌를 훈련시키는 것이다.

숙면은 큰 자산이다. 잠이 부족하면 전쟁에서도 진다. 잦은 수면방해와 뇌의 산소부족은 장기기억에 장애를 준다. 잠은 뇌세포 이곳저곳에 자극을 준다. 잠이 뇌를 건강하게 만드는 것이다.

인터넷 사용도 도움이 된다. 여러 정신의학자와 신경과학자들은 인터넷이 인간의 뇌를 실제로 변화시킨다고 주장한다. 인터넷을 잘 사용하지 않던 사람들이 5일 동안 하루 1시간씩만 인터넷 검색을 해도 거의 활동이 없던 외측 전전두엽 피질이 집중적인 활동을 한다. 뇌의 회로가 재구성되는 것이다. 하지만 문제가 없는 것은 아니다. 전전두엽 피질이 혹사당하면 이해력과 기억력이 저하된다. 나아가 어떤 방해도 받지 않고 무엇인가를 읽거나 생각할 때 형성되는 풍요로운 정신적 연계능력은 거의 일어나지 않는다. 지나친 인터넷 사용에 대한 경고다. 무엇이든 지나치면 문제가 발생한다. 생각을 켜는 일도 중요하다.

실버세대 인구가 늘어나면서 치매에 대한 관심도 높아지고 있다. 뇌는 신경망 수억 개로 이뤄진 전자회로 네트워크다. 생각의 회로가 특정 신경망으로만 작동되면 나이 들어 신경 네트워크가 줄어든다. 우회로와 대체로가 없으면 치매 증상이 온다. 고집이 세거나 자기주장이 너무 강한 사람, 대화가 안 되는 사람, 지나친 완벽주의자들에게 치매가 생길 확률이 높다. 유연하고 개방적인 사고를 통해 다양한 신경회로를 만들 필요가 있다.

뇌에는 뇌세포가 1조 개가 있다. 쉰 살이 넘어서면 매년 1%씩 사라진다. 그래서 평소 써 먹을 수 있는 활성뇌세포를 늘려 놓을 필요가 있다. 그래야 나이가 들어도 치매에 잘 걸리지 않는다. 근육 늘리듯 뇌세포 늘리는 운동이 필요한 이유다. 운동도 해야 하지만 부지런히 읽고 쓰는 일도 중요하다. 긍정적인 생각도 많이 하라. 뇌가 건강해야 삶이 건강하다.

신경증과 정신병: 우리의 가정과 직장이 안전하지 못하다

우리 주변엔 신체적인 문제뿐 아니라 각종 정신적 장애로 고통을 받고 있는 사람이 많다. 그 대표적인 것이 신경증, 정신병, 그리고 인성장애다. 이것은 의사만 다루어야 할 영역이 아니라 사회구성원 모두가 관심을 가지고 치료하며 극복해야 할 문제다.

신경증(psychoses)은 싸워 이기려 하기보다 문제를 피하려 한다. 죄의식이나 불행하다는 느낌에 사로잡혀 있다. 신경증의 중심에는 불안과 걱정이 자리하고 있다. 불면증, 소화불량, 설사에 집중력까지 잃는다. 그리고 자신을 파괴시킨다.

신경증에 걸리면 불안과 걱정(anxiety)이 먼저 공격해온다. 하루에도 서너 번 주기적으로 온다. 심장은 두근거리고 숨은 가빠지며 땀이 나고 근육이 긴장되며 혼미해지고 멀미가 난다.

강박장애(obsessive-compulsive disorder)가 나타난다. 강박(obsessive) 관념에 빠지면 환영받지 못하는 생각이 자꾸만 밀려든다. "사람들이 자꾸만 나에게 욕지거리 해대는 것 같아", "사람들이 지금 내 아이를 욕조에서 질식시키려 들어." 강박(compulsive) 행동도 한다. 병원에 다녀오거나 돈을 만진 다음 과도하게 손을 씻는다. 밖에 나가면 지속적으로 이런 생각이 든다. "내가 방문을 잠갔던가?" 또 보도의 금을 조금도 안 밟으려 한다든가 자기 전에 책상을 꼭 정리를 잘해 두어야 하는 등 미신적 행동을 한다.

공포감(phobias)에 사로잡히기도 한다. phobias는 희랍의 신 포보스(Phobos)에서 나온 말이다. 이 신은 적에게 두려움과 공포를 일으키는 신으로, 자주 마스크와 방패에 그려진다. 신경증에서 공포감은 어느 특정 물체나 상황을 과도하게 두려워하는 것을 말한다. 무서워하는 대상은 사람마다 다르다. 어떤 이는 뱀을 보거나 높은 곳에 오르는 것을 두려워한다. 보통사람도 느끼지만 정도가 심하다. 폭풍우가 칠 때, 의사를 볼 때, 아플 때, 상처를 입을 때, 죽음을 생각할 때, 사람들이 많은 것을 볼 때, 떨어져 있다는 것을 느낄 때, 주사를 맞을 때, 어두워질 때, 낯선 사람을 만날 때 공포감을 느낀다. 어떤 것은 나이가 들면서 변하기도 한다. 재난을 만난다든지 개와 맞부딪혀 놀란 경험도 영향을 준다. 부모가 놀라면 아이가 놀라듯 관찰을 통해 학습되기도 한다. 어린이에겐 학교공포(school phobias)도 있다. 부모와 떨어져 있어야 하기 때문이다.

신경증은 전환(conversion) 반응을 일으키기도 한다. 걱정이 육체적 징후로 전환되는 것이다. 수족이나 몸의 일부에 마비증세가 오거나 부분적으로 감각을 잃는다. 눈이 안 보이기도 하고, 귀가 들리지 않기도 하고 고통을 느끼지 못하기도 한다.

신경증적 울증으로 정서장애를 겪기도 한다. 어느 정도의 시간이 지났는데도 슬픔을 회복하지 못하는 경우다. 사랑하는 사람을 잃었다든가 거부를 당했다든가 하는 경험을 했을 때 더 그렇다. 절망감에 빠지고 의욕을 잃어 의사결정을 내린다든가 어떤 일을 주도하려 하지 않는다. 낙심하고 자신이 부적합하거나 무가치함을 느낀다.

신경증은 겹쳐서 일어날 수도 있다. 공포반응과 강박장애가 함께 일어나는 것이다. 또한 신경증은 피하려는 성격을 띤다. 회피행동으로 긴장에 대응하려는 것이다. 정상적인 방어기체가 과도한 형태로 나타나기도 한다.

정신병(psychoes)은 정신장애다. 생각이나 행동에 있어서 신경증보다 더 심한 장애현상이 나타난다. 현실과의 접촉성을 잃고 망상, 환상, 환각 상태에 빠진다.

정신병엔 두 가지 범주가 있다. 하나는 유기적 정신병(organic psychoses)이고, 다른 하나는 기능적 정신병(functional psychoses)이다. 전자는 신경체계의 손상 때문으로 머리에 상처가 났던지 납에 중독이 되었든지 뇌종양에 걸렸을 때 일어난다. 후자는 심리적인 것으로 잘 알 수 없는, 환경적 조건에 영향을 받아 정서적으로 장애를 보인다. 정서장애나 울증은 이에 속한다.

정서장애(affective disorders)는 기분이 혼란스러운 것을 말한다. 울증, 조증(mania), 조울증(manic-depressive) 등이 이에 속한다. 울증은 거부당한 느낌, 용기를 상실한 느낌이 들고 낮은 자존감을 갖게 한다. 그래서 자살에 이르게 만든다. 조증은 언제나 활동적이고 통제가 어렵다. 혼자서 오래 주절대는 것도 이에 속한다. 조울증의 경우 조증과 울증의 변화가 주기적이다.

왜 이러는 것일까? 학파마다 생각이 다르다. 정신분석의 경우 사랑, 지위, 도덕적 후원 등의 상실로 인한 반응으로 본다. 울증은 잃어버린 어머니의 사랑을 다시 찾기 위한 것으로 본다. 외적인 인정에 의존하거나 분노가 내적으로 옮겨진다. 무가치함과 낮은 자존감을 갖는다. 이것은 지나친 의존심 내지 상실감이 주원인이다. 행동주의는 다르다. 긍정적 강화요인의 축소 내지 무력감의 학습 때문이라는 것이다. 생리심리학자는 순환성 조울증의 경우 유전적 요인이 작용하거나 생화학적 요소가 결핍되었기 때문이라 주장한다. 어릴 때의 경험, 유전적 성격이 영향을 주어 이런 점에 취약한 데다 긴장이 축적되면서 발생한다는 주장도 있다.

정신장애로 손꼽히는 것이 정신분열증(schizophrenia)이다. schizophrenia

는 갈라놓는다는 뜻을 가진 희랍어 '스키자인(schizein)'과 마음이라는 뜻을 가진 '피렌(phren)'을 합한 것이다. 얼마나 마음을 찢어놓았으면 이 단어를 사용할까 싶다.

정신분열증은 여러 증상이 있다. 첫째, 사고와 집중에 혼란이 있다. 기분이 혼란스러우니 생각도 혼란스러울 수밖에 없다. 상관이 없는 자극을 여과시켜 무시할 수 있어야 하는데 그것이 어렵다. 정신집중이 안 되어 물어도 동문서답을 한다. 말을 해도 의미 있게 못한다. 둘째, 인지에도 문제가 있다. 소리, 크기, 색, 모양에 대한 혼란이다. 얼굴을 그리라 해도 그리지 못한다. 전체 구상이 안 되기 때문이다. 셋째, 현실로부터 퇴행한다. 사회적 상호작용을 하지 못하고 속으로 생각하고 환상을 한다. 또한 자기도취(self-absorption)에 빠진다. 일종의 자폐증(autism)이다. autism은 희랍어 '아우토스(autos)'에 나온 말이다. 여기서 아우토스는 자기(self)다. 외부사건에 반응하지 않고 말도 하지 않고 행동도 하지 않는다. 넷째, 정서에 장애가 있다. 정상적인 정서반응을 할 수 없다. 슬픈 얘기를 하는데 웃고, 자기 딸이 암에 걸렸다는데 아무런 반응이 없다. 끝으로, 망상도 하고 환각에 빠지기도 한다.

정신분열의 원인은 과연 무엇일까? 유전적 원인이라는 주장이 많고 도파민 같은 신경물질 전달체계에 문제가 있기 때문이라는 주장도 있으며, 부모와 자녀관계가 잘못되었기 때문이라는 주장도 있다.

위 두 경우보다 정도는 약하지만 성격장애(personality disorder)도 우리가 관심을 가져야 할 부분이다. 이 장애는 주로 사회적 부적응 행동으로 나타난다. 반사회적 인성으로 나타나기도 하고 알코올중독, 마약중독으로도 나타난다.

반사회적 인성(psychopatic personality)은 사회적으로 바람직한 행동을 하지 않는 것을 말한다. 무엇보다 충동적이다. 책임감도 없고 도덕심도 없으며 다른 사람을 배려하지 않는다. 양심도 결핍되어 있다. 오직 자기 자신의 욕구에만 관심을 가진다. 자주 법적으로 문제가 되기도 한다. 청소년범죄나 성인범죄로도 이어진다. 사랑도 없고 죄의식도 없다. 도대체 왜 이럴까? 생리학자들은 저반응성 자율신경체계에 문제가 있기 때문이라 하고, 행동주의자들은 부모의 가정교육이 철저하지 못했기 때문이라 한다. 규율로 엄히 훈련하지 않았거나 부모가 보상과 처벌을 할 때 일관성을 유지하지 않았기 때문이라 한다.

알코올과 마약도 성격에 장애를 가져온다. 계속 복용하면 육체적으로나 심리적으로 의존성이 강해진다. 계속할수록 더 하고 싶고 중단하면 불쾌하다. 이것이 육체적 의존성(physical dependency)이다. 이것을 복용하지 않으면 불안감이 커진다. 이것은 이것들에 대한 심리적 의존성(psychological dependency)이 높다는 말이다.

알코올 중독은 술을 안 마시면 하루도 못 배기는 상태, 나쁜 줄 알면서도 술을 끊을 수 없을 만큼 통제가 결여된 상태를 말한다. 술도 단계가 있다. 처음에는 사교로, 스트레스 해소차 마신다. 전 알코올중상 단계(prealcoholic stage)다. 점차 주량이 늘면서 필름이 끊겼다는 식으로 망각현상(blackout)을 경험한다. 술 마시는 것에 대한 죄의식도 사라진다. 이것이 전조단계(prodromal stage)다. 나아가 아파도 마시고, 가족이나 직장 등 사회적 관계에 손상이 가도 마신다. 이것은 결정적 단계(crucial stage)다. 결국 영양실조에 걸리고 자포자기하며 가족이나 친구를 돌보지 않을 정도가 된다. 한마디로 폐인상태다. 이것은 만성 단계(chronic stage)다. 중독 원인은 유전 때문이라 하기도 하고, 학습되었기 때문이라 하기도 한다. 중독치료를 받아야 한다.

마약중독에 이르기까지도 단계가 있다. 처음에는 맥주와 와인을 마시기 시작하다 독주를 마시고, 그다음 마리화나에 접하고, 그다음 다른 불법마약에 손을 댄다. 사용동기도 다양하다. 부모의 영향이 첫 번째다. 부모가 마약에 대해 허용적 태도를 취한 경우거나 부모가 마약을 한 것을 따라 자식이 따라 배운 경우다. 동료의 영향도 크다. 개인의 인성적 요소도 작용한다. 호기심 또는 경험하고 싶은 욕구가 생겨서, 육체적인 고통과 정신적 고통으로부터 벗어나고 싶어서, 지루함에 못 견뎌, 사회적 동조성이 약해 외톨박이가 돼서 등 개인적인 이유도 다양하다. 마약을 계속 사용하다보면 육체적으로 그것을 하지 않으면 안 되는 상태에 이르고, 결국 중독에 이르게 된다.

통계에 따르면 미국의 인구 중 15~25%가 정서적으로 문제가 있다고 한다. 특히 정신적 장애를 가지고 있다. 미국만 그런 것 아니다. 우리 주변에도 신경증으로, 정신장애로, 인성장애로 고통받고 있는 사람이 많다. 이것은 우리의 가정과 직장이 안전하지 못하다는 것을 보여준다. 사회도 고통을 받는다. 서로 도와 이런 문제에서 벗어나도록 해야 한다.

치료: 치료 못지않게 중요한 것은 자기관리다

요즘 '치료(therapy)' 하면 그다지 거부감이 없다. 하지만 그 옛날에는 악령(evil spirit)이 작용한다 하여 격리수용하고 처벌 위주로 다스렸다. 물론 외딴곳에서 소외된 삶을 살아야 했다. 그러던 것이 근대에 들어오면서 정신건강센터를 통해 행동을 이해하고 수정하는 방식으로 바뀌어졌다. 처벌 대상에서 이해의 대상으로 전환된 것이다.

치료는 크게 통찰치료(insight therapy), 행동치료(behavior therapy), 집단치료(group therapy), 그리고 생물학적 치료(biological therapy)로 나눌수 있다. 통찰치료에는 정신분석, 내담자 중심 치료, 게쉬탈트 치료 등이 있고, 행동치료에는 강화치료(reinforcement therapy), 역조건화(counterconditioning), 인지행동치료(cognitive behavior therapy) 등이 있으며, 집단치료에는 만남의 집단, 가족치료 등이 있고, 생물학적 치료에는 약물치료(drug therapy), 정신외과(psychosurgery), 전기경련요법(ECT, electroconvulsive therapy) 등이 있다.

정신분석의 경우 자유연상, 해석, 전이의 방법을 사용한다. 자유연상은 억압된 사고나 느낌을 의식으로 가져오는 것이다. 해석은 문제를 해석하며 이해한다. 전이는 정신분석가의 용모와 태도에 대해 자기의 느낌을 표현하게 함으로써 정서적 반응을 개발한다. 거짓 인지(false perception)도 사용한다. 그러지 않았는데 그랬다고 함으로써 잠재된 감정을 끄집어내는 것이다. 이것은 다른 해석을 할 수 있는 소스를 제공한다.

심리치료(psychotherapy)는 정신장애자를 대상으로 한다. 정신건강 회복이 주목적이다. 치료를 통해 환자와 치료자 모두에게 성격적인 성장과 성숙을 가져다준다. 공포신경증, 만성정신분열, 지적 장애자, 성생활장애치료, 기타 신경장애로 인한 병 등 이와 관련된 조사가 실시된다. 심리검사로 투영법 등을 비롯해 여러 방법을 사용하고, 치료를 위해 면담은 물론 실험을 하기도 한다.

심리치료를 하면서 세 가지를 경험하게 된다. 해제반응, 통찰력 사용, 그리고 실행이다. 해제반응(abreaction)은 관념을 유도하고 병적 관념을 제거하는 것이다. 억압된 감정을 자유롭게 표현한다. 발산(catharsis)이다. 그렇게 함으로써 정서적으로 안정을 찾고, 감정적으로 치유된다. 통찰(insight)은 갈등의 뿌리를 이해하고 억압된 경험의 기억을 회복한다. 실행(working through)은 긴 재교육 과정이다. 같은 갈등을 다른 상황에서 여러 번 다시 시험해보며 극복해나간다.

내담자 치료법은 로저스(C. Rogers)의 내담자 중심 치료법(client-centered therapy)이 대표적이다. 내담자로 하여금 주제를 정해 토의하게 하여 목적을 달성하는 비지시적(non-directive) 방법을 사용한다. 인간주의적 치료(humanistic therapy)로, 치료사의 도움을 최대로 줄이고 내담자 스스로 문제를 해결하도록 하는 방법이다.

행동치료는 학습이론에 근거해 행동을 교정하는 것이다. 강화치료에는 특정 행동을 유도하기 위해 긍정적 강화(positive reinforcement)를 하고, 행동을 제거하기 위해 소거(extinction) 방법을 사용한다. 바람직한 행동을 했을 때 토큰을 줘 자기가 원하는 것으로 바꿀 수 있게 하는 토큰경제(token economy) 치료법도 있다. 역조건화로는 체계적 둔감법(systematic desensitization)이 있다. 체계적 둔감법은 두려움이나 공포를 효과적으로 제거하는 방법이다. 전에 불안을 일으킨 상황에서 안정을 취하는 방법을 배우는 것이다. 이것을 탈조건화(deconditioning)

라 하기도 한다. 인지적 행동치료는 합리적으로 생각하고 감정을 조절하는 치료방법이다.

이외에도 자기주장훈련, 모방, 자기규제 등 여러 방법이 있다. 자기주장훈련(assertive training)은 자신의 불쾌한 감정이나 분노를 제대로 표현하지 못하는 사람, 거절을 못하는 사람, 애정이나 호감을 표현하지 못하는 사람에게 효과적이다. 어떻게 말해야 할지 몰라 불안을 일으키는 상황의 경우 먼저 치료사와 함께 역할연기를 하고(불안감소), 그다음 실제생활에 적용하도록 한다. 모방(modeling)은 다른 사람의 행동을 관찰하게 함으로써 간접적으로 그 행동을 학습하도록 하는 것이다. 뱀을 애완동물처럼 다루는 사람을 보게 함으로써 뱀에 대한 공포를 줄이는 것도 한 예다. 자기규제(self-regulation)는 자기강화 또는 자기처벌을 통해 행동을 스스로 교정하도록 한다.

집단치료는 같은 문제를 가진 사람들끼리 모아 상호작용하도록 한다. 이런 집단을 만남의 집단(encounter group), 훈련집단(Training group, T-group)이라 하기도 하고, 감수성을 기른다 하여 감수성그룹(sensitivity group)이라 하기도 한다. 심리적으로 건강한 사람에게는 좋지만 정서적으로 문제가 있는 사람들에게는 적합하지 않다. 자기주장 훈련도 한다. 가족치료(family therapy)도 한 방법이다. 커플, 부모와 자녀들을 대상으로 한다. 결혼 또는 이혼 관련 치료도 한다.

생물학적 치료는 이상의 치료방법으로는 치료가 어려운 경우에 주로 사용한다. 진정제, 항우울제, 탄산리튬 등을 사용하는 약물치료(drug therapy)가 있고, 극심한 우울증에 시달리는 사람에게 전기충격을 가하는 방법을 사용하기도 하고, 뇌의 특정 부분(신경다발)을 자르거나 초음파로 특정 부분을 파괴하는 수술(psychosurgery)도 한다.

여러 치료방법을 통해 효과를 본다. '헬로-굿바이효과(Hello- Goodbye effect)'가 있다. 헬로는 치료 초기에 자기의 불행이나 문제를 과장해서 말하는 것이고, 굿바이는 치료가 끝나고 나서 자기가 얼마나 좋아졌는가(well-being)를 과장하는 것을 말한다. 과장이 심한 경우도 있다는 말이다. 플라시보 효과(placebo effect)도 있다. 플라시보는 원래 '즐겁게 하다, 만족하다'는 뜻이지만 위약, 곧 가짜 약으로 사용된다. 환자가 효과적인 치료를 받았다고 생각하면 비록 그것이 진짜 약이 아니라 가짜 약(sugar pill)이라 할지라도 개선된다. 물론 치료를 받으러 왔지만 치료를 받지 않고 즉시 진정되는 경우도 있다. "나에게가 무슨 문제가 있다고" 생각하며 마음을 고쳐먹었을 것이다.

치료는 학파에 따라 방법이 다르다. 정신분석은 심리치료를, 행동주의는 행동변화를 위한 치료를, 그리고 인지학파는 논리적, 철학적 사고의 변화를 통해 행동 및 증상변화를 노린다. 아주 온건적인 인간주의적 방법도 있고, 과격한 생물학적 치료도 있다. 어느 방법을 택할 것인가는 치료의 목적이 무엇인가에 달려 있다.

현재 많은 사람들이 정신적으로 건강하지 못한 상태에 있다. 그들에게 치료사도 필요하고 의사도 필요하다. 그러나 공동체 활동을 통해 우리 주변에서 소외되는 사람이 없도록 배려하며, 문제가 있는 사람을 적극적으로 돕는 활동이 필요하다.

치료 못지않게 중요한 것이 자기의 정서관리다. 자신의 감정을 늘 자연스럽게 갖도록 노력하고, 자신의 취약점이 무엇인가를 알아내며, 자기가 좋아하는 것이나 관심 있는 분야를 꾸준히 개발하고, 다른 사람과 어울리며, 도움이 필요한 때를 알아 적극적으로 대처할 필요가 있다.

가치문제: 인간현상은 가치지향적이다

가치는 주관적 성격을 가지고 있다. 주관은 객관적 사실을 중시하는 수량적 방법론의 비판 대상이 되어왔다. 사람은 주관적인 것을 가급적 객관적으로 알려는 욕구를 가지고 있다. 주관적인 것을 주관적으로만 알 수 있다는 견해는 언어에 현혹된 사고방식으로 인식되기도 한다.

과학적 연구가 가치판단을 피할 수 있을까? 가치와 무관한 과학은 없다. 그러므로 과학적 연구는 가치판단 문제 때문에 철학적 비판을 필요로 한다. 경험적 연구는 가치판단의 목적을 가지고 있지 않다.

인간현상은 가치지향적이다. 객관적, 과학적 방법으로 다루어질 수 없다는 이론은 논리를 넘어선다. 인간현상에 대한 설명, 예측, 이론적 연구가 반드시 물질현상으로의 환원을 의미하지 않는다. 그런 연구가 비인간화를 초래한다는 주장은 논리에 맞지 않는다. 또한 환원가능성이 부정된다고 해서 과학적 연구가 불가능해지는 것도 아니다. 인간성은 문화상대적이며 객관적인 자아 속성을 지니고 있다.

가치는 사회제도와도 관계가 있다. 갈등론적 마르크스 사회학에 따르면 제도는 힘과 억압을 토대로 하며 가치(이상)와 현실(제도) 사이에 본질적으로 갈등이 있음을 전제한다. 이에 반해 비갈등론적 비마르크스주의 사회학은 사회제도를 가치관개념에서 연역하고, 가치와 현실 간의 격차를 부정한다.

객관성을 중시하는 연구는 가치중립을 말한다. 경험적 연구 개념이나 변수에는 국적도 없다고 한다. 베버는 사회과학의 가치중립성을 주장한다. 가치무관성도 말한다. 사회학은 가치판단에 대해서 중립적이어야 한다는 것이다. 이것은 당시 사회과학들의 당파성을 극복하려는 시대적 요청이 작용한 것이기도 하다. 대학의 자율성과 학생에게 영합하려는 교수들의 추한 행동을 불식하기 위해서도 가치중립은 필요했다.

하지만 프랑크푸르트학파의 마르쿠제(H. Marcuse)와 하버마스(A. Habermas), 비트겐쉬타인(L. Wittgenstein) 등은 가치중립을 거부한다. 마르쿠제에 따르면 아무리 과학이 객관적 사실만을 다룬다 해도 연구할 테마의 선택과 이에 대한 문제의식은 분명히 가치판단이 작용한다. 하버마스는 과학과 기술의 이념적 성격을 규명했다.

가치중립을 비판하는 학자들은 무엇보다 문제의식과 문제제시에 있어서 일정한 가치판단을 거친다고 본다. 사회과학 연구에서 얻어진 지식과 이론의 실제적인 이용에서 가치판단을 피할 수 없다. 사회적 경험의 간주체성(inter-subjectivity, 나만의 세계가 아니고 나와 너의 상호주관적 세계)도 무시할 수 없다. 사회적 경험이 아무리 객관적으로 관찰되고 계량적으로 파악된다 해도 간주체적 경험과 언어적 상징을 통해 인식되고 해석된다. 이 해석에는 일정한 가치판단이 따르며 관찰자를 완전한 타자의 위치에 내버려두지 않고 관칠주체의 해석과 판단이 함께 작용한다. 사실인식과 가치판단이 완전 분리되는 것은 아니라는 말이다.

하버마스는 실증주의 과학의 객관성을 비판한다. 그들의 명제는 객관적 사실 자체의 묘사라기보다 그들 조작의 결과를 표현한 것이다. 실증주의자들의 사실이란 기술적 행동의 기능에 의해서 구성된 경험을 통해 드러난 것이다. 경험적 사실이란 인간의 의식에 의해 구성된 것이다. 그들의 증명방식은 현실을 일정한 관심 아래서 파악하려 한다. 대상화된 프로세스를 기술적으로 지배하려는 관심이다. 대상의 지배라는 이 관심은 주체적인 가치판단에 의한 것이다. 그러므로 실증주의는 가치중립이 아니라 일정한 가치판단에 의해 근본적으로 지배되고 있다.

마르쿠제와 비트겐쉬타인은 실증주의의 비가치중립성을 말한다. 마르쿠제에 따르면 실증주의의 기술은 문제제시에 있어서 이미 지배적인 이데올로기의 제약을 받아 이에 봉사하고 있다. 표면적인 사실들을 기술적으로 지배하고 있기 때문이다. 이것은 곧 비이성적 목적을 위해 봉사할 수 있음을 보여준다. 그러므로 그만큼 가치중립이 아니다. 비트겐쉬타인도 실증주의적 사유가 지배적 이데올로기에 의해 제약된다면 가치중립성을 표방한다 해도 아무 의미가 없다고 주장했다.

굴드너(A. Gouldner)는 한 발 더 나아가 사회과학의 자학성과 기존 체제에 대한 보수적 이념을 가치자유 이념이 강화시킨다고 신랄하게 비판했다. 그는 사회학적 통찰력으로 현실에 참여하는 지적 용기로 외적 부조리를 비판하는 인간의 참여정신, 개혁정신을 강조했다. 관료제화, 전문화, 과학기술화로 비인간화되는 추세에 반발했으며, 가치자유를 팖으로써 입신영달을 꾀하는 사회학자도 비판했다. 인간행동의 자발성과 자율성이 필요하다는 것이다.

그레이(D. Gray)도 가치중립을 비판했다. 그는 가치중립을 위선적이고 부적합한 것으로 보았다. 현실의 진정한 모습을 솔직히 전달하지 못할 뿐 아니라 판단을 올바로 내리지 못하고 무책임하다는 것이다. 런드버그(G. Lundberg)도 가치중립을 빙자하여 자기 양심의 가책을 쉽게 중성화한다고 보았다. 사회과학이 가치중립과 객관성을 신봉함으로써 과학의 지위를 얻기는 했다. 하지만 학문으로서의 창조성과 비판성을 상실한 위험에 직면했다. 이것은 마치 베버가 지적한 것처럼 정신이 없는 전문가(specialist without spirit)로 전락한 셈이다.

가치자유라는 미신에서 해방되기 위해서는 연구주제 선택에 가치판단이 개입해야 하고, 연구할 가치가 있고 인간에게 타당성을 줄 수 있는 주제와 문제를 선택해야 하며, 문제를 선택한 후 가능한 한 방법론적 정밀성에 입각해 연구하고, 연구 후에는 합리적 판단을 해야 한다.

과학: 과학만을 위한 과학주의를 벗어나라

과학하면 자연과학을 생각한다. 그런데 사회과학도 있고, 심지어 인문과학도 있다. 과학을 표방하는 것이다. 자연과학은 변수 간의 인과관계를 연구한다. 실증된 인과관계를 토대로 일어난 현상을 설명하고 앞으로 일어날 현상을 예측한다. 사회과학은 인과관계 수준보다 더 낮은 상관관계를 논하게 될 때가 많다. 사회과학이 가진 특수제약 때문이다. 자연과학이 경성과학(hard science)이라면 사회과학은 연성과학(soft science)이다. 인문과학은 인간의 의식현상을 대상으로 과학적 기술을 한다.

자연과학은 자연현상을 분류 기술하고, 보편법칙에 따라 설명 또는 예측한다. 보편법칙들의 가설을 입증하고 체계화하여 그 법칙들의 확률을 높인다. 보편법칙을 체계화하는 것이다. 구조상으로는 개별적 조건에 따라 개별적 현상이 일어난다. 헴펠(C. G. Hempel)에 따르면 개별적 현상의 설명(이미 일어난 현상)과 예측(일어날 현상)은 보편법칙과 그 선행조건들을 기술하는 명제의 논리적 결합(논리적 구조상의 차이)으로부터 연역한다. 가설엔 두 가지가 있다. 경험적 가설(empirical hypotheses)은 관찰될 수 있는 현상에 적용하고, 이론적 가설(theoretical hypotheses)은 관찰될 수 없는 존재나 상태, 과정에 적용한다.

사회과학은 과학으로서 여러 제약이 있다. 무엇보다 인간행동을 연구대상으로 삼기 때문에 관찰이 어렵다. 자연현상을 대상으로 하는 자연과학은 관찰이 용이하지만 사회과학은 정보가 부족하고 비공개적으로 정책결정이 이뤄지는 것도 많아 관찰이 쉽지 않다. 경험적 실증도 어렵다. 자연과학과 같이 실험을 마음대로 할 수 없다. 제한된 실험만이 가능해 보편타당한 결론을 내리기 어렵다. 개념의 작업화도 쉽지 않다. 개념 정의에 있어서 학자 간의 이견이 많다. 측정이나 지표 사이에 거리도 있다. 지식수준을 따질 때 수학연수 대신 문자해득률로 대치하는 수가 많다. 어떤 변수를 포함시키고 어떤 변수를 제외하느냐는 문제 때문에 모형설정도 어렵다.

그럼에도 불구하고 사회과학은 꾸준히 과학화를 추진해왔다. 사회현상에 대한 계량화다. 인상을 경험적 자료로 삼기도 한다. 그만큼 과학세계에서 인정을 받고자 한 것이다. 그러나 경험적 접근은 계량적 접근보다 광범위한 의미를 내포하므로 동일시해서는 안 된다.

콩트(A. Comte)의 실증주의나 기딩스(F. H. Giddings) 이후의 신실증주의는 사회학을 과학으로 고양시켰다. 그러나 호로비츠(I. Horowitz), 블루머(H. Blumer), 도이체(I. Deutscher), 클리나드(M. Clinard), 브루인(S. Bruyn) 등은 실증주의 방법에 도전하고 수량화(quantification)와 조작화(operationalization)는 경험세계를 왜곡시킨다고 주장했다.

사회과학은 규범에 대해서도 관심이 있다. 인간은 규범적 동물이라 할 만큼 규범은 우리 생활에 영향을 준다. 규범에도 당위적 측면이 있고 경험적 측면이 있다. 당위적 측면은 사회윤리학의 영역에 속하고 경험적 측면은 사회과학의 영역에 속한다. 사회과학은 경험적 접근을 통해 과학화한다. 정책과학은 규범적 분석과 경험적 연구를 병용한다.

역사에 대한 사회과학의 관점도 다양하다. 무엇보다 실증주의적 성향이 크다. 과학적 연구를 통해 가설된 법칙을 증명하기도 하고, 사회사나 문화 그리고 사회심리를 통해 역사적 문제를 제시하기도 한다. 역사적 업적을 인정하면서도 보편이론을 추상적 차원에서 모색하기도 한다. 이때 보편이론은 사회심리학의 행태분석에서 벗어나 있다. 역사적 연구를 지향하는 학자도 있다. 규범의 전승과 문화적인 가치를 따지는 것이다. 역사적 연구지만 특수성, 시대적 혹은 문화적 관계에 제한되기도 한다. 밀스(C. W. Mills)는 사회학을 과거에 의해 현재를 재구성하려는 체계적 시도라 한다. 일정한 시대의 특수한 구조에 근거하지 않는 사회학적 법칙은 없으며, 모든 사회문제와 갈등조건은 언제나 역사적인 전망을 통해서만 결정된다고 주장한다. 무어(B. Moore)도 역사적인 현재분석을 한다.

인문과학은 인간의 존재론적 문제, 인식론적 문제, 그리고 심리언어문제를 다룬다. 존재론적 문제는 대상(對象)지향적 구조를 가지고 있다. 브렌타노(F. Brentano)에 따르면 의식현상은 대상지향적이며 물리구조는 대상지향적이 아니다. 심리언어문제는 분석철학이 다룬다. 의식구조에 대한 분석이다. 예를 들어 문장을 심리적 문장과 물리적 문장으로 구별한다. 심리적 문장은 내연적 문장으로, 문장 전체의 진위치(眞僞値)가 그 구성문장의 진위치로 결정되지 않는다. A가 지구를 네모졌다고 믿는 것이 그 보기다. 물리적 문장은 외연적 문장으로, 문장 전체의 진위치가 그 구성문장의 진위치로 결정되는 것을 말한다. A는 장남이고 지구는 둥글다는 것이 그 보기다. 브렌타노와 키스홈(R. Chisholm)에 따르면 심리적 문장은 물리적 문장으로 분석될 수 없다. 이것은 심리학은 자연과학분야로 환원될 수 없고, 물리현상과 존재형상은 다르다는 뜻을 내포하고 있다. 그러나 심리적 문장이 모두 내연적이며 물리적 문장이 모두 외연적인가는 아직 해결된 문제는 아니다. 따라서 내연적 문장을 담은 인문과학이 자연과학으로 환원될 수 있는가 하는 문제도 아직 결정되지 않았다.

자연과학에는 자연과학의 어떤 분야에 속하는 한 법칙으로부터 자연과학의 모든 다른 분야에 속하는 법칙들을 논리적으로 연역할 수 있다는 경형(硬型)이 있는가 하면 상위개념은 그 하위개념으로부터 직접 혹은 간접으로 분석 가능하다고 보는 연형(軟型)이 있다. 카르납(R. Carnap), 노이라스(O. Neurath)를 포함한 논리적 실증주의자들은 통일과학운동(Unified Science Movement)을 벌려 자연과학과 인문과학의 개념적 통일을 주장했다. 개념적 통일을 법칙적 통일과 분리하기 어렵고, 자연과학의 개념적 통일만도 어렵기 때문이다. 인간의 의식현상을 연구대상으로 하는 인문과학에서도 자연과학적 방법으로 탐구되어야 한다는 주장도 있다. 심리학의 경우 신경생리에 입각한 심리학이 그 보기다. 개념적으로나 법칙적으로 통일된 체계를 이룰 수 있다고 주장한다. 이를 가리켜 인문과학 내의 자연과학주의라 한다.

과학도 도전을 받고 있다. 과학적, 실증주의적 방식만으로는 부족해 질적 방법론이 필요하다는 것이다. 과학주의의 지나친 조작화와 계량화, 타당성의 상실은 그 흐름을 부채질하고 있다. 과학의 횡포도 지적의 대상이다. 살로만(A. Saloman)은 이성의 이름으로 시작된 과학이 종국에는 이성의 부정과 말살로 낙착되었고, 진보의 논리와 횡포는 이 세계에서 전적으로 횡포의 진전을 안겨다주었다고 주장한다. 물론 과학정신과 과학주의(scientism)는 구별되어야 한다. 과학정신은 과학의 공정성과 합리성, 생동하는 경험적 연구방법을 가능케 해 학문의 주체성 확립을 가능하게 했다. 하지만 과학주의는 과학을 미신하고, 경험주의를 내세우며 결국 비인간화라는 비극적 인간관을 형성하세 만든 우를 범하게 했다. 인간이 이성을 가진 한 과학적 사고를 해야 한다. 그러나 인간을 배제하고 과학만을 위한 과학주의는 비판되어야 한다.

실증주의: 실증주의는 지식을 인격으로부터 분리한다

  실증주의(positivism)는 경험과학, 수량적, 행동주의적, 통계학적, 과학적 방법론 편에 서 있다. 포퍼(K. Popper)의 『과학적 발견의 논리』에 따르면 실증주의는 단일성을 추구하는 분석적 과학방법론이다. 신칸트학파의 법칙과학도 이에 속한다. 법칙과학이란 경험적 동형태성(同形態性)에서 어떤 법칙을 유도하고 이를 다시 실증하는 방법이다. 보편적 법칙, 기계적 법칙을 세운다. 행동과학도 비과학적 요소를 떠나 보편적, 단일적 경험분석을 한다. 그래서 실증주의는 지식을 인격으로부터 분리한다는 평가를 받는다.

  실증주의는 가치자유를 표방한다. 주관적 가치를 배제하고 가치연구의 객관화를 추구한다는 말이다. 주관적 가치를 객관적으로 연구하는 것이지 가치무관성 주장은 아니다.

  실증주의는 합리성을 추구한다. 이것은 실증주의의 보수성을 보여준다. 사회의 표면적 사실을 다루면서도 그 저변의 요소(심층구조, 생동요인)는 다루지 못하고 있다. 비판적 이성보다 기계적 오성만을 소유한다. 그 사실을 창조하고 그 기능을 결정하는 전체적 연관을 무시한 채 통계, 측정, 현지조사를 한다면 합리적인 것이 못 된다. 기술자는 되지만 과학자는 아니다. 마르쿠제는 이를 일차원적 사유라 한다. 과학화를 표방하면서 철학을 멀리한다는 것은 오히려 과학의 본질을 상실한 것이다. 표면적인 것을 정리하고 기술적으로 지배해서 근본적인 모순을 피해가려는 것이다. 현재 지배체제에 얽매어 둔다. 현 사회 구조의 보존을 위한 도구역할을 한다. 이성적 행동을 기술로 대체하며 지배적인 이데올로기에 봉사하고 있다.

실증주의는 객관성을 중시한다. 주관에 의존하지 않는 순수과학이론을 추구한다는 말이다. 기본명제를 통해 표현된 관찰을 완전히 객관적인 것으로 주장한다. 객관적인 사실을 다루면서(이론화) 스스로 주체적 의식을 배제한다. 모방을 통한 도야과정을 배제하는 것이다. 객관적 사실을 주체적 삶과 분리하고, 학문과 생활, 이론과 실천, 진리와 인격을 분리한다. 하버마스에 따르면 가치판단과 사실분석을 분리해 객관적 진리를 지향하고, 과학적 기준을 확정하며, 이론전개 및 증명을 위한 규칙을 확정하는 것이 객관주의 실증적 방법론이다.

실증주의는 상관관계를 구할 때 경험적 증거를 사용한다(경험적 접근). 우리가 경험할 수 있는 증거만 실증증거로 받아들인다(실증적 접근). 우리가 경험할 수 있는 인간행동을 연구한다(행동주의 접근). 사회현상의 질적 내용보다 수량화를 중시하고(수량적 접근, 통계적 접근), 철학적 사변을 벗어나 과학화를 추구한다(과학적 접근). 경험적 접근은 계량적 접근보다 넓은 의미를 갖는다. 또한 무조건 계량화를 주장하지는 않는다. 상관관계를 구할 때 확률에 기초한다. 경험할 수 있는 변수와 경험할 수 없는 변수도 구별한다. 실증주의는 정확성과 정밀성을 중시한다. 경험적 연구가 계량의 기술을 높여 계속하면 이해와 예측에서 정확성과 정밀성이 높아질 수 있다고 생각한다.

실증주의는 경험의 역사성을 무시한다. 현재 경험으로 관찰할 수 있는 것은 살아 있는 역사의식이다. 현재 경험으로 관찰할 수 없는 것은 죽은 역사이다. 고로 경험적 접근법은 살아 있는 역사의 표현을 관찰하므로 인간행동의 역사성에 그다지 신경을 쓰지 않아도 경험은 살아 있는 역사가 반영된 행동을 관찰하게 된다. 그 객관 지식이 모형설정이나 변수에 영향을 준다. 포퍼는 '역사주의의 빈곤'이라는 글을 통해 실증주의의 태도를 비판했다. 시대와 지역 제한 없이 보편법 칙에 따른 자연현상에 입각해 사회현상을 보기 때문이다. 사회적 사실 속에는 역사적 전통이 살아서 작용하고 있다. 그런데 실증주의는 역사를 박물관에 가두어버렸다.

실증주의는 전제나 전 이해를 앞세우지 않는다. 무전제성이다. 무비판적, 맹목적 전제들과 그 편견에 사로잡혀선 안 된다고 보기 때문이다. 가설 설정도 경험에 토대된 것으로 다시 실증되어야 한다. 나아가 실증주의는 자유의지를 부정한다. 목적지향적, 주체적 행위에 대해 흥미가 없다. 피아제(J. Piaget)에 따르면 객관적 방법은 의식과 주체의 추상화 또는 무시가 아니라 관찰자의 자아를 중심으로부터 멀리하는 것이다.

실증주의에 문제가 없는 것은 아니다. 렘버그(E. Lemberg)에 따르면 경험적인 연구가 이데올로기를 규범적 가치판단 문제로 돌리고 그 영향을 배제하려 하면서 스스로 이데올로기에 의해 제약되고 있다는 사실을 통찰하지 못한다. 이것은 그 연구 성과에도 그릇된 영향을 미친다. 실증주의의 장점은 있다. 과학화, 합리화에 기여하기 때문이다. 그러나 학문에서 실증주의만을 고집한다면 그 자체가 이데올로기로 변해 있음을 보여줄 뿐이다.

환원론: 전체의 성질은 부분의 성질을 통해 알 수 있다

환원론(reductionism)은 보다 보편적인 개념이나 명제로 덜 보편적인 것을 설명하는 것을 말한다. 보편(모든 경험적 현상)이 특수(인간에 관련된 사회적 성격을 띤 살아 있는 경험적 현상)를 설명할 수 있다는 말이다. 보다 특수한 수준에서 일어나는 경험적 현상은 보다 보편적 수준에서 일어나는 경험적 현상을 다루는 명제에 의해 설명된다.

로크(J. Locke)는 환원론에 세 가지 특성이 있다고 말한다. 작고 단순한 것이 크고 복잡한 것보다 근본적으로 더 중요하다. 외적이고 관찰 가능한 것이 그렇지 않은 것보다 더 중요하다. 그리고 초기발전이 후기발전보다 더 기본적이라는 것이다.

에치오니(A. Etzioni)는 두 가지 환원론을 말한다. 사회학적 현상을 심리학적 명제로 설명하는 심리학적 환원론과 거시적 사회현상을 미시적 사회현상으로 설명하는 방법론적 환원론이다.

그러나 환원론은 다양하다. 심리학적 환원론뿐 아니라 심리현상을 생물학적 원리로 설명하는 생물학적 환원론, 생물현상을 화학적 개념으로 분석하는 화학적 환원론, 화학반응을 물리학적 명제로 분석하는 물리학적 환원론이 있다. 카르납(Carnap)은 학문의 술어를 하나의 언어체제로 바꾸려는 과학언어환원론을, 헴펠(Hempel)은 모든 과학의 설명과 의미와 증명기준이 같은 논리적 구조를 가진다고 보는 방법론적 일원론(monoism)을 말했다. 소립자로 환원하려는 미시적 환원론도 있다.

인식론적으로 볼 때 의식현상은 의식자 자신의 확실한 지식대상이 된다. 의식자 자신은 1인칭 현재 단수의 심리적 문장을 사용한다. 형식언어학에서 볼 때 이것은 자기를 입증하는 것이요 착각이 불가하다. 심리적 문장의 형식적 입증양식은 1인칭 현재형이어야 하며 3인칭 서술적 사용은 자기입증이나 착오를 일으킬 수 없는 성격을 지닐 수 없다. 물리적 문장도 마찬가지다.

하지만 논리적(logical) 환원론과 존재론적(ontological) 환원론은 생각이 다르다. 논리적 환원론은 심리적 문장이 이론적 상태를 기술하는 문장으로 분석될 수 있다고 한다. 심리적 문장, 곧 일인칭 현재형 단수는 서술적 또는 사실 기술적 의미가 없다. 심리적 문장과 물리적 문장의 동의어와 의미와 입증양식의 필연적 관계를 주장하며 심리적 문장을 물리적 문장으로 즉시 환원시키고자 한다.

존재론적 환원론은 의미상의 어려움을 극복하려는 것이다. 피글(H. Feigl)은 심리적 문장은 입증과 의미에 있어서 물리적 문장과 다르지만 기술하는 사실은 같다고 주장한다. 프레게(G. Frege)는 의미와 지적대상을 구별한다. 백두산은 한반도에서 가장 높은 산이라 할 경우 이것은 동일성문장이다. 동일대상을 지적하고 있기 때문이다.

이것은 심리적 현상이 신경생리적 현상으로 다시 기술되고 설명될 수 있으므로 심리학과 자연과학이 통일될 수 있다는 메타논리(metalogic)다. 단순성 원리에 의해 가급적 존재형의 수효를 늘리지 않는 견해로서 물리적 문장이 심리적 문장으로 논리적 환원이 가능하지 않아도 심리적 현상을 물리적 현상으로 환원시킬 수 있다는 것이다.

이들에 따르면 심리적 문장의 1인칭 사용은 사실 기술적으로 물질적 상태와 다른 체계적 환각이다. 사실 신경생리학은 사실이고, 환각은 유령과의 대면과 같다. 로티(R. Rorty)는 신경생리학적 심리학이 발달함에 따라 주관적 의식 상태와 객관적(신경생리적) 상태 사이에 1:1의 부합관계가 맺어지면 존재론적 환원론이 납득되어 차츰 심리학적 언어를 버리고 신경생리학적 언어를 사용하게 될 것이라 주장했다. 과학과 과학철학의 보급에 따라 심리적 언어의 의미도 변하고 종국적으로 소멸될 것이라는 주장이다.

심리적 언어의 객관화를 지향하지만 그 언어의 과학적 언어화에는 저항하는 그룹도 있다. 기준적 행동주의(criteriological behaviorism)다. 후기 비트겐슈타인 사상의 영향을 받아 논리적 환원론과 존재론적 환원론의 중간노선을 취하고 있다. 심리적 언어가 사용자의 의식 상태와 결부시켜 의미를 갖게 되는 한 그 언어의 통용과 교습을 설명할 수 없다는 비판적 주장이다. 심리적 언어가 있다는 것은 그것의 객관적인 사용기준이 있다는 것을 의미하고, 심리적 문장은 그 주어가 가리키는 사람의 관찰 가능한 행동을 기준으로서만 쓰일 수 있다.

웹스터(M. Webster, Jr)에 따르면 심리학적 환원론은 방법론적 개인주의(methodological individualism)를 따를 수밖에 없다. 방법론적 개인주의는 '전체는 그 부분의 합보다 크다'는 사회실재론의 명제를 거부한다. 집단성은 개개성원들에 의해서 규정될 수 있다고 생각 하는 것이다. 방법론적 총체주의와 달리 심리주의가 강조된다. 심리학적 환원론의 경우 심리학적 이론이나 사회학적 이론은 모든 사회학적 관찰결과, 특히 경험적 연구결과를 설명할 수 있어야 한다. 사회학적 이론을 쓸모없는 것으로 만드는 것이 아니다. 사회학이나 심리학의 경우 공리적 명제(axiomatic proposition)가 될 만한 것이 거의 없기 때문에 논리 연역적 체계를 구성하기 어렵지만 미래에는 그러한 명제가 생길 수 있다. 현 단계의 이론구축 수준으로는 환원이 어렵지만 이론구축 작업이 지속적으로 향상되면 환원가능성이 높아질 것이다. 미래에는 집합적 속성도 구성요소에 대한 지식으로 설명이 가능하게 된다.

집합적 속성이란 홀로 있을 때 모험을 하지 않던 개인이 집단 속에서는 모험을 하게 되는 현상을 말한다. 이것은 웹스터가 환원론적 입장임을 알 수 있다.

스코트(J. F. Scott)는 사회학적 사건을 심리학적 원리로 설명하는 것이 오히려 사회학을 향상시켜 여러 과학이 통합적으로 발전하게 한다고 보았다. 환원의 논리는 설명의 논리를 요청한다. 사회학은 환원의 가능성을 인정하든지 설명 추구를 포기하든지 해야 한다. 그는 스키너식의 사고를 도입하도록 했다. 인간행동의 자연적 강화를 연구하기 위해 심리학자들도 사회 환경에 관심을 가져야 한다. 그에 따르면 상호작용 같은 사회학적 현상도 강화의 일종이다. 여러 자극 가운데 한 자극에 민감하게 반응하는 차별화는 역할기대와 유사하다. 미드(H. Mead)의 역할이론이나 자아생성이론도 스키너이론으로 설명이 가능하다. 선천적인 귀속 지위나 후천적인 성취 지위도 스키너(B. Skinner)식 풀이가 가능하다. 행동주의 입장을 취하는 사회과학자들은 이처럼 심리학적 환원론에 빠지는 경향을 보인다.

환원론은 전체의 성질은 부분의 성질을 통해 알 수 있다는 방법론적 개체주의 입장에 있다. 반면 반환원론은 전체의 성질은 부분의 성질을 통해 알 수 없다는 방법론적 전체주의 입장에 서 있다.

레비는 두 가지 잘못된 환원주의를 말한다. 하나는 성숙되지 못한 환원(premature reductionism)이다. 과도한 환원주의다. 어떤 주어진 수준에서 일어나는 변화의 범위가 그 수준 안에서 설명될 수 있음에도 이것을 설명할 수 없다고 가정하여 환원하는 것이다. 즉, 특정 사회행위가 사회학적 명제로 설명될 수 있는데도 쓸데없이 심리학적 명제로 설명하려 든다. 다른 하나는 지체환원주의(retarded reductionism)다. 어떤 수준 안에서 일어나는 변화의 범위를 그 자체 수준 안에서 설명이 안 되는데도 이것을 환원하지 않는 것이다. 비환원주의다. 과도해도 문제고 무시해도 문제다.

환원론은 인간을 요소의 집합으로 간주해 분석대상으로 삼고, 인간을 비자율적인 기계적 존재로 보아 비인간화시킬 가능성을 가지고 있다. 인간의 독자성과 자율성을 박탈할 위험이 있다. 심리적 환원론은 사회학의 독자성 근거를 무너뜨릴 수 있다. 또한 환원론은 사회학이 이데올로기와 무관하다는 이념적 성격 때문에 전제와 독재의 수단으로 전락될 소지가 있다.

환원론의 이러한 문제점에 주목해야 한다. 그렇다고 환원론을 무시해서는 안 된다. 인접학문과의 교류를 무시할수록 자기학문은 발전하지 못한다. 학문 간의 긴밀성 및 그 경계선의 융통성을 인정하지 않을 경우 지적으로 불안정하고 폐쇄적으로 간다.

패러다임: 이론세계에도 주인공이 바뀐다

영국의 대처 총리는 기존의 복지국가 패러다임에서 '신자유주의'라는 새로운 패러다임을 창출한 정치인으로 인정을 받고 있다. 사람들은 반대했지만 그는 밀고 나갔다. 그리고 영국을 변화시켰다. 그래서 사람들은 대처를 철의 여인이라 말한다.

패러다임(paradigm)은 한 시대를 살아가고 있는 사람들의 생각이나 사고를 근본적으로 이끌어가는 인식체계, 이론적 구조나 틀을 말한다. 패러다임은 정치, 경제, 문화, 사회, 과학 등 여러 분야에서 사용된다. 분야마다 그때그때 주도적인 패러다임이 있기 때문이다.

패러다임이 유명하게 된 것은 토마스 쿤(T. S. Kuhn)이 1962에 쓴 『과학혁명의 구조』 때문이다. 그는 과학사를 통해 패러다임을 소개했다. 초기엔 패러다임을 여러 의미로 사용하다가 후기엔 과학성에 치중했다.

그에 따르면 패러다임은 반복성이 있다. 한때 지배적인 패러다임도 예외현상이나 혁명을 맞으면서 주도성을 잃고 새로운 패러다임에 자리를 내어주게 된다. 물론 이 패러다임도 훗날 자리를 빼앗길 수 있다. 그에 따르면 패러다임은 무엇을 연구대상으로 삼고, 무엇을 연구해서는 안 되는지 알려주는 역할을 한다. 비논리적, 비객관적, 비합리적인 단어는 과학적 방법으로 연구될 수 없다는 것이 그 예다. 쿤은 다양하게 존재하는 자료가 내적으로 통일되고 일치되는 지식체계의 이론적 구성을 패러다임으로 삼았다.

영어 paradigm은 원래 '옆'을 뜻하는 희랍어 '파라(para)'와 '보여주다'는 뜻을 가진 '데이크니나이(deiknynai)'를 합한 말이다. 무엇을 만들 때 새로운 샘플을 보여주면서 그대로 만들도록 한 데서 유래된 것이다. 그 샘플이 자꾸 만들어지고 유행하면서 그것이 큰 트렌드로, 새로운 패러다임으로 자리하게 되는 것이다. 기술이 변하면서 패러다임도 변한다.

인간과 사회는 어떤 패러다임을 가질까? 리저(G. Ritzer)는 연구의 대상, 질문, 합의, 모형, 이론, 방법, 도구를 포함하고 규정하며 상호 연관시켰다. 그는 패러다임에 모형, 주제에 대한 이미지, 이론, 방법과 도구라는 4가지 요소를 포함시켰다. 그리고 사회학이론을 세 가지 패러다임으로 정리했다.

첫째는 사회적 사실(social fact) 패러다임이다. 질문지나 면접을 통해 알아내며 인간은 제도라는 거시적 요인에 의해 결정될 만큼 수동적이다. 둘째는 사회규정론적 패러다임이다. 참여관찰의 방법을 사용하며 주체적 인간상을 부각시킨다. 끝으로 사회적 행동(social behavior) 패러다임이다. 자극과 반응 실험을 통해 인간은 외부자극에 의해 결정되는 기계적 인간임을 알 수 있다. 이를 보다 자세히 살펴보자.

사회적 사실 패러다임은 사회실재론에 가까우면서 실증주의 방법을 사용한다. 사회적 사실은 뒤르케임의 사회적 사실주의(social factism)에 바탕을 두고 있다. 사회적 사실은 개인에 외재하면서 개인에게 구속력을 가하는 힘이다. 이것을 사물처럼 객관적으로 다뤄야 한다는 것이다. 워리너(C. Warriner)는 집단이나 개인을 사회과정과 사회요인 등 거시요인을 통해 파악했다. 집단, 규모, 제도 및 사회체계, 역할, 가치관, 가족 등을 외재하는 객관적 사실 또는 실재(實在)로 본다. 개인의 행위는 사회구조와 제도에 의해 일방적으로 결정된다. 구조기능론자인 머튼(R. Merton)은 표준화되고 유형화된 항목을 연구대상으로 삼았다. 사회적 역할, 제도유형, 문화유형, 사회규범, 집단, 사회구조, 사회통제장치 등이 그것이다. 갈등론자인 다렌도르프(R. Dahrendorf)는 역할연기자로서의 인간을 보았다. 역할은 개인에 외재하면서 개인을 제재하는 성가신 사실이다. 이것이 사회현상의 기본단위다.

이러한 현상을 알기 위해 질문지와 면접방법을 주로 사용한다. 인간의 주체적 상황판단보다 외재사실에 치중하는 등 실증주의 방법론에 입각해 있다. 참여관찰은 주관적이고 비과학적이라며 무시한다. 조사를 통해 알아낸 인간은 구조의 수인, 피동적인 반응체이다. 가치관, 규범과 제도와 같은 거시적 요인에 의해 결정되는 수동적 존재이다.

사회규정론적 패러다임은 인간을 주체적으로 본다. 동적이고 자율적이며 창조적이고 자원적인 행위주체자이자 상황해석자이다. 베버는 이해라는 방법을 통해 개인의 심리작용과 사회제도나 구조에 대한 자료를 획득했다. 이 자료를 통해 의미의 맥락을 파악한 것이다. 의미맥락은 공감의 방법을 활용한다. 그는 사회행위를 해석을 통해 이해하는 사회학을 구축했다. 그에 따르면 사회행위는 주관적 의미를 통해 이해할 때 생긴다.

행동이론(action theory), 상징적 교섭학파, 현상학적 사회학 등은 이 이론 형성에 도움을 주었다. 내적 주관성 또는 상호주관성을 중시하기 때문이다. 미드의 아이(I), 즈나니에츠키(F. Znaniecki)의 인간계수(human coefficient), 초기 파슨스의 의지주의, 고프만의 역할거리(role distance), 버거(P. Berger)와 루크만(T. Luckman)의 실재의 사회적 구성 이론 등은 주체적 상황해석, 인간의 창조성, 유동적 사회현상을 강조한다.

사회적 행동 패러다임은 사회적 행동주의(social behaviorism)와 다른 신행동주의적 패러다임이다. 파블로프, 왓슨, 헐 등이 고전적 모델이라면 스키너는 현대적 모델이다. 이 패러다임은 개인과 환경과의 관계에 주목한다. 개인이 환경의 변화에 따라 어떻게 수정하고 변화되어 가는가 하는 것이다. 인간은 외부적 자극에 의해 결정되는 기계적인 반응체로서의 객체적 인간이다. 호만스(G. Homans)는 교환이론을 통해 이것을 보여주었다. 버제스(Burgess)와 부셸(Bushell)은 소속집단의 규칙에 동조시키기 위해 수정되어지는 개인의 행동과정을 보여주었다. 사회화를 행동주의적 입장에서 본 것이다. 이들은 주로 자극과 반응이라는 실험방법을 사용한다. 자극과 반응을 인위적으로 조작하는 것이다.

프리드릭스(R. W. Friedricks)는 정반합(正反合)의 변증법적 패러다임으로 설명한다. 정에는 제사장적(priestly) 사회학을, 반에는 예언자적(prophetic) 사회학을, 그리고 합에는 신행동주의(new behaviorism)를 두었다.

제사장적 사회학에는 1950년대의 체계적 이미지의 사회학이 있다. 기존체제를 옹호하고 과학적이다. 예언자적 사회학에는 1960년대 사회변화와 갈등에 주목한, 자의식을 가진 사회학이 있다. 그리고 신행동주의에는 학습원리에 입각한 스키너(B. Skinner), 호만스, 콜만(Coleman) 등이 있다.

스키너에 대한 매력은 무엇일까? 자연과학적 편향성과 사회변동에 대한 예언자들의 결단적 의식이다. 실험실 안에서 가설을 증명하는 사제적 요소가 있는가 하면 그의 '조작적 조건화', '월텐 투', '자유와 존엄을 넘어서'는 사회변동에 대한 예언자적 요소가 담겨 있다. 호만스는 스키너 변호인이다. 내면화 과정을 주석해 보수적 체제이론을 무마시키고 역사성을 강조함으로써 스키너에 대한 비판을 둔화시켰다. 스키너의 월텐 투는 역사에 관심이 없다는 비판을 받았었다. 콜만은 사회변동, 긴장, 갈등문제를 중시했다. 그는 홉스의 '만인의 만에 대한 투쟁'에서 사회학은 출발해야 한다고 주장했다. 사회문제해결을 위한 정책조사를 해야 한다고 했다. 현실적합성을 높이기 위한 것이다. 이를 위해 연구비를 주는 등 학문의 자원을 활용할 것을 주장했다. 그는 자연과학적 인식론을 가지고 있었고, 호만스의 교환이론을 지지했다. 스코트(Scott)는 거시적 차원에서 스키너의 이론을 적용해 사회구조, 역할, 귀속적 및 성취적 지위를 논했다.

신행동주의가 주류를 이룬 근거는 무엇일까? 프리드릭스에 따르면 스키너의 방법론이 호만스의 교환이론이나 콜만의 중요한 타자(Significant others)에 크게 영향을 주었고, 응용 및 정책지향 연구 분야에 연구비 지급이 증가했으며, 파슨스나 스키너의 이론에는 정통성(orthodoxy)의 연속선이 존재했기 때문이다. 파슨스나 스키너에는 전통적 금욕전통, 갈등과 자율성이 없는 비인간적 사회체계, 그리고 역사성이 없는 유토피아가 존재한다는 주장이 있다.

프리드릭스의 이 같은 주장에 린치(F. Lynch)는 생각이 다르다. 호만스는 행동주의자, 기능적 분석가, 과학철학자, 환원론자 등 여러 얼굴을 소유하고 있고 행동주의 입장과 과학철학적 방법을 함께 사용하고 있다. 나아가 파슨스의 이론이 스키너와 연관된다고 할 수 없다는 것이다.

패러다임, 그것은 변한다. 과학의 주류도 언젠가 새로운 이론에 자리를 내주어야 한다. 심리학이나 사회학도 예외가 아니다. 프리드릭스가 신행동주의를 합으로 본 것도 한때다. 신행동주의도 이미 새로운 이론이 아니기 때문이다. 지금 주류를 이루고 있다고 평생 간다고 생각하지 말라. 학문에는 한 이론만의 교만을 허용하지 않는다. 경기에 주인공이 바뀌듯 학문세계에도 주인공이 바뀐다. 그래서 학문이 발전하게 된다. 이것이 바로 패러다임이 가진 묘미다.

행동주의 인간관: 인간은 기계처럼 부자유한 존재다

19세기 내성적 심리학에 반발하는 움직임이 일었다. 연상심리학 (associationism)에 영향을 받아 인간과 사회를 기계로 환원시키려 한 것이다. 뉴턴의 기계론적 명제와 방법도 심리학에 적용하고자 했다. 인간을 기계적 메커니즘으로 간주했다. 행동주의(behaviorism)다. 스키너 (B. Skinner)에 따르면 인간은 기계처럼 부자유한 존재다. 인간이 자유롭다는 가정을 포기해야 한다. 행동주의의 인간관은 타율적 인간이다.

홉스(T. Hobbes)는 모든 심리작용을 자연현상의 동작으로 환원될 수 있다고 주장했다. 로크(J. Locke)는 경험주의 속에서 인간의 수동성을 부각시켰다. 심성은 백지(tabula rasa)이며 외계경험을 통해서 내용을 이뤄간다. 작은 것이 큰 것보다 더 중요하고, 외적이고 가시적인 것이 그렇지 않은 것보다 더 중요하다. 초기발전이 후기의 것보다 더 기본적이다. 흄(D. Hume)과 하틀리(D. Hartley)는 기계적 인간(homo machina)을 말했다. 그들은 연상심리학의 원리에 기초해 인간심성의 자연과학을 구축했다. 밀(J. S. Mill)은 인간은 바로 기계 자체라 했다. 인간은 복잡 미묘한 기계로 외계의 자극에 따라 발동이 걸리게 되면 내부의 물리적 힘에 의해 계속 움직인다. 심리현상의 기계론적 환원주의다. 기계론적 환원주의는 모든 연구대상을 분석적으로, 가장 단순하고 관찰 가능한 소 부문으로 분해하여 연구하는 방법을 강조한다. 인간도 종합적으로 이해하기보다 파편적으로 분석한다.

콩트(A. Comte)도 기계론적 인간관을 가졌다. 그는 외적 관찰을 중시했다. 내적 관찰은 외적 관찰의 서투른 모방이며, 내성적 심리학은 신학의 탈바꿈에 불과하다. 그에겐 인간의 내성적 심리학을 찾아볼 수 없다. 인간의 진정한 자유는 개인의 자의적 통제와 관련 없이 자연법칙에 복종함으로써 이성을 획득한다. 실증주의는 인류의 보편적 계몽과 해방 실현에 관심을 두었다. 하지만 그 결과는 반대로 인간을 구속하고 소외시켰다.

손다이크(E. Thorndike)와 모건(L. H. Morgan)은 동물심리학자로 다윈의 영향을 받았다. 그들은 인간과 동물을 연속선상에 놓고 쥐, 고양이, 닭, 침팬지 등 동물을 인간 대신에 연구했다. 인간을 동물행동 원리로 환원시켜 설명한 것이다. 이것은 보다 현대적인 생물학을 이용한 것으로, 연상심리학의 기계적 연구방법을 더욱 활성화시켰다.

왓슨(J. B. Watson)은 파블로프의 실험결과에 영향을 받았다. 그는 심리학의 과학화를 위해서는 더욱 물질적, 기계적, 객관적, 결정론적이어야 한다고 주장했다. 주관적 의미를 무의한 것으로 보았고 지각, 정감, 이미지, 욕망, 목적, 사고, 정서까지 주관적 술어라며 과학용어에서 삭제하도록 했다. 그는 인간을 유기적 기계로 보았고, 이런 인간자원을 합리적으로 활용해 사회문제도 합리적으로 해결할 수 있는 과학기술사회를 희망했다.

주엔거(F. Juenger)는 기술이 고도로 발달한 단계에서는 인간본성을 기계적인 것으로 보게 되고 모든 것이 점차 기계의 구조와 기능을 갖게 된다고 주장했다. 헐(C. L. Hull)은 인간중심의 주관주의를 배격하고 인간행동을 순전히 자동적인 순환작용으로 간주했다. 욕구의 상승에서 욕구의 감퇴와 소멸로 끝나는 순환이다. 그는 인간행동을 자동적이고 기계적인 과정으로 환원시킬 수 없다는 주장을 패배주의적 태도라 비판했다. 그는 인간을 자체 유지적 로봇, 외계자극에 수동적으로 순종하는 도구로 간주했다. 그는 인간의 목적, 개성, 자율성을 부정했다.

이런 가운데 스키너가 등장했다. 그는 의인주의(擬人主義 anthropomorphism)적 사고를 거부했다. 근대 이전에는 객관의 세계를 주관으로 이해하려는 의인주의적 성향이 강했다. 하지만 근대과학이 등장하면서 기계를 준거로 한 인간이해가 성행했다. 주관적 세계가 객관으로 이해되고 인간세계는 기계중심으로 이해되는 의기주의(擬機主義 mechanomorphism)로 바뀌었다. 스키너는 이런 사상에 근거해 인간이 동물과 다른 것은 단순히 언어행동에서만 나타나며 인간을 관찰하는 데 그치지 말고 행동하도록 해야 한다고 했다. 그는 인간행동의 이해, 의미, 의도를 일축하고 예측과 통제에만 관심을 두었다. 그에게 있어서 인간은 합리적으로 사유하는 존재(homo sapiens)가 아니라 기계적 인간이다. 그는 인간의 존엄성을 무시하고 인간의 주관적 사고를 비합리적인 것으로 간주했다.

린치(F. R. Lynch)에 따르면 스키너의 행동주의는 다섯 가지 특성이 있다. 인간에 대한 기계적 모형, 조작적 조건화의 중요성, 심리학적 환원론, 자연과학적 인식론, 그리고 외적으로 가시적 행동만을 측정하는 것이다.

스키너는 행동의 기술공학을 제시했다. 행동과학이 행동기술공학이 되려면 행동을 심성, 감정, 성격, 인간성 등으로 간주하는 잘못을 버려야 한다. 이 같은 것을 심리적 열소(psychological phlogiston)로 간주하고 인간의 자율성으로부터 눈을 돌려 환경적 요인에 주목해야 한다고 주장했다.

스키너는 조작적 조건화(operant conditioning)의 원조다. 그는 인간을 조작적 조건화에 따라 기계처럼 움직이는 존재로 가정했다. 인간의 자율성, 창조적 의지, 선택적 자유를 부정한 것이다. 자유를 위한 인간의 투쟁은 자유롭게 되려는 인간의 의지 때문이 아니라 환경의 부정적 강화요인을 피하려는 유기체의 특정한 행동과정 때문에 생긴다고 주장했다. 자유란 마음의 상태나 감정의 상태가 아니다. 모든 통제를 자유의 제약으로 정죄한 결과 부정적 강화요인을 줄이는 데 실패했다.

그는 처벌을 적극적으로 활용한다. 정치적 제도와 법적 제도에 의한 위협과 형벌의 행사를 통한 통제다. 그에 따르면 처벌은 인간의 자유와 존엄을 줄이는 것이 아니다. 행동기술공학이 위험한 환경으로부터의 도피를 도와준다. 이 기술을 어떤 목적에 사용할 것인가 생각할 수 있고, 공동의 선을 위해 사용할 수도 있다. 이런 면에서 스키너는 가치문제를 인정했다.

그는 문화라는 사회환경에 주목했다. 한 문화권의 사람들은 문화생존을 위해 관행을 선택하고 적극적으로 진화한다. 일련의 적극적 강화다. 행동기술공학(technology of behavior)은 윤리적으로 중성적이나 문화생존을 위해 활용될 때 하나의 가치로 기능한다. 그는 그의 유토피아인 월든 투(Walden II)에서 이 문화를 설계하려 했다. 이곳에서 그는 의식주문제가 해결되고, 자기 일을 자기가 선택할 수 있으며, 하루에 4시간만 일하고, 음악과 예술이 넘쳐흐르며, 모든 아이들에게 교육이 개방되는 사회를 꿈꿨다. 이런 사회가 문화의 진화라는 자연적 결과라면 얼마나 좋겠는가 말한다.

월든 투는 그의 이상사회다. 이상적 문화의 설계에 따라 인간의 행동이 과학적으로 예견되며 외적 통제가 강하게 작용하는 사회다. 그가 말하는 모범사회는 행동공학의 산물이다. 그곳엔 불편한 감정과 반사회적 충동이 종식되고 도덕적 문제도 존재하지 않는다. 날 때부터 올바른 선택을 하도록 조건이 형성되어 있다. 정치적 참여도 필요 없다. 교육은 이 같은 인간관을 수립하는 데 필요하다.

스키너는 행동기술공학을 통해 통제의 환경조건을 충실하게 함으로써 보다 좋은 문화를 만들 수 있다고 믿었다. 그곳에서 개인의 선택행동은 무시된다. 개인의 복지보다 문화의 생존이 더 강조된다. 인간은 철저히 기계화된다.

그는 자율적 인간, 자유, 존엄성을 케케묵은 관념이라 한다. 그는 이런 관념에 도전한다. 그는 인간행동이 인간 스스로의 창조적이고 자율적인 힘에서 나온다는 것을 거부한다. 인간행동을 통제하는 행동 기술공학이 있을 뿐이다. 여기에서 인간에게는 기계적으로 순응하는 일만 주어질 뿐이다.

지금까지 행동주의의 기계적 인간관이 어떻게 형성되었는가를 보았다. 행동주의는 의인화에서 의기화했다. 의인화는 애니미즘(animism)에 입각해 자연을 인간과 같은 유기체로 본다. 자연세계에 심적 작용을 투사하여 자연을 이해하는 것이다. 이에 반해 의기화는 자연을 인과관계의 기계적 방식으로 설명한다. 인간을 기계화 내지 자연화하는 것이다.

인간을 기계화시킨 행동주의는 통제를 정당화하는 논리를 폈다. 통제와 반응의 계속이다. 인간은 자신이 통제의 대상이 되는 동시에 타인의 행동을 통제한다. 행동주의는 인간이 자유로울 수 없다는 가설 아래 인간행동 연구에 과학적 방법을 적용했다. 외적 자극에 인간은 기계적으로 반응하는 구조만 존재한다. 자연은 외계의 자극세계로 강력한 통제요인으로 작용한다. 인간은 이것에 수동적으로 반응하는 유기체다. 백지같이 내용이 없는 공허한 인간이요 비주체적 인간이며 자극 앞에 운명을 기다리는 무력한 인간이다. 행동주의는 자연과 인간이라는 이분법적 구도 아래 인간을 무력한 존재로 만들었다. 인간의 타율성을 강조하는 것은 행동주의만이 아니다. 생물학적 결정론, 동물학적 환원론, 사회진화론, 공학적 조작주의 등 다양하게 존재한다.

행동주의에서 인간은 무력하다. 만하임(K. Mannheim)은 말한다. "기계적 산업사회에서 인간은 기능적 합리성밖에 얻을 것이 없다. 인간은 외적 자극 앞에 무기력한 존재가 되고 인간의 의미나 목적 추구도 이런 조직체의 보호 아래서만 가능하다. 이성이란 인간의 속성이 아니라 역할과 지위의 속성으로 전락한다. 기술적 합리성은 이성과 자유 같은 인간의 귀한 능력을 파멸했다." 인간행동의 조건화는 인간 전체의 조정과 통제 가능성을 의미한다. 극좌든 극우든 행동주의 원리를 정치선전 및 통치기술로 사용할 수 있다.

중요한 것은 인간의 주체성을 확보하는 일이다. 과학적 연구라는 미명 아래 조작으로 인간을 파편화시킨 결과를 인간이 스스로 선택할 수 있는 삶으로 돌려놓아야 한다. 그렇다고 과학의 의미를 축소시키자는 것은 아니다. 주관과 객관의 관계를 다시금 규정하고, 인간의 행동상황을 보다 창조적으로 해석하고 의미를 부여하며 그 의미에 따라 자율적으로 행동하는 인간관을 새롭게 확립하는 것이다.

제4부

조직도 영적으로 건강해야 한다

월든 투: 행동주의도 이상사회를 꿈꾼다

스키너는 행동주의 심리학의 대가이다. 행동주의에서 그의 이름이 두 번째로 가라면 좀 서러워할 정도다. 하버드대학에서 심리학을 전공해 박사를 받았고, 또 그곳에서 교수생활을 했다. 미국심리학회가 역사상 최초로 공로상을 수여할 만큼 이름이 높다. 1948년, 그는 자기의 행동주의를 투입해 『월든 투(Walden Two)』라는 소설을 썼다. 심리학자가 소설을 썼다고? 다소 생소하게 들릴지 모른다. 하지만 그가 원래 영문학을 전공했고 한때는 소설가 지망생이었다는 배경을 안다면 그가 소설을 내놓은 이유를 족히 알 수 있다.

소설 제목을 '월든 투'라 한 것은 이미 헨리 소로우가 『월든』이라는 책을 펴냈기 때문이다. 자연주의자가 쓴 책이어서 큰 반향을 일으켰다. 이제 스키너가 『월든 투』를 내놓았다. 그의 글이 소로우를 따라잡지는 못했지만 심리학계에서는 자못 이목을 집중시켰다.

월든 투는 스키너가 자기의 사상을 바탕으로 디자인한 이상적인 사회다. 유토피아를 꿈꾼 것이다. 행동주의 심리학 교수 프레이저, 관념론적 자유주의 철학교수 부리스, 그리고 현실적 상황의 극복과 새로운 사회건설에 적극적 행동파들인 네 명의 젊은이들 사이에 벌어지는 사건을 묘사한 것이다. 이 심리학적 이상사회에는 약 천여 명 정도의 사람들이 사는 자족 공동체이다. 아브라함 매슬로우가 천여 명의 자아실현인들이 섬에서 이상사회를 만들어가는 유사이키안

(Eupsychian) 사회를 꿈꾼 것처럼 스키너도 자신의 행동주의 사상을 바탕으로 한 사회를 꿈꾼 것이다.

월든 투는 강화라는 행동주의 원칙에 따라 바람직하다고 생각되는 사회구조와 생활양식을 담고 있다. 예를 들어 아이들은 공동으로 부양되며, 부모와 함께 살지 않고 모든 공동사회의 어른들을 부모로 본다. 마치 플라톤이 생각한 공산사회 같다는 착각이 들 정도다. 아이들의 건강을 위해 어릴 때 이불을 덮거나 옷을 입히지 않는다. 학년이 없고, 아이들의 총명과 배우는 속도에 따라 급을 나눈다. 공장은 잘 정돈되어 있을 뿐 아니라 낭비도 철저하게 제거한다. 낭비는 시간상의 낭비뿐 아니라 노동에서의 낭비도 허락되지 않는다. 심지어 찻잔을 옮기는 바구니까지도 기능성을 부여해 사소한 것까지도 낭비하지 않도록 했다. 놀라운 것은 이 사회에는 화폐가 없다. 그 대신 '노동점수'가 있다. 각 작업마다 노동점수가 매겨져 있고 자기가 얻은 노동점수로 생계를 유지한다.

소설 속에 나오는 이상향의 구성원은 고도의 효율적인 행동을 위해 모두 행동주의 심리학자들이 만든 행동공학에 따라 체계적으로 통제된다. 지혜와 상식 대신에 전문화된 행동과학으로 더 행복한 결과를 가져올 수 있다는 것이 월든 투의 작동원리이다.

월든 투는 행복한 사회를 꿈꾼다. 그런데 행복한 사회란 우리가 평소 생각했던 그런 사회가 아니라 불필요한 일을 줄이는 사회이다. 고도의 효율적 행동을 목표로, 행동주의 심리학자가 만들어낸 행동공학에 따라 체계적으로 통제된다. 가사로부터 정신적 중노동에 이르기까지 인간이 원하지 않고, 하고 싶지 않은 일을 최대한 줄여주는 사회가 행복한 사회라는 것이다. 8시간의 노동에서 벗어나 4시간 정도만 일해도 충분히 의식주가 해결되고 욕구가 충족된다. 행동과학의 원리가 행복을 창출한다는 논리다.

월덴 투는 보람 있는 사회를 꿈꾼다. 보람 있는 사회란 자신의 재능과 능력을 발휘할 수 있는 기회를 주는 사회다. 누구도 무엇을 해야 한다고 강요받지 않으며 그 누구라도 자기 적성에 맞는 일을 스스로 선택할 수 있다. 그러면서도 휴식과 여가를 즐길 수 있다. 월덴 투에서는 구성원들에게 예술, 체육 등 다양한 여가활동을 제공하며, 사람들은 점점 행복 그 이상의 것은 생각하지도 원하지도 않게 된다.

월든 투가 과연 이상사회일까. 의식주를 해결해주고 하고 싶은 일을 하며, 편하고 단순하게 살 수 있는 사회. 유행이나 경쟁도 없고 동기부여나 자유의지보다 행동공학이 지배하는 사회. 그가 말하는 '보람 있는 사회'는 마치 마르크스의 '계급 없는 사회'를 보는 듯하다. 낮에는 일하고 밤에는 시를 읊조리는 것까지. 스키너는 우리에게 끊임없이 세뇌시키고 있다. "사람들에게 행복의 조건만 만들어준다면 그들은 행복해진다." 조작적 조건화. 그런데 그것이 교육에 적용되면 공동부양이 된다. 월든 투의 아이들은 출생하면 곧 집단적으로 양육되기 시작한다. 그 어떤 아이든 자신의 정서, 재능에 맞지 않는 부모에 의해 양육되면 불행의 씨앗이 되기 때문에 공동양육으로 건강한 인간으로 성장하게 된다는 것이다. 그리고 모두가 자기 몫을 행하며 행복하게 살아간다. 공동부양이 이상사회의 조건이라면 얼마나 많은 사람들이 이 사회를 택할지 의문이 간다.

물론 이 사회를 동경할 사람들도 있을 것이다. 도시의 압력에 시달리는 사람들, 일자리가 없어 고민하는 사람들, 경쟁 때문에 살아가기 어렵다고 생각하는 사람들 등등. 세계는 아직 기아와 가난의 문제를 해결하지 못하고 있다. 환경오염은 날로 심각해지고 있다. 하지만 이런 문제들을 월든 투가 과연 해결할 수 있을까.

한마디로 월든 투가 문제와 모순을 안고 있는 현대사회를 대체할 수 있는 대안이 되기는 어렵다. 소설은 소설이고, 유토피아는 이상사회일 뿐이다. 그렇다고 스키너의 월든 투를 그냥 쓰레기통에 넣고 싶지는 않다. 일부 원리와 정신은 배울 만한 가치가 충분하기 때문이다.

특히 시대에 맞는 바람직한 제도가 무엇일까 생각하게 만들고, 특정 사회를 구상하고 디자인하는 데 도움이 된다.

그러나 잊어서는 안 될 것은, 월든 투는 철저히 통제사회라는 것이다. 규칙에서 벗어나면 가차 없이 억압이 가해진다. 인간은 자유를 갈급하는 존재이고, 어느 누구도 꺾을 수 없는 자유의지를 가지고 있다. 그러나 월든 투 사회에서 인간의 자유는 조작의 대상이다. 그것이 긍정적 강화이든 부정적 강화이든 조작은 조작이다. 특히 자유의지에 반하는 억압이 가해질 때 그 속엔 유연성이나 생명력을 찾아보기 어렵다. 조건화된 삶에 익숙해지면 이미 당신은 기계화된 자신의 모습에 진저리를 낼 것이다.

행동주의에 입각한 과학적인 이상사회, 월든 투. 그 소설에서 주인공 프레이지어는 이 사회를 가장 행복한 사회라 공언한다. 과연 그럴까. 인간은 언제나 이상사회를 꿈꿔왔다. 그러나 그 이상사회는 이 땅에서 한 번도 이뤄지지 않았다는 점이다. 제도와 규칙으로 조건화된 사회에 사람들은 얼마나 만족할까. 그것만으로 우리는 과연 우리 모두가 만족하는, 아름다운 사회를 만들어갈 수 있을까. 불가능할 수 있다. 그럼에도 불구하고 바람직한 사회를 열기 위한 우리의 꿈을 버려서는 안 된다. 그것은 우리 모두의 책무이다.

로저스와 켈만: 인간의 자율성과 선택적 자유를 줄이지 말라

인간주의 심리학자로 로저스(C. Rogers)가 있다. 그는 무엇보다 인간의 자율성을 높이 평가한다. 인간은 의지적 지향성을 가지고 있고, 관계형성 능력이 있으며, 자아실현을 하고자 하고, 건전한 선택능력을 가지고 있으며, 각성을 하고, 삶의 주관성을 가지고 살아가는 존재라는 것이다. 그는 인간행동의 과학적 예견 및 통제에 대한 스키너의 견해에 반대한다. 인간행동에 대해 과학이 오용될 가능성이 있다고 말한다.

그는 내적통제(internal control)의 중요성을 강조한다. 통제에는 외적 통제, 영향력, 그리고 내적 통제가 있다. A가 아무 힘이 없을 때 B가 A에 제시하는 조건이 외적 통제다. A 행동에 대한 예측이 가능하다. B가 A에게 조건을 제시할 때 A가 어느 정도 동의할 수 있는 경우는 영향력이다. 내적 통제는 A 자신이 제시하는 조건으로 자기 행동을 예측한다. 스키너는 외적 통제와 영향력에 치중하지만 내적 통제는 무시한다.

로저스는 인간이 주관적으로 선택한 목적과 가치를 객관적으로 추구하는 과학을 선호한다. 그에게 있어서 과학이란 인간이 주관적으로 선택한 목표를 객관적으로 추구하는 데 그 의미가 있다. 자기초월적 능력을 가지고 있지 못하기 때문이다. 가치선택은 과학이 봉사하는 가치와 목적을 미리 주관적으로 선택하는 문제다. 과학적 작업 밖에 존재하는 주관적 가치선택이다. 과학적 작업은 새 목표를 선택할 수 있는 자기초월의 힘을 갖고 있지 않기 때문이다. 주관적 인간, 자율적 인간만이 자기초월이 가능하다.

그는 자아실현을 위한 열린사회를 선호한다. 그는 스키너의 월덴 투(Walden II)식 폐쇄사회를 거부한다. 인간은 기성 존재가 아니라 되어가는 과정으로서의 인간이다. 잠재능력의 개발을 통해 가치와 존엄성을 성취하는 과정이다. 개인은 변화하는 세계에 창조적으로 적응한다. 스키너는 의사가 환자의 행동을 예견하고 통제하는 식이다. 그러나 로저스에게 있어서 내담자는 자기 주도적 행동을 통해 내외의 현실태를 보다 개방적으로 느끼고 융통성 있는 적응능력을 보여준다. 의사와 내담자 사이의 인간관계가 지배하는 사회가 개방사회다. 즉, 내적 통제를 통해 스스로가 다른 사람의 도움을 받아 자아를 실현한다. 그것은 과학이 인간 위에 군림하지 않는 인간화된 사회다. 여기에선 통제, 동조, 자족, 객관적 탈윤리가 아니라 자유, 건설적 다양성, 창조성, 자기초월적 과학이 존재한다.

켈만(H. C. Kelman)은 스키너와 로저스의 입장을 종합한다. 하지만 가치문제에 있어서는 로저스의 입장을 지지한다. 그에 따르면 사회과학자들은 두 가지 딜레마에 빠져 있다. 하나는 인간행동의 효과적 변화를 위해 약간의 통제와 조종은 불가피하다는 스키너 주장과 인간의 선택적 자유를 최고의 가치로 여기며 타인행동에 대한 통제와 조종은 본질적으로 인간성을 파괴한다는 로저스의 주장 사이의 딜레마다. 이 둘은 각각 사실의 한 면만을 보고 있다. 현실세계는 두 가지가 같이 존재한다는 것이다. 켈만은 선택의 자유를 말함으로써 로저스의 입장에 섰다. 완전한 선택의 자유란 불가능하지만 내실에 찬 인간이 된다는 것은 선택하는 것을 의미한다. 인간의 선택 욕구는 어떤 특정 압력 아래서 뿐 아니라 역사적 환경 속에서도 나타난다. 선택의 자유는 사랑, 창조, 능력과 같은 다른 중요한 가치관의 일부다. 개인의 자유로운 선택은 전제체제를 방지하는 길이다.

켈만은 통제와 조종작용을 완화시키는 방법을 찾는다. 통제의 성격과 이에 따른 윤리적 애매성을 통제자 자신과 타인들이 깊이 알도록 해야 한다. 조종에 대한 방지책은 통제자의 연구과제 속에서 면밀하게 마련해야 한다. 통제자는 선택의 자유를 고양시키는 것을 목표로 삼아야 한다. 예를 들어 의사는 환자로 하여금 환자를 통제하고 조종한다는 점을 알려주고 환자로 하여금 말을 할 수 있도록 해야 한다. 의사는 환자의 행동변화를 추진하고자 할 때 자기의 가치를 극소화하고 환자의 가치를 극대화해야 한다. 의사는 전문지식을 동원하여 환자의 선택범위를 넓히고 선택능력을 높여야 한다.

켈만은 인간의 자율성과 선택적 자유를 확대하도록 했다. 사회과학자가 현실을 떠난 기초적이고 순수한 문제를 연구한다 해도 그 연구결과가 인간의 자율성과 선택적 자유를 줄이는 데 사용되어서는 안 된다는 것이다. 나아가 그는 연구자가 자기 연구에 대한 올바른 윤리관을 갖도록 했다. 과학자는 통제성을 띤 그들의 지식이 갖는 사회 윤리적 성격을 깊이 이해해야 한다는 것이다.

로저스와 켈만은 인간의 자율성을 높이고자 했다는 점에서 같다. 로저스는 그것을 초지일관 주장했고, 켈만은 스키너의 주장과 로저스의 생각을 종합하면서 인간을 생각하는 쪽으로 결론을 냈다. 기계적 인간이 되고 싶은 사람이 누가 있겠는가. 인간은 생각하는 존재요 선택하는 존재다. 중요한 것은 무엇을 생각하고 선택해야 하는가 하는 것이다. 그것에 초점을 맞춰야 한다.

융: 인간의 자기결정권을 인정하라

산업화와 기계화에 따른 도구적 실체로서의 인간, 자연과학에 따른 인간성 상실, 그 결과는 비인간화였다. 인간회복은 우리의 절대명제가 되었다.

프롬(E. Fromm)은 인간의 비극을 예견했다. 옛날에는 신과 종교적 구원을 위해 바쳐졌던 인간의 능력과 에너지가 산업화에 따라 자연의 정복과 물질적 향락을 위해 바쳐지게 되었다. 분업체제는 더욱 복잡해지고 인간의 노동이 기계화되자 인간 자신이 기계의 일부분으로 전락했다. 기계부속품으로 전락된 인간이다. 인간은 정체성을 상실하고 대중과 동조했다. 자신으로부터 소외되고 자신이 만든 산물을 경배하게 되는 퇴보현상이 나타났다. 사랑의 능력과 이성 활용능력을 상실했다. 파편화되고 일체성을 잃었다. 소외된 인간, 퇴보된 인간이다. 어느 정치체제건 산업화에 따른 경제적 능률과 부의 성취를 목적으로 삼고 있다. 물질 위주의 가치관이 팽배하다. 관리인 계층과 직업 정치가가 운영을 하고 있다. 어떤 정치에 속하든 현대사회체제는 인간의 기본욕구를 충족시키지 못해 체제와 인간 사이에 긴장이 고조되고 있다. 인간은 로봇이 되었다.

행동주의는 기계적 인간상을 부각시켰고, 사회학주의(sociologism)는 수동적 인간상을 부각시켰다. 그런 움직임이 강할수록 인간의 자율성, 창조성, 선택성을 존중하라는 요구는 강해졌다. 여러 분야에서 그 움직임이 나타났다.

지각심리학자들이 인간을 주체적이고 자율적인 존재로 보기 시작했다. 그들은 수동적 객체가 아닌 생동하고 선택하는 적극적 주체를 연구대상자로 삼았다. 연구자 자신도 피연구자와 인격적 만남을 통해 공감적 이해를 넓혔다.

심리적 기능주의(psychological functionalism)의 경우 지각의 선택성 기능과 능동적 기능에 주목했다. 지각자가 외부자극을 무시, 반대, 변형, 재구성할 수 있는 능력을 갖는다고 봄으로써 지각자의 주체적 능력을 인정한 것이다. 이것은 인간의 인지와 내재적 동기부여가 존재한다는 것을 의미한다. 지각은 지각자가 그의 경험을 치밀하게 조직화한 결과다. 쉐리프(M. Sherif)의 지각실험에 따르면 지각은 모든 경험의 원형이다. 지각유형과 구조는 동기, 태도, 정서, 과거경험, 인성 등 여러 요소에 의해 형성된다. 나아가 그는 인간행동의 통합이론형성에 관심을 두었다. 개인을 하나의 전체로 보고 그의 지각작용을 적응행위 수단으로 본다. 지각자를 적극적 행위자로 인정한 것이다. 인간은 지각적 경험을 적극적으로 선택하고 해석하는 주체다.

신프로이드학파의 융(C. Jung)이나 아들러(A. Adler)뿐 아니라 프로이드에 반대하는 랭크(O. Rank)도 인간의 창조성, 책임성, 주체적 의도와 정체성을 강조했다.

융은 총체적 인간론을 폈다. 객관적 분석대상이 아니라 주관적으로 종합해야 하는 존재라는 것이다. 인간은 자아실현을 위해 노력하는, 더 나누어질 수 없는 존재다. 종합은 분석과는 다른 차원이다. 인간은 객관적 분석을 통해 이해할 수 없는 존재다. 이 개념은 정신종합(psycho-synthesis)으로 이어진다. 이 단어를 처음 사용한 인물은 부버(M. Buber)다. 그는 인간과 인간의 관계는 인격과 인격의 관계여야 한다는 차원에서 정신종합이라는 단어를 사용했다. 인간을 본능의 존재로 격감시키고 분석대상으로 취급하여 인간을 파편화시키면 인간은 인격적 존재(Thou)가 아니라 물건(It)이 되어버린다.

융은 개인에 대한 객관적 지식보다 공감적 이해를 중시했다. 인간을 평균치로 추상해서 보는 과학적 방법으로는 인간을 이해할 수 없다. 연구자 자신도 영향을 받는 존재임을 인정해야 한다. 가부장적, 직업적 권위로 객관적 입장에서 환자의 정신적 동태를 분석하는 것은 잘못이다. 융은 유전적 결정론을 지양하고 총체적 인간의 자기결정능력, 선택능력을 강조했다. "인간은 오직 그가 스스로에게 허락할 때만 함정에 빠지게 된다"고 말할 만큼 자기결정권을 인정한다.

아들러는 정신영역의 총체성을 강조한 인물이다. 그는 인간의 전인격성, 창조적 능력, 이해 대상으로서의 인간을 강조했다. 인간은 더 이상 쪼갤 수 없는 전체성을 지닌 존재다. 인간은 스스로 선택할 수 있는 존재다. 이것은 기계적이고 결정론적인 이론과 대조된다. 인간은 분석대상이 아니라 전인격적으로 이해하고 신뢰해야 할 동료다.

랭크는 과학주의를 해로운 것으로 보았다. 그는 물리적 방법을 인간이해에 무조건 적용하려는 과학의 횡포에 도전하고, 환원론적 분석을 비판했다. 환원론은 인간을 기계적으로, 인과적으로, 환원적으로 분석하는 것으로 인간행동의 총체성을 생물학적 수준으로 환원시키려는 것이다. 이에 반해 환원론을 반대하는 것은 인간정신은 더 이상 쪼갤 수 없는 존재, 더 이상 나누어져서는 안 될 개인, 곧 전체적 존재를 인정하는 것이다. 인간은 측정될 수도 없고 통제될 수도 없는 주체라는 것이다.

랭크는 의지심리학(will psychology)을 통해 인간의 자주적 결정능력, 자아실현, 자의식의 가능성을 강조했다. 자기 스스로를 만들어가는 실존적 능력이다. 인간은 자유롭게 태어났으며 만일 심리적으로 쇠사슬에 매어 있다 해도 다시 태어날 수 있는 능력을 소유하고 있다(심리적 탄생과 재탄생 가능성). 창조적이고 선택적인 의지력의 회복도 강조했다. 사람은 시류를 쫓아가는 평균인도 있고, 문명과 자기 자신에 대해 다 같이 만족하지 못하는 신경증적 인간도 있다. 하지만 자신과 타인에 만족하면서 공존하는 거듭난 창조적 인간도 있다. 치료의 궁극적 과제는 환자로 하여금 자기 스스로를 만들어가는 의지력을 찾도록 도와주는 것이다. 의지력의 회복이다. 이것은 자기(self)와 중요한 타자(significant other) 간의 상호의존관계를 통해 이뤄진다. 에고는 타자를 필요로 한다. 인간은 상호의존성, 상호신뢰를 거쳐 창조성, 책임성, 자율성의 능력을 갖게 된다.

그 밖에 여러 학자들이 인간의 회복을 강조했다. 생리심리학의 경우 생물학자 콕힐(G. E. Coghill)은 창조적 주체로서의 인간을 말했다. 그는 발생학적 실험을 통해 인간에게 창조성 및 자율능력이 있음을 밝혔다. 인간의 자유문제도 자기주도적 행동자(self-initiated actor)로 보았다. 헤릭(C. J. Herrick)도 내적 통찰력을 통한 정신작용을 강조했다. 인간의식은 기계를 설명하듯 설명되는 것이 아니며 내성적 현상을 과학적으로 볼 수 있어야 한다고 했다. 경험도 중시했다. 인간이 서로 만나 공감하는 것에 주목했다. 연구자도 피험자와 만나 공감하지 않는가. 연구대상이 된 인간을 수단으로 보지 않고 목적으로 보는 자세가 필요하다. 인간은 그만큼 적극적 주체라는 것이다. 쉐링턴(C. Sherrington)은 인간의 심리현상을 물리현상으로 환원해서는 안 된다 했다. 심리현상은 물리적 에너지로 환원될 수도 없고 물리적으로 이해될 수도 없다. 인간의 심성이 에너지 형태로 존재한다면 양화할 수 있지만 이런 노력은 부질없는 것이다. 그는 환원을 강조하는 기계적 심리학을 거부했다.

상징적 교섭주의도 인간의 주체적 능력을 강조했다. 의식을 재발견한 것이다. 듀이(J. Dewey)는 지각자의 창조적이고 의지적 능력을 강조했다. 인간은 자극에 적극적으로 행동하고, 경험내용을 선택하며 재구성한다. 환경에 창조적으로 대응하는 주체적 존재라는 말이다. 그는 유기체와 환경 사이의 상호결정론을 강조했다. 행동이 자극을 결정하고 다시 자극이 행동을 결정한다. 연구자 자신도 창조적 참가자로 피험자와 상호작용과정에 들어가야 한다. 관찰자와 피관찰자, 주체와 객체라는 이분법은 무의미하다. 미드(G. Mead)는 지각을 적극적, 창조적, 선택적 행동일 뿐 아니라 삶 과정의 일부로 간주했다. 인간은 현실에 대한 자료를 선택하며 이해한다. 이것은 창조적 지각행위의 첫 단계다. 지각자의 의도를 이해함이 없이 이해는 불가능하다.

현대는 인간성의 회복을 요구하는 움직임이 강하다. 자율성, 창조성, 자아의식, 주관적 세계의 삶, 상대성, 총체성, 잠재성 추구가 그것이다. 인간의 잠재능력을 개발하고, 가치선택을 하며, 인간의 가치와 존엄성을 달성하고, 인간통제의 악용을 방지하며, 자아실현을 하고, 변화에 창조적으로 적응해나가려는 것이다. 이러한 노력은 인간이 존재하는 한 계속될 것이다. 인간의 자기결정권을 인정하라.

언어학적 방법론: 인간의 언어 속에는 주체적 삶의 형식이 담겨 있다

결정론은 인간의 자율성과 창조적 선택능력을 과소평가한다. 인간의 타율성과 비주체성을 강조한다. 인간으로선 경계대상이 아닐 수 없다.

결정론에는 여러 유형이 있다. 우선 구조결정론이다. 인간은 문화와 사회구조에 의해 전적으로 결정된다. 인간은 그 구조에서 탈출할 용기를 잃은 채 감옥에서 자족하도록 길들여진 타율적 존재다. 명령과 시나리오에 따라 움직이는 구조의 꼭두각시다. 힘없는 구조의 수인이 인간이라니 맥이 빠진다.

심리결정론도 있다. 행동주의는 인간을 기계적으로 반응하는 객체로 본다. 보다 큰 보상을 얻기 위해 강화요인에 따라 민감하게 반응한다. 외적 자극과 심리적 강화에 꼭두각시처럼 반응한다. 실증주의나 과학주의도 인간을 외계자극에 반응하는 객체로 보았다.

결정론에 반기를 든 생각도 많다. 변증법은 인간의 기계화와 소외로부터의 해방에 관심을 두었다. 실존주의는 개인의 주체의식만을 너무 강조했다. 루카치(G. Lukács)는 실존주의가 인간을 사회에서 분리하여 생각하므로 불안의 정조에서 빠져나오지 못하고 있다고 했다. 하이데거(M. Heidegger)는 실존주의가 인간의 역사성과 사회성을 인정하면서도 역사나 사회문제에 무관심하다 했다. 인간의 실존을 사회와의 공존으로 파악해야 한다는 말이다. 글래스(J. F. Glass)도 지나치게 실존주의와 인간의 내면성을 의지하는 것은 개인과 사회의 올바른 관계를 오도시킬 염려가 있다 했다. 결정론에 대한 반기가 지나친 것인가.

행동주의에 반기를 들고 상호주관성(inter-subjectivity) 차원에서 인간의 상호행동을 다루는 언어학적 방법론이 있다. 언어는 인간의 사유를 전달하는 도구이다. 볼노브(O. Bollnow)는 사유는 언어를 따라 흘러간다 했다. 언어는 또한 사유의 기관이다. 사유를 인도하고 이를 통해 행동을 규제하고 삶의 형식을 결정한다. 언어는 상징이다. 하이데거는 언어를 존재의 집이라 했고, 비트겐쉬타인은 언어의 형식(문법, 말놀이)은 삶의 형식(언어의 문법적 규칙을 따르는 것)이다.

문법적 규칙은 경험적 묘사에 의해 파악된다. 사회적 사건의 외적 관계다. 언어적 표현에 대해 분석도 한다. 사회적 사실을 기호체계 면에서 관찰하고 상징들 간의 내적관계(논리적 상호작용)를 분석함으로써 인간의 사회적 행동을 분석한다. 인간의 감성적 경험도 분명히 의식되기 위해서는 언어라는 상징을 통해 파악되어야 한다. 그렇지 못한 경험은 곧 사라진다.

촘스키(A. N. Chomsky)는 언어와 언어공동체에 속한 인간의 사회적 행동과의 관계를 연구했다. 그에 따르면 인간은 언어적 능력을 조직하기 위한 선천적 성향을 가지고 있고, 언어를 창조적으로 배우고 전달하는 보편적 문법지식에 관여한다. 언어는 지식과 그 논리 속에 종속되어 있다.

언어 공동체 안에는 커뮤니케이션 규칙이 있다. 이 규칙 속에 삶의 형식들(상호작용의 구조)이 구성된다.

비트겐쉬타인은 인식을 위한 보편언어(universal language)와 커뮤니케이션 규칙이 작용하는 일상언어를 구분한다. 보편언어는 이론적이고 논리적이며 과학적인 언어로서의 가치가 있다. 이에 반해 일상언어는 경험에 바탕을 둔 일상어의 문법 속에서 삶의 형식을 구성한다.

보편언어가 이론적 언어라면 일상언어는 사회언어다. 사유의 형식과 일상언어의 구조적 차이를 줄이기 위해서는 일상어의 문장이 과학적 언어의 문장으로 재구성해 의미 있게 해야 한다. 과학의 이름으로 언어를 정화하려는 실증주의 노력이 보인다. 그는 사실을 초월하는 문장은 용납될 수 없다고 한다. 엄밀한 의미에서 윤리적 문장도 무의미하다. 윤리가 규범적 의미를 가졌다 해도 윤리적 규범들은 경험적 사실이 아니기 때문이다. 윤리학이 성립되려면 선험적이어야 한다. 언어는 사실을 묘사하고 사실관계는 언어의 문법에 따라 변화한다.

자연과학언어는 보편적이고 이상적인 단일언어다. 이에 비해 일상언어는 삶의 형식이 작용하는 자연적 언어다. 문법은 구조적 질서, 삶의 세계의 규칙이다. 언어와 삶의 형식이 동일시된다. 언어분석은 자연과학과 사회과학 모두를 위해 사용한다. 인간의 사회적인 행동을 다루려면 언어 분석적 태도를 가져야 한다. 이것은 기본적으로 사회과학 영역이다. 이해와 교통, 상호행동 속에 나타난 상호주관적 언어게임 규칙을 통해 삶의 세계 형식을 파악할 수 있기 때문이다. 언어를 통해 세계본질을 파악하는 것이다. 이것은 훈련된 개의 자극과 반응 규칙을 분석하는 자연과학과는 차원이 다르다. 인간의 사회행동은 자극과 반응 동작과는 구별되기 때문이다.

비트겐쉬타인에 따르면 언어게임은 언어와 실천의 복잡성을 드러낸다. 언어와 행동이 그 속에서 연결되어 있기 때문이다. 문법의 이해는 실천의 기술을 습득하는 것이다. 기술은 게임의 규칙이다. 일상의 대화는 사회적 커뮤니케이션과 연결되어 있다. 사회적 기대에 어긋나는 행동을 하는 사람은 커뮤니케이션이 이루어지지 않는다.

일상언어는 여러 의미를 가짐으로 창조적 기능을 발휘한다. 모든 일상어의 문법들은 메타언어로 번역할 수 있다. 번역이 가능해야 비교될 수 있기 때문이다. 보편적 변형규칙에 따라 언어들도 서로 번역될 수 있다. 메타언어는 해석학을 통해 발견한다.

포다(J. Fodor)와 카츠(J. Katz)는 언어의 메타이론과 일상언어의 보편이론을 내놓았다. 언어의 메타이론은 언어의 문법적 규칙과 그 이론을 대상으로 한다. 일상언어의 보편이론은 일상어와 보편어가 합해진 것으로 이론적 차원에서는 보편언어의 장점을 갖게 되고, 경험적 차원에서는 언어의 게임을 존중한다. 촘스키에 따르면 보편적 이론은 행동주의적으로 추구될 수 없다. 인간이 서로 이해하고 교통하는 경험 속에서만 찾을 수 있는 데이터에 의존한다. 작업 기준은 근본적 관념(보편적 언어직관)과 내성적 판단에 부합되어야 한다. 커뮤니케이션은 상호주관성을 규칙으로 한다. 상호주관성은 상호작용을 조정하는 언어문법의 규칙(커뮤니케이션 규칙, 언어분석)과 관계가 있다.

인간은 언어를 구사한다. 말하고 행동한다. 그 속에는 나름대로 규칙이 있고 삶의 양식이 담겨 있다. 이것은 자극에 물리적으로 반응하는 것과는 차원이 다르다. 그것을 연구함으로써 인간은 주관성을 가지고 있고 창조적임을 보여주려 한다. 이러한 노력들이 모아져 인간이 과연 무엇인가를 보여주고자 한다. 이들은 말한다. 인간은 인간이어야 한다.

인간주의 사회학: 인간을 사물로 다루지 말라

"인간이 사회와 문화를 만들었기 때문에 그가 창조한 것을 이해하기 위해서는 인간을 통로로 삼아야 한다." 비코(Vico)의 말이다.

사회학 중에 인간주의 사회학(humanistic sociology)이 있다. 이것은 제3심리학이라 불리는 인간주의 심리학과 같은 배경을 가지고 있다. 이 심리학은 1960년대의 반항과 시위의 물결을 배경으로 하고 있다. 이를 주도한 인물이 매슬로우(A. Maslow)다. 그는 본능에 따라 인간행동이 결정된다고 말하는 정신분석과 외부환경의 영향을 받는다고 주장하는 행동주의에 들어갈 수 없는 심리학파에 서서 행동주의적, 구조기능론적 인간관을 비판했다. 학문과 행동으로 인간에게 새로운 생활양식을 제공하는 혁명적 이론을 제시한 것이다.

인간주의 심리학은 기능론을 비판한다. 기능론은 기존질서를 옹호하는 보수이론으로 개혁보다는 체념적 적응을 존중한다. 일방적 적응과 동조를 강조한다. 인간을 역사를 만들어가는 주체자로 보지 않고, 병리적 일탈행위(deviant behavior)만 다룬다. 인간의 빈곤, 범죄, 비행, 정신병, 마약중독 등 비관적 시각에서 인간을 본다. 결국 인간성과 사회체제 향상 가능성을 부인하게 된다.

인간주의 사회학은 참여관찰(participant observation)을 통한 주체적 인간이해를 위한 방법론을 중시한다. 참여관찰은 브루인(S. T. Bruyn)의 참여관찰 논리를 따른다. 주체적 인간이해란 인간을 객체나 사물로 다뤄서는 안 된다는 말이다. 인간주의 사회학은 양화(量化) 중심의 과학주의를 배격한다.

부루인은 인간적 시각에서 참여관찰의 여러 시각을 제시했다. 인간주의 사회학의 방법론을 제시한 것이다.

그가 제시한 참여관찰의 첫 번째 공리는 참여관찰자는 얼굴을 서로 맞대고 있는 가까운 관계에 있는 사람들의 생활활동과 감정을 함께 나누는 것이다. 생활감정 깊숙이 들어가 활동하고 사고하라는 말이다. 변화하는 상황 속에서 변화를 주고받는다. 클룩혼(Kluckhohn)의 멕시코 촌락조사가 그 보기다. 참여관찰자는 초연한 태도와 더불어 개인적 관여도 한다. 이중역할이다. 이것을 동정적 동일시(sympathetic identification) 방법이라 한다. 대상자 입장에서 의사소통을 하거나 역할연기를 통해 피관찰자의 생활에 상상으로 참여한다. 시워츠(M. Schwartz)와 시워츠(C. Schwartz)의 정신병원 연구가 그것이다.

두 번째 공리는 참여관찰자는 관찰대상자의 문화와 생활의 한 정상적 부분이라는 것이다. 정상상태를 흔들어놓지 않고 관찰한다. 피관찰자의 문화규범을 충분히 알아야 하기 때문이다. 데이비스(Davis)와 가드너(Gardner)는 미 남부를 연구할 때 6개월이 지난 후 남부의 카스트적 인종집단생활에서 완전한 성원으로 인정받아 그들의 자연적 활동을 깊이 관찰할 수 있었다. 화이트(Whyte)가 비행집단을 연구할 때도 갱 집단의 비서로 임명되어 자연스럽게 깊이 관찰했다. 참여관찰자의 과학적 역할과 관찰대상의 문화 속에서 그가 수행해야 할 사회적 역할과는 상호의존적임을 알 수 있다. 연구대상자를 사물(data)로 취급하지 않고 주체적, 인격적 존재(capta)로 존중하는 것이다. 관찰자는 자기중심적 태도를 버려야 한다. 햄덴-터너(Hampden-Turner)도 피관찰자를 capta로 표현했다.

세 번째 공리는 참여관찰자의 역할은 사회 내의 삶의 사회과정을 반영한다는 것이다. 의미를 부여하는 사회과정이 있을 경우 연구자는 여기에도 참여해야 한다는 말이다. 공통의 의미를 지니는 경우 관찰자는 집합적 상징(collective symbols)에 민감해야 하며 역할도 취해본다(role-taking).

매슬로우는 객관성을 말할 때 방관자의 지식과 사랑의 지식을 말했다. 방관자의 지식이란 밖으로부터 오는 사물에 대한 객관적 지식을 말한다. 이에 반해 사랑의 지식은 안으로부터 오는, 곧 주체적 체험에서 오는 도덕적 지식을 말한다. 그는 객관성 문제도 의미를 무시하지 않고 연구자의 가정, 가치관을 분명히 밝힘으로 얻을 수 있다고 주장했다. 연구대상자를 질적 존재로 존중하고, 분석보다는 종합을 통해 이해하자는 말이다.

인간주의 사회학은 자율적 상황해석자 또는 창조적 현실태 구성자로서의 인간에 주목한다. 구조의 수인이나 자극에 대한 수동적 반응체와 같은 인간상을 배격한다. 범죄, 비행, 소외, 기계적 동조가 아닌 창조, 자율, 독립, 성취, 실현문제를 소중히 여긴다.

인간주의 사회학은 인간주의 심리학의 한계성에 주목한다. 특히 인간성의 역사적, 사회적 의미를 경시했고, 과학적 이론으로서의 인간이해를 하기 어렵다는 점을 인식하고 이를 넘어서고자 했다.

피터 버거(P. Berger)는 지식사회학 내지 현상학적 사회의 시각에서 본 인간주의 사회학자이다. 그는 사회 현 실태의 객관성을 강조하는 뒤르케임의 접근방법과 주관성을 강조하는 베버의 접근방법 모두를 인정한다. 객관성과 주관성을 분리하지 않고 함께 중시한다. 사회학의 급진적 기능과 보수적 기능을 다 같이 강조해 야누스적 성격을 띠고 있다.

버거의 급진성은 의식화(consciousness)에서 찾아볼 수 있다. 그에게 있어서 의식화란 환상과 허위의 가면을 벗기는 폭로의식이다. 기득권층의 이데올로기, 혁명세력의 유토피아, 문제시하지 않는 일상성에서 '물론이야'라고 말하는 것들(of-course statements)을 액면 그대로 받아들이지 않는다. 일부일처, 자유경제, 민주적 결정과정 등 중산층이 당연히 받아들이는 현실인식에 대해 존중하지 않는 태도(un-respectability)를 갖는다. 절대적인 것을 인정하지 않는 상대의식이다. 자기 자신까지 비판하는 철저한 의식화다. 그 의식은 엑스타시와 연결된다. 그것은 사회에서 당연시되는 것밖에 설 때 느낄 수 있다.

버거는 보수성도 있다. 그는 기존질서세력과 혁명세력에 대해 회의주의적 비판의식을 가지고 있다. 용기 있게 사고하고 조심스럽게 비판한다. 비판하고 회의하는 태도를 중시한다. 그는 질서학으로의 사회학을 말한다. 질서에의 갈망은 무질서의 힘보다 강하다. 그는 지속성이 필요하다고 말한다. 자식이 새로운 세대로 연결되듯 전통문화와 역사도 계승 발전해야 한다.

버거는 과학적 학문으로서의 가치자유를 존중한다. 그러나 사회학자는 가치자유에 매어서는 안 된다고 말한다. 인간성을 배반하고 허위의식에 빠지기 때문이다. 이런 점에서 그는 윤리적 가치자유 입장에 서 있다.

그는 한류와 난류의 사회학도 말한다. 한류는 분석적이고 결정론적인 전통적 사회학이다. 여기서 인간은 사회와 문화의 수인이 된다. 그러나 난류는 다르다. 자유의지를 가진 인간적 사회학이다.

사회과학이 객관성을 유지하는 것은 결코 잘못된 것은 아니다. 그러나 자율적 인간상을 저해하는 교육이나 산업사회의 기술은 과학의 사회적 책임을 잊은 것이다. 인간을 지나치게 기계화하는 것도 바람직하지 않지만 과학의 발전을 무시한 채 인간만 내세우는 것도 바람직하지 않다. 두 관계의 조화가 필요한 시점이다. 갈등에서 조화로의 움직임이다. 매슬로우가 '제4의 심리학', 곧 인간초월의 심리학을 통해 인간의 욕구나 이해관계보다 우주에 초점을 맞추듯 인간과 과학이 갈등관계를 뛰어넘어 미학적 조화를 이룰 수 있는 제3세계는 없는지 깊이 생각해볼 일이다.

뒤르케임: 사회의 주요기능은 사회통제에 있다

뒤르케임(Emile Durkheim)은 사회학자다. 그는 "사회생활의 설명은 심리학에서가 아니고 사회의 특질 바로 그것에서 구해야 한다", "집합의식(collective consciousness)은 개인의식(individual consciousness)과 전혀 다르다" 했다. 사회학을 심리학과 상반되는 하나의 이론과학으로 정립하고자 한 것이다.

그를 비판하는 사람들은 그가 사회적인 요소를 과장했고 심리적 요소를 등한시했다고 말한다. 구조주의 입장에서 전체적으로 보다 보니 개인 심리에 주목하지 못할 수도 있다. 모든 사회는 전제적이므로 개인의 자유선택이 문제되지 않으며(자유의지를 사회학의 문제로 다루지 않아) 주관적인 것을 과학적으로 다룰 수 없다는 것이 그의 방법론이다. 그에 따라 주관적 변수를 통해 인간행동을 설명하려는 것을 거부했다. 인간의 주관적 상태를 객관적이고 외적인 사회요인의 결과로 본 것이다.

그는 본 사회는 어떤 모습일까? 그는 사회를 개인의 외부에 있으면서 개인을 강제하는 힘을 가진 집합표상(collective representation)이며 사회의 주요기능은 사회통제에 있다고 말한다. 그렇다면 사회는 통제가 가능할까?

그에 따르면 사회적 유대관계(social bond)가 변하고 있다. 사회유대는 결속(solidarity)에 바탕을 두고 있는데 그 결속이 기계적 결속(mechanical solidarity)에서 유기적 결속(organic solidarity)으로 바뀌었다.

기계적 결속은 사회성원 간의 동질성에 기반한다. 개인은 집단과 동일시한다. 동질적, 심적 유사성에 공동관심 또는 감정이 지배한다. 집합의식이 개인의 행동을 규제한다. 개인의 생각보다 여론에 따른다. 통제하기 쉽다. 현대의 눈으로 보면 미개사회에서나 있을 법한 일이다.

이에 반해 유기적 결속은 사회성원 간의 이질성에 기반한다. 집합의식이 약화되고 개인의 특성과 자유가 강조된다. 사회는 고도로 분화되고 계약법(형벌이 아닌 배상법)이 우세하며 문명사회 성격을 띤다. 현대사회는 바로 이런 특성을 띠고 있다.

사회는 기계적 결속사회에서 유기적 결속사회로 변했다. 사회결속력 기반 자체가 변했다는 말이다. 사회통제 방식도 바뀔 수밖에 없다.

사회는 더 이상 단순사회가 아니라 고도로 분화된 사회가 되었다. 사회분화의 주요원인은 분업(division of labor)이다. 문제는 고도로 분화된 사회에서 인간관계는 불안정하다는 점이다. 이런 사회일수록 국가통치와 같은 외부적(external) 메커니즘이 강조되지 않을 수 없다.

분업은 작업에 효율성을 높인다. 하지만 인간을 소외시킨다. 그는 세 가지 비정상적 분업형태, 곧 아노미적 분업에 주목했다. 분업이 개인의 능력과 자연적 의지보다는 어떤 강제적 힘에 의해 이뤄지는 경우, 직업 간의 상호보완성이 미약하여 사회성원의 유대감이 결여되고 사회적 참여의식이 미약해지는 경우, 그리고 자본과 노동의 갈등, 과학의 지나친 전문성으로 인해 산업사회의 위기가 각 직업 간의 조정통합을 불가능하게 하는 경우이다. 특히 세 번째의 분업은 사회성원 간의 관계를 규제할 효과적 규범이 없기 때문에 아노미 현상이 일어나게 된다.

그는 자살에 관해 연구했다. 자살의 집합적 현상을 분석했다. 사람들은 왜 자살을 할까? 그는 자살에 세 가지 유형이 있다고 말한다.

첫째는 이기적(egoistic) 자살이다. 고독, 내성, 적막 등 스스로 과한 것에 바탕을 둔다. 사회적 기능의 위약과 비효율, 생의 존재의 근거를 발견치 못했을 때 일어난다. 둘째는 이타적(altruistic) 자살이다. 개인이 집단을 위해 바칠 때 사회로부터 칭찬을 받는다. 강력한 사회의 존재, 과다한 통합, 존재기반이 생명자체를 초월하는 상황에서 발생한다.

세 번째는 소외적(anomic) 자살이다. 불경기, 절망의 시기 등 사회변동에 따른 혼란으로 인한 자살을 들 수 있다. 히틀러가 오스트리아를 침입했을 때 많은 유대인들이 자살했다. 자살은 경기변동과 밀접한 관계가 있다. 공황기에 자살을 하는 것은 이해가 가지만 문제는 호황기 때도 높다는 점이다. 이것을 어떻게 이해해야 할까. 전통적 삶의 양식을 포기해야 할 때, 생활의 방향감각을 상실했을 때, 사회로부터 강한 격리감을 느꼈을 때 자살로 이어진다. 사회적 통합이 없기 때문이기도 하고 규제를 잃은 인간의 활동과 그에 따른 고통 때문이기도 하다.

그에 따르면 자살은 사회적 환경의 급격한 변화 때문이다. 자살은 한 사회의 다른 두 개의 측면으로 이기적 자살이든 아노미적 자살이든 다 같이 개인 속에서 작용하는 사회적 영향력의 결핍 결과다.

그는 종족, 유전, 우주적 요인, 모방이 아니라 종교, 가족, 정치, 직업에 주목했다. 이것은 도덕적 빈곤의 지표다. 그는 왜 종교의 역할에 주목했을까? 믿음과 관행이 신자들을 그 정신적 공동체인 교회로 결속시키기 때문이다. 그는 신을 인격화한 사회로 부각했다. 직업집단의 역할에도 관심이 크다. 그의 관심은 파편화된 사회가 아니라 결속력이 높은 사회, 소외로 인해 자살률이 높은 사회가 아니라 아노미 현상을 극복할 수 있는 사회이다. 하지만 변화하는 사회는 자꾸만 궤를 달리하고 있다. 사회는 과연 통합 가능하고, 통제 가능한가 묻지 않을 수 없다.

성찰적 사회학: 학문도 반성을 해야 한다

사회학의 폭은 넓다. 인간과 사회를 폭넓게 다루고 있기 때문이다. 농촌사회학과 도시사회학에서 조직사회학 등등. 방법론도 전통적 방법인 양적 사회학이 있는가 하면 외적 관찰과 더불어 내성적 입장을 띤 질적 사회학도 있다. 사회학의 방법론을 재평가해 통계적 정확도와 추상도(抽象度)보다는 이론과 현실문제해결에 대한 기여도에 따라 결정되어야 한다고 하는 행동사회학(doing sociology)도 있다.

심지어 '사회학의 사회학(sociology of sociology)'이 있다. 이것은 뭘까? 각 이론의 등장과 각축으로 인해 사회학의 정체성 위기를 감지한 사회학자들이 사회학을 하나의 사회현상으로 보고 연구하려는 움직임을 가리킨다. 그만큼 사회학은 복잡하다.

굴드너(A. Gouldner)에 따르면 사회학은 여러 단계로 발전해왔다. 먼저 실증주의 단계다. 실증주의는 반개인주의적 공리주의 현상을 띤다. 이어 사회적 공리주 성격을 띤 마르크스주의다. 고전적 사회학으로서의 기능주의, 파슨스의 구조기능주의시대와 탈 파슨스 단계다.

사회학을 연구하면서 나 자신을 돌아보게 하는 사회학이 있다. 지식사회학, 성찰적 사회학이다. 물론 이 사회학들은 사회학의 주류는 아니지만 나름대로 주목을 끌기에 충분한 근거가 있다.

우선 지식사회학(sociology of knowledge)을 보자. 이 사회학에 따르면 지식은 사회적 환경의 영향을 받는다. 사회문화적 요인이나 개인의 가치관 등이 개념과 접근방법에 영향을 준다는 것이다. 이에 따르면 모든 사회학의 이론은 특정 사회의 산물이다. 뒤르케임, 마르크스, 베버의 이론은 19세기 유럽 초기자본주의 변화 속에서 탄생했고 파슨스의 도식개념은 미국의 사회문화를 배경으로 하고 있다. 사회학의 여러 이론이 문화를 배경으로 한다는 것은 우리가 역사사회학에도 관심을 가져야 한다는 것을 보여준다.

지식사회학은 이론의 산지와 타당성을 따진다. 서구이론이나 모델이 비서구사회에 적절한가? 전제와 가정이 사회적 조건에 적절할 때 이론의 산지에 구애됨이 없이 적용이 가능하다. 그렇지 않다면 적절하다 말할 수 없다. 서구이론이나 모델이 서구산물이므로 서구에서는 타당하다는 논리에도 문제가 있다. 뮈르달(Myrdal)에 따르면 서구이론이 서구산물이므로 서구에선 타당하다는 것은 가정에 불과하며 현실 조건에 적절한가는 경험적 조사를 통해 이루어져야 한다. 지식사회학은 생각하게 만든다.

지식사회학은 문제를 파악할 때 문화의 영향을 따진다. 사회의 구조적, 문화적 영향을 받았는가 하는 것이다. 예를 들어 사상의 진보를 늦추거나 사상의 방향을 바꾸게 하는 방해물이 끼친 영향은 없는지, 다음 세대로 전달될 때 진보적으로 구성된 사실을 발견했는지 등이다. 문화를 편견적 현실의 한 형태로 보기도 한다.

성찰적 사회학(reflexive sociology)은 굴드너에서 볼 수 있다. 이 사회학은 자기비판적인 '사회학의 사회학'의 입장을 취한다. 그는 사회학자의 자의식 또는 자각(self-awareness)을 강조한다. 우리가 우리 자신을 볼 수 있는 철저한 버릇이 있어야 한다는 것이다. 사회학자로 하여금 자기비판의식을 고양시키는 새로운 프락시스(new praxis)다. 사회학자를 변화시키고자 하는 것이다.

나아가 인간 이해중심의 지식을 추구한다. 인간의 가치와 목적, 그리고 희망을 본다. 자의식을 통해 타인과 세계를 이해한다. 연구자는 외재하는 사회세계를 발견하는 것보다 생활세계에 부딪혀 나오는 경험을 통해 이해한다. 이것은 연구자의 인간됨의 전제를 통해 이뤄진다. 연구자나 연구대상자가 전인격적 존재로 간주되는 인간주의적 입장이다. 인간화된 주체적 지식추구다.

성찰적 사회학은 가치자유의 실증주의를 배격하고 가치판단의 불가피성과 그 의미를 인정한다. 이런 의미에서 도덕 사회학(moral sociology)이다. 그리고 파슨스류의 구조기능론을 대치할 수 있는 새로운 시각이라는 점에서 급진사회학에 속한다.

성찰적 사회학은 주체와 객체를 분리하지 않고 함께 보려 한다는 점에서 일원적 방법론이다. 주체와 객체를 구분하지 않고 상호주관성을 인정하는 현상학적 접근을 한다. 주체 속에서 객체를, 객체 속에 주체를 함께 보자는 것이다. 이에 반해 이원론적 방법론은 연구대상인 객체에 가까워지면 연구결과가 오염된다고 생각한다. 그래서 주체와 객체를 분리한다. 상호주관성을 인정하지 않을 뿐 아니라 사회학자는 연구대상이 되는 생활세계로부터 거리를 두어야 한다고 주장한다. 전통적인 실증주의가 이 방법을 취했다.

굴드너는 이원론을 왜 거부할까? 그 이유가 있다. 방법론적 이원론은 연구자의 소심함에서 나왔다는 것이다. 연구자 자신에 대한 두려움으로 인해 주체와 객체를 분리시키고 인간으로부터 멀리 떨어져야 더 객관적으로 연구할 수 있다고 한다. 모든 연구가 서로 오염되어야 연구자인 주체와 대상자인 객체가 서로 영향을 줄 수 있는데 이원론자는 사회현상을 오염되지 않는 자연 상태 속에서 사진사처럼 연구하고자 한다. 상호반응을 애써 무시하는 것이다. 이것은 사회란 사회학자의 학문적 업적에서 자동적으로 반사되는 것으로 보는 잘못된 신화적 인식 때문이다. 이원론자는 자기를 보이지 않는 신처럼 생각하는 오만한 환상을 가지고 있다. 자신은 신처럼 타인에 의해 영향을 받지 않고 일방적으로 영향을 주는 고고한 존재로 착각하고 있다는 것이다. 자기는 타인을 변화시키기도 하지만 타인의 영향을 받지 않는가. 서로 영향을 주고받는다는 것을 왜 애써 외면하는가.

굴드너는 사회학자의 자율성을 강조했다. 사회학자가 연구비에 얽매어 기존체제의 옹호자나 도구적 기술자로 전락하는 실정을 비판한 것이다. 타율적이고 비주체적인 고용인으로 떨어져 학자 자신의 자의식이 둔화되면 여기서 비인간화가 촉진될 위험이 있다는 것이다.

우리로 하여금 생각하게 만들고, 잘못된 것을 반성하게 하는 것은 좋다. 개인은 마땅히 그래야 하지만 학문도, 이론도, 학자도 그래야 한다는 점에서 신선하다. 반성할수록 더 새롭고 착해지지 않을까. 착함이 경쟁력이 되어야 한다.

행복의 사회학: 우리 사회는 지금 행복 역으로 가고 있는가

워드(L. Ward)는 행복의 조직을 사회학의 목적이라 했다. 립셋(S. Lipset)은 행복의 사회학(sociology of happiness)을 내세웠다. 법인체적 자본주의를 행복조직의 기초로 간주한 것으로, 미국의 보수주의와 낙관주의에 바탕을 두었다. 미국의 자본주의 체제를 긍정적으로 본 것이다.

립셋은 다원주의적이다. 종교, 직업, 계급, 집단 간의 갈등과 투쟁을 민주적 권리신장의 요건으로 보았다. 정치 엘리트의 형성이 중요하고 정치적 갈등과 경쟁은 통합적 중심가치관을 통해 이루어져야 한다고 했다.

그는 지식인의 체제참여를 권한다. 그는 지식인을 핵심지식인과 주변지식인으로 나눴다. 핵심지식인은 문화를 창조하고 분배하는 인물들이라면 주변지식인은 문화를 응용하는 법률가나 의사를 말한다. 지식인은 초연한 입장에서 비판을 하거나 지적으로 체제에 참여할 수 있다.

그는 이데올로기의 종말과 사회학의 탄생을 연관시킨다. 사회는 이데올로기 없는 안정된 사회로 간다. 노동자는 중산화되고 자유가 증가하며 집단 간 갈등도 해소된다. 개방적 계층구조로 간다. 사회학의 발생은 이데올로기에서 사회학으로 변전되는 것을 말한다. 중성적 지식체계는 하층계급의 정치의식을 둔화시킨다. 권위주의적이고 반지성적이며 비민주적이고 독단적이므로 하층계급을 서서히 정치에 참여시켜야 한다.

립셋은 자본주의 경제가 민주제의 기본조건이 되며 이로써 정치적 자유가 보장된다고 주장했다. 공산주의는 전체주의적 제국주의이며 소수 지배 권력층이 민중을 착취한다고 보았다. 이에 대해 스미스(D. L. Smith)는 립셋을 가리켜 "Dr. Yes", 곧 체제 긍정적 보수론자라 비판했다.

에치오니(A. Etzioni)도 이런 생각에 가세했다. 그는 법인체적 자본주의에 의해 미국의 단점을 극복할 수 있다고 했다. 나아가 미국적 주체성과 다원주의를 통해 일차집단을 강화해야 한다고 주장했다. 다원주의는 경쟁과 갈등과정을 통해 개인 위에 군림하는 전체의 권력을 강화해주는 기능을 가지고 있다. 일차집단은 동조성을 보장하는 힘을 가짐으로 중시된다. 이 집단은 구조적 변화에 의해 와해된 것이 아니라 오히려 법인체적 자본주의에 부산하게 적응해왔다. 따라서 법인체적 엘리트들이 보다 세련된 방법을 택해 사람들로 하여금 공산주의에 물들지 않고 미국의 주체성을 받아들이도록 했다. 나아가 그는 다수는 소수로 하여금 다수결정에 따르도록 할 도덕적 권리와 힘을 소유하고 있다고 했다. 이에 대해 스미스는 그를 가리켜 민주적 전체주의자라 혹평했다.

급진사회학(radical sociology)은 이에 대해 아주 비판적이다. 이 사회학은 흑인민권운동, 월남전반대, 반문화운동에 자극을 받아 기존사회학을 부르주아 사회학이라 비판하고 급진적이면서 인도주의적인 대안을 제시했다.

급진사회학은 기본적으로 사회체제 자체의 부조리와 제약을 꿰뚫어 보고 비판하는 자세를 취했다. 학문적인 급진파로 굴드너, 버거, 고프만, 터너(Turner) 등을 들 수 있다. 이들은 기존사회학을 비판하고 사회학에 대한 자기반성과 함께 사회학의 비신화화를 추구했다. 정치적 급진파로는 콜팍스(Colfax), 스미스, 니코라우스(M. Nicolaus), 콘-벤디트 (Cohn-Bendit), 호로비츠(Horowitz) 등이 있다. 이들은 부르주아든 공산독 재든 특정 사회체제에 도전하고 바람직한 미래건설에 관심을 두었다.

니코라우스는 피지배자의 시각에서 사회를 이해해야 한다고 주장 했다. 그런 시각에서 볼 때 기존사회학은 지배집단을 위해 정보와 자 문을 해온 지적 시녀, 지적 매음자, 지적 스파이라며 계급적 편향성과 위선을 공박했다. 이들의 시선은 하향적이고 손바닥은 상향적이라 했 다. 시선은 하향적이어서 약자나 피지배집단의 행동과 태도를 연구하 지만 약자에 대해 강자행세를 한다. 이에 반해 손바닥은 상향적이다. 지배집단에 구걸하는 비굴함이 보인다는 것이다. 그는 법인화되어 가 는 현대사회에 대해 간접적으로 비판했다.

스미스는 립셋을 강하게 비판한 인물이다. 그는 체제긍정적인 미 국적 보수주의와 낙관주의에 바탕을 둔 법인체적 자본주의 체제 아 래의 행복사회학을 비판했다. 그는 립셋을 비롯해 에치오니, 글레저 (Glazer)를 '선 샤인 길드(Sunshine guild)'라 했다. 그 또한 하급계급에 대한 오만성을 지적했다. 그는 당시 소련이나 미국의 체제가 다 같이 불평등을 심화하는 비인간화된 관리체제라 했다. 그리고 자본주의는 민주주의 위기를 조장한다고 보았다. 권력, 금력, 부정부패, 불평등이 도사리고 있기 때문이다.

어느 시대나 행복을 추구한다. 체제유지가 행복이라 말하는 사람 이 있는가 하면 그것을 넘어서야 행복이 있다고 말하는 사람이 있다. 행복사회학자든 급진사회학자든 모두 바람직한 사회를 꿈꾼다는 점 에선 같다. 문제는 견해 차이의 극복이다. 행복사회학자라고 자본주 의의 문제를 도외시하지 않는다. 그렇다면 급진파의 말을 경청할 필 요가 있다. 급진파도 마찬가지다. 우리 모두가 지향하는 곳은 인간이 인간답게 사는 사회 아니겠는가? 그것이 행복의 지향점이어야 한다. 우리 사회는 지금 행복 역으로 가고 있는가?

프란치스코: 조직도 영적으로 건강해야 한다

프란치스코 교황이 교황청에 근무하는 추기경과 주교, 사제들을 향해 신심을 바쳐야 할 쿠리아(Curia)들이 15가지 질병을 앓고 있다며 뼈아픈 말을 했다. 쿠리아는 성모군단, 곧 성모를 사령관으로 모시고 기도하고 봉사하는 사람들을 말한다. 그런데 쿠리아들에게 문제가 있다는 말이다. 교황청의 개혁을 누차 강조해온 그가 작심하고 한 말이다. 교황청의 수장이 한 말이라 더 관심을 끌었다. 그의 말은 종교인뿐 아니라 일반 경영자들에게 경종이 되고 경영적인 측면에서도 유익하다.

그는 사막의 교부들 가르침을 따라서 경계하여야 할 병폐들을 말하겠다고 한 뒤 사제들이 빠져들기 쉬운 15가지의 병폐를 하나하나 들어 설명했다.

1) 자기중심주의다. 자기는 무병불사의 존재이자 무엇에든 면제되고, 없어선 안 될 존재라 착각한다. 망상과 자만은 금물이다. 자기중심주의에서 벗어나 신의 뜻에 따르는 사제가 되라.

2) 과도한 활동이다. 쉬지 않고 일만 열심히 하는 것도 문제다.

3) 영혼이 없는 목석이다. 영적으로, 정신적으로 경직되어 있다. 영혼 없는 목석 같은 사제들이 되어서는 안 된다.

4) 지나친 계획주의이다. 과도한 계획으로 자율성을 옥죄지 말라. 계획을 지나치게 꼼꼼하게 세우는 유혹에 빠지지 말라.

5) 협업 없이 일하는 것도 문제다. 조화를 추구하지 않고 일하는 것도 병이다. 불일치문제다.

6) 영적인 치매다. 신과의 만남을 잊은 영적 치매에 걸려 있다. 사제들이 하나님과 만난다는 것을 잊은 채 이곳 그리고 바로 지금만 생각한다. 지금 당장에 얽매어 주위에 담을 쌓고 자기 손으로 만든 우상의 노예가 된다. 자신의 열정, 변덕, 광기에만 의존한다. 영적 치매에 걸린 사람은 치명적인 자기중심주의에 물든 불행한 사람들이다. 신을 잃어버리고 자기 자신에만 몰두하는 영적 치매를 경계해야 한다.

7) 경쟁과 허영이다. 출세가 목표가 되어 있다. 출세만 좇는 출세주의는 병이다. 지위고하를 나타내는 제의의 색깔과 존칭, 외양을 삶의 일차적 목표로 삼는 것도 우려된다. 좋은 타이틀과 외형을 갖기 위해 경쟁하는 것도 병이다.

8) 정신분열 증세다. 본분을 잊은 채 위선적인 생활을 하고 권력을 차지하려 한다. 현세에 의존하고 무슨 수를 써서라도 권력을 차지하려는 욕정에 사로잡혀 위선적인 이중생활을 하는 것이다. 이중생활, 위선 등으로 인한 존재론적 정신분열증(existential schizophrenia)이다. 이것은 영적 빈곤함과 진부함의 전형적 모습이다. 이 질환에 걸리면 목회자로서의 봉사를 포기하고 관료적인 일에만 몰두하며 실제 사람들과의 접촉을 하지 않게 된다. 목회자로서의 일을 포기하고 관료적인 일에만 매달려 보통 사람들의 일상생활과 괴리되어 있는 것은 존재론적 정신분열증을 앓고 있음을 보여주는 것이다.

9) 뒷담화다. 가십에 몰두하는 것도 문제다. 가십은 테러다. 직접 대놓고 말할 용기가 없는 사람들이 비겁하게 남의 등 뒤에서 말로 테러를 가한다. 험담은 사단이나 하는 짓이다.

10) 무관심이다. 다른 사람들에게 무관심하다. 시기심과 교활함으로 남이 몰락하는 모습을 보는 것에서 기쁨을 찾는다. 기계적으로 일하는 것은 신의 사람이 아니다. 슬퍼하는 이와 함께 울고, 기뻐하는

자와 함께 기뻐하라. 공감능력을 키워라. 그렇지 않으면 인간으로서 감성을 잃는다.

11) 출세주의다. 출세지향주의에 빠져 신 대신 자신의 상사를 찬양하고 환심을 사려 한다. 그리고 시은을 받고자 한다. 신이 아닌 인간을 공경하는 것은 출세제일주의와 기회주의가 만연한 우리 사회의 희생자들이다.

12) 장례식장에 간 사람들의 얼굴이다. 장례식장 얼굴을 하며 아랫사람들에게 엄하고 거칠고 오만하게 군다. 장례식장에 간 듯 우울하고 딱딱한 표정은 가톨릭 신도는 물론이고 행정조직과 교구 등 개인과 조직에 부담을 주고 있다. 겸손, 열정, 행복, 기쁨을 드러내라.

13) 부의 축적이다. 과도한 물질적 욕망에 사로잡혀 있다. 부와 권력을 축적해서도 안 된다.

14) 파벌 형성이다. 전체보다 이너서클을 추종한다. 폐쇄적 집단을 만들고 그것을 등에 업고 남들을 억압한다. 서클의 노예가 되어 다른 사람들을 죽이고, 결국 자기에게도 암이 된다. 전체보다 파벌의 이익을 우선하는 태도는 암과 같다. 구성원을 노예로 만들고 조직의 균형을 깬다.

15) 세속적 이윤의 추구다. 세속적 이익을 좇고 그것을 과시하려한다. 남을 짓밟고 자기 권력을 곱절로 만들려 애쓴다. 자기를 과시해서는 안 된다. 교회의 지도자는 가난하고 약한 신도들에게 다가가야한다.

교황은 관료주의를 경계했다. 바티칸 사제들이 지나치게 많은 계획을 세우고 너무 많이 일을 하며, 음이 맞지 않는 오케스트라처럼 손발이 맞지 않는 행동을 일삼으면 어떻게 될까? 장례식장에 있는 사람 같은 얼굴을 하며 사람들에게 기쁨을 전달해야 할 의무를 잃어버린다면 어떻게 될까? 뒷담화를 자주 해 공동체를 분열시키고 출세와 이득을 위해 상사를 신격화하고, 부와 권력을 축적하면 어떻게 될까? 그는 사제들이 일을 할 때 행정가가 아니라 사제들임을 명심하도록 했다. 사목적 배려 없이 행정편의나 효율성만을 따져서는 안 된다는 것이다.

그는 바티칸 사제들이 위선적이고 이중적인 삶을 살며, 권력을 잡고 부를 쫓는데 자신의 지위를 사용하고, 신을 섬겨야 하는 본분을 잊어버렸다고 했다. 영적인 치매에 걸리지 않고, 비본질적인 것보다 본질인 것에 더욱 초점을 맞추자는 것이다. 한마디로 기본에 더욱 충실하라는 말이다. 교황청 당직자뿐 아니라 조직에 속한 모든 경영자가 마음에 새겨두어야 할 말이다.

교황은 왜 자기가 관리하고 있는 교황청을 비판했을까? 영적으로 공허한 이들이 위선적으로 행동을 하며 자기를 과시하려 들기 때문이다. 자기중심주의에 사로잡힌 이들은 신자들에게 봉사하기보다는 권력을 휘두르기 때문이다.

그는 교황청의 최고경영자다. 바티칸을 근본적으로 개혁하고자 한 것이다. 자기비판을 하지 않고 발전하고자 하는 노력이 없는 교황청은 단지 병에 걸려 죽은 육체일 뿐이라 생각했다. 나아가 그는 사제들을 비행기에 비유했다. "사제는 비행기와 같다는 격언이 있다. 비행을 할 때에는 아무 문제가 없지만 추락하면 뉴스가 된다. 추락한 사제 한 명이 교회 공동체 전체를 얼마나 다치게 하는지 잊어서는 안 된다."

그는 교황청을 하나의 몸으로 생각하고 전 세계교회에 한 작은 모델로서 개혁된 모습을 보여주고 싶었다. 경영자는 개혁의 철학이 뚜렷해야 한다. 그래야 혁신할 수 있다. 조직도 정신적으로나 영적으로 건강해야 다른 조직에 감동을 주고 오래 지속할 수 있다. 부디 그의 개혁이 좌초당하지 않고 성공하기를 바란다. 그래야 세속조직도 보고 배울 수 있다.

●●●

벤클러: 펭귄의 협력이 경쟁보다 낫다

마거릿 헤퍼넌(Margaret Heffernan)의 책『경쟁의 배신(A Bigger Prize)』에 얀 헨드리크 쇤에 관한 이야기가 소개되어 있다. 2000년 벨연구소에 입사한 그는 내성적이어서 잘 적응하지 못했다. 그러던 그가 초전도와 나노기술 분야에서 성과를 쏟아내기 시작했다. 그의 논문이 사이언스와 네이처에 실렸고 이내 벨연구소의 영웅이 되었다. 더욱 연구에 몰두한 그는 거의 8일마다 논문을 낼 정도로 왕성했다. 초스피드다. 다른 학자들이 그의 연구를 재현했지만 실패했다. 그래도 반론을 제기하지 못했다. 그의 명성이 워낙 높았기 때문이다. 하지만 그의 사기극은 2년 만에 막을 내려야 했다. 한 연구자가 쇤의 여러 논문에 나온 자료가 같은 자료라는 것을 발견했기 때문이다.

벨연구소가 왜 그의 사기극을 눈치 채지 못했을까? 당시 연구소는 루슨트테크놀로지스에 인수 합병된 처지라 실적 높이기에서 활로를 찾았다. 경쟁분위기가 고조되면서 연구원들은 속여서라도 실적을 높이고 싶은 충동마저 일 정도였다. 쇤은 그 결과물이었다. 이로 인해 노벨 수상자를 13명이나 배출한 벨연구소의 명예는 크게 실추되었다.

이런 일은 벨연구소에서만 있을까? 학교, 기업, 가정, 과학계, 스포츠계 등 거의 모든 분야에서 일어난다. 한 나라에만 있는 것이 아니라 세계적이다. 헤퍼넌은 우리가 믿어왔던 경쟁의 숨은 모습들을 소개하며 말한다. "사람들은 경쟁이 개개인에게 자극을 줘 효율성을 높이고 성과를 내게 할 수도 있다고 생각한다. 하지만 경쟁은 모든 것이 아니다. 비효율과 낭비, 비리와 부정을 불러오는 독소요 경쟁은 누구든 승자로 만들지 못한다. 우리는 경쟁이 아니고도 보다 잘할 수 있다." 경쟁에 문제가 있다는 말이다.

경쟁, 이것은 우리 시대의 키워드 가운데 하나다. 개인이든 기업이든 경쟁력을 키우기 위해 무진장 노력하고 있다. 시시각각 다가오는 매치가 얼마나 무섭고 험난하다는 것은 누구나 안다. 그래서 더 강하게 준비한다. 하지만 그 경쟁 때문에 치명상을 입을 수 있다.

영어의 경쟁(competition)은 라틴어 '콤페테레(competere)'에서 나왔다. 이것은 "함께 추구하다" 뜻을 가지고 있다. 우리가 생각하는 그 피 터지는 경쟁이 아니라 함께 성장하고 상생하는 것이 경쟁의 본질이라는 것이다. 그렇다면 경쟁의 철학도 달라져야 하지 않을까 싶다.

요차이 벤클러(Y. Benkler)가 쓴 『펭귄과 리바이어던(The Penguin and the Leviathan)』이 있다. 부제는 '자기이익을 넘어선 협력'이다. 펭귄은 대가 없는 협력을 통해 탄생한 컴퓨터 운영체제(OS) 리눅스의 마스코트다. 그리고 리바이어던은 성경에 등장하는 거대한 괴물이자 17세기 철학자 토머스 홉스가 쓴 책이름이다. 홉스는 인간은 만인의 만인에 대한 투쟁에 매몰된 이기적 존재이기 때문에 리바이어던으로 은유되는 절대 권력이 통제해야 한다고 주장했다. 저자는 자기 이익을 강조하는 사회체계 속에서 인간은 잘못된 방향으로 교육을 받고 있으므로 패러다임이 바뀌어야 한다고 말한다. 펭귄의 협력이 경쟁보다 낫다는 말이다. 그러니 동기부여의 패러다임부터 바꾸라는 것이다.

벤클러는 인센티브, 처벌, 통제가 아닌 협력에 의지한 시스템이 성공적이라는 것을 여러 사례를 통해 말한다. 펭귄이 승리하는 사회를 꿈꾸는 것이다. 이것을 정치에 적용해볼 수 있다. 그것도 간단하다. 공화당 의원, 민주당 의원들이 저녁만 자주 먹어도 갈등을 풀 수 있는 분위기가 마련될 수 있다. 협력의 분위기가 조성되기 때문이다.

경쟁이 아름답다는 말을 하기도 한다. 경쟁은 때로 서로에게 자극을 주고 흥을 돋운다. 유용한 면이 있다. 선의의 경쟁이 있어야 발전하지 않겠는가. 하지만 경쟁이 지나치면 부작용을 낳는다. 이런 일은 조직상황에서 흔히 나타난다. 이따금 성과를 높이기 위해 윗사람은 아랫사람들에게 경쟁을 유도한다. 이것이 일상화되면 구성원들은 상대를 협조자가 아니라 경쟁자로 인식하게 되어 조직의 생명력을 잃게 만든다. 작은 것을 얻으려다 큰 것을 잃는 것이다. 경쟁을 자주, 그리고 널리 이용하면 그만큼 위험성이 커진다.

이런 우려를 불식하기 위해서는 경쟁보다 협력이 강조되어야 한다. 우리 주변에 뛰어난 인재들이 있다. 조직에 그런 인물이 필요한 것은 사실이다. 그러나 아무리 그들의 재능이 뛰어나다 해도 혼자서 일할 수는 없다. 특히 기업에서는 구성원의 협력이 중요하다. 집단의지와 집단지성, 그리고 집단협력이 강조되는 것은 이 때문이다. 개별적인 노력으로도 보상을 받을 때가 있다. 하지만 집단이 함께 노력해 보상을 받으면 그 기쁨은 배가 된다. 다음의 일도 순조롭다. 리더십은 인기 경쟁이 아니다. 조직이 살아 있도록 만드는 것이 리더십이다.

세상은 경쟁을 강조한다. 하지만 성경을 보면 하나님은 자신의 뜻을 이루기 위해 세속적 의미의 경쟁을 사용하지 않는다. 하나님은 약한 자를 들어 사용함으로 강한 자를 부끄럽게 하기 때문이다. 약육강식의 세상방식과는 아주 다르다. 인간은 신이 아니기 때문에 하나님의 방법을 그대로 사용할 수는 없다. 하지만 우리가 약한 자들과 함께 상생하는 사회를 만들어간다면 세속적 의미의 경쟁을 넘어설 수 있다.

삶에서 경쟁이 강조되어야 할 것이 있다. 바로 윤리의 실천이다. 윤리실천을 놓고 서로서로 경쟁한다면 더 빨리 바른 사회가 되지 않을까 싶다. 윤리는 세상에서 비경쟁분야에 속한다. 그러나 이 부분에서 경쟁력이 높아야 진짜 경쟁력이 있는 사회가 될 수 있을 것이다.

후기산업사회: 인간은 언제나 사람이 살 수 있는 사회를 꿈꾼다

대학원에서 공부할 때 자주 읽고 토론했던 주제 가운데 하나가 후기산업사회(post-industrial society)였다. 산업사회 이후의 사회는 과연 어떤 모습일까 하는 것이 당시 학자들의 관심이기도 했다. 미래의 인간과 사회에 대한 관심이 그만큼 컸다.

다니엘 벨(Daniel Bell)은 사회를 산업이전사회(pre-industrial society), 산업사회, 그리고 후기산업사회로 나눴다. 산업이전사회는 자연세계이고, 산업사회는 기술세계이며, 후기산업사회는 사회세계다. 산업사회에는 합리성과 엔트로피가 작용한다. 하지만 후기산업사회에는 공포와 전율이 있다. 공포와 전율은 후기산업사회가 만만치 않은 사회임을 보여준다.

산업사회라는 단어를 만든 사람은 콩트(Comte), 생시몽(Henri de Saint-Simeon), 뒤르케임(Durkheim) 등이었다. 생시몽은 산업사회를 가리켜 '과학자와 기술전문가들의 공동협력사회'라 했다. 클라크 커(Clark Kerr)는 산업사회를 수렴이론의 관점에서 보았다. 그는 산업주의의 논리를 통해 산업사회들은 그들의 기원이 아무리 다르다 할지라도 기본제도의 면에서 갈수록 더욱 비슷해진다고 주장했다. 즉, 산업화된 사회일수록 전통의 잔재들이 제거되면서 점점 더 서로 닮아가는 경향이 있다는 것이다. 기술의 발전과 합리성이 강조되는 사회다.

하지만 산업사회는 인간을 기계화하고, 인간적 삶을 구현하는 데 문제가 있음을 발견하게 되었다. 후기산업사회는 산업사회 이후의 사회이다. 이 사회에는 당연히 인간적 꿈을 실현하고자 하는 열망이 담겨 있다.

후기산업사회, 어디로 갈 것인가? 이것은 우리 미래가 어디로 갈 것인가에 대한 진지한 물음이다. 이에 대해 여러 답이 제시되었다. 마샬(T. H. Marshall)은 복지국가가 될 것이라 했고, 다렌도르프(R. Dahrendorf)는 후기자본주의로 산업질서가 재편될 것이라 했다. 기술도 달라져 정보기술, 특히 마이크로 칩 기술이 미래를 좌우할 것이라 했다. 이 기술은 자료뿐 아니라 인간의 소통공간을 확장한다는 점에서 산업사회의 기술과는 성격이 다르다. 기든스(A. Giddens)는 현대 자본주의 국가가 세계경제체계의 중앙행정부를 차지할 것이라 보았다. 세계경제가 재정돈된다는 말이다. 이런 예언은 일부 현실화되기도 했다.

그런 사회에서 인간은 무엇일까? 학자들의 생각은 여러 가지였지만 핌(Denis Pym)은 다양성, 모호성, 복잡성, 놀이성이 혼재된 인간상을 상정했다. 쉽게 파악하기 어려운 인간상이다.

그중에 놀이성이 눈에 띤다. 미래 인간을 놀이인(gamesman)으로 본 것이다. 다니엘 벨도 인간 사이에 게임이 있는 사회가 될 것이라 했다. 이런 인간의 특성은 도전적이고 경쟁적이며 모험적이고 상호의존적이며 변화에 신축적이다. 정적이기보다 동태적이란 말이다. 놀이는 창조성과도 연관이 깊다. 매코비(M. Maccoby)에 따르면 놀이인간은 신축적 구조를 전제했을 때 가치가 있다. 사회도 동태적으로 변한다.

후기산업사회에서 인간은 획일적 통제와 외부의 강압에 부단히 저항한다는 의미에서 혁명인도 거론된다. 인간의 내면적 의식이 강조되고 행위 주체자로서의 인간상이 강조된다. 할 말은 하고 더 이상 기계처럼 복종하지 않는다는 말이다. 가짐(having)보다는 됨(becoming)을 중시한다. 특정 이념에 매이지 않고 인류의 이상을 실현하고자 한다.

쾌락인도 있다. 산업사회의 의식에 억눌린 무의식이 필연적으로 발산한다. 즉, 인간의 본질적 욕구가 분출되면서 인간회복을 꿈꾸는 것이다. 기존체계에 전면적으로 도전한다든지, 사회변동을 초래할 목적으로 운동을 한다든지, 표준과 관료주의에 싸인 외면적 공간에 대항한다든지, 절대적 가치와 산업사회 추세를 거부한다든지, 약물이나 록뮤직 등 쾌락을 추구한다든지 하는 것들이 이에 해당한다. 지속적으로 발산을 추구하다 보니 갈등도 생겨난다.

끝으로 초월인도 있다. 초월인이라 한 것은 개인을 초월한다는 점이다. 초월적 자아다. 이것은 인간화 작업에 초점을 맞추되 산업사회를 넘어서는 것으로, 무의식의 틀 안에서 보려한다. 랭(R. D. Laing)의 황홀모형(psychidelic model)이 그 예다. 황홀모형은 무의식적 초월인으로 노예화·예술·실존적 죽음으로부터 해방되고 새롭게 되는 의식의 항해(해방과 재생)이다.

사회는 어떻게 변화될까? 다니엘 벨은 협동과 상호작용을 중시하는 공동사회로 발전한다고 보았다. 단체협상과 합의정치가 있다. 트리스트(Eric Trist)는 상호의존적 균형으로 간다고 했다. 호모노미(homonomie), 곧 남과 관련을 맺으려는 욕구가 강화된다. 환경이 불확실해지고 복잡하기 때문이기도 하다. 쾌락원칙과 현실원칙의 조화도 이뤄진다.

조직도 변한다. 조직은 기본적으로 산업사회 형태에서 후기산업사회 형태로 변한다. 즉, 기계적 형태에서 유기적 형태로, 경쟁관계에서 협동으로, 분리된 목표에서 연결된 목표로, 자원의 자기소유의식에서 사회소유의식으로 간다.

이에 따라 사회의 전략도 변한다. 위기에의 반응에서 위기예상으로, 구체적 수단에서 종합적 수단으로, 동의·심화·단기계획에서 참여·갈등대처·장기계획으로, 구체적 중앙통제에서 일반적 중앙통제로, 소규모 지방정부단위에서 확대된 지방정부단위로, 표준행정에서 혁신행정으로, 분리된 서비스에서 조정된 서비스로 간다.

우리는 사회는 지금 산업사회의 속성도 지니고 있고, 후기산업사회의 속성도 지니고 있다. 문제는 산업사회가 가진 문제를 얼마나 잘 극복하며 후기산업사회를 인간답게 살 것인가에 있다. 인간은 항상 미래를 꿈꾸며 살아왔다. 인간의 속성과 사회의 속성은 서로 연결되어 있다. 우리가 어떤 생각을 가지고 사회를 만들어 나가느냐에 따라 미래도 달라진다. 공포를 가져올지 전율을 가져올지는 결국 우리에게 달려 있다. 어느 사회를 막론하고 인간은 언제나 사람이 살 수 있는 사회를 꿈꾼다.

제5부

잠자는 기업에
내일은 없다

큐피드의 화살: 인간은 탐욕의 화살에 맞았다

루빈의 만화 속 얘기다. 노아의 방주에서 코끼리가 나오며 이렇게 말한다. "젠장 계속 비만 내렸어. 이번 여행은 정말 형편없어." 불평이다. 하지만 그 속엔 무엇인가 들어 있다. 바로 탐욕이다. 탐욕은 감사를 마비시킨다. 구원받은 것은 생각지 못하고 감사하지 못하고 욕심을 내는 것이다.

불교에선 탐욕을 버리도록 한다. 최근 신문에 어느 불자의 글이 실렸다. 이사에 관한 것으로 탐욕과 연관된 것이었다. 이사를 갈 때 물건을 정리하고 버린다. 그래서 이사는 정리하기에 참 좋은 기회다. 그런데 버릴 때마다 생각나는 것이 있다. "그것 나중에 필요할지 모르는데." 탐욕은 그때그때 말한다. 결국 버리는 것을 주저하게 만든다. 그래서 이삿짐은 커진다. 그 크기가 탐욕의 크기라는 말이다.

나의 아내도 가끔 옷 정리를 한다. 이웃에 주기도 하고, 단체에 기증하기도 한다. 나의 옷 가운데 상당수도 그렇게 기증되었다. 아내가 이번엔 신학생들을 위해 나의 양복을 기증하면 어떠냐 한다. 이미 상당히 정리된 상태라 나도 한마디 했다. "천천히 합시다. 나중에 필요할지 모르는데." 나도 그만큼 욕심이 있다는 증거다.

탐욕을 거론할 때 큐피드(Cupid)의 화살에 대해 말한다. 로마신화에 따르면 큐피드는 비너스의 아들로 사랑의 신이다. 이 신은 그리스신화의 에로스에 해당한다. 큐피드의 화살을 맞으면 소유에 대해 강한 욕망을 갖게 된다. 사랑하면 그를 소유하고 싶어 하고, 재물을 보면 그것을 소유하고 싶어 한다. 그래서 욕심이나 탐욕을 영어로 cupidity 라 한다. 이 단어는 라틴어 '쿠페레(cupere)'에서 나왔다. 쿠페레는 욕망(desire)과 사랑(love)을 의미한다. 큐피드와 관련해 나온 말이다.

인간은 탐욕이라는 큐피드의 화살을 맞았다. 더 많이 갖고자 욕심을 내고, 더 많이 갖는 데 집착을 한다. 오죽하면 성경은 인간의 탐욕을 우상숭배라 한다. 그만큼 물질에 연연하기 때문이다. 앤드류 카네기는 말한다. "돈이라는 우상보다 사람을 타락시키는 우상은 없다."

탐욕은 부정부패의 뿌리가 된다는 점에서 문제가 있다. 돈을 쉽게 모을 수 있다면 부정한 방법도 서슴지 않는다. 사람들은 예나 지금이나 건강과 부를 얻고 싶어 한다. 건강하게 살고 부자로 사는 것이 나쁜 것은 아니다. 문제는 의로운 길을 통해 그것을 얻기보다 다른 길을 택하기 때문이다. 도덕적 타락과 윤리적 부패는 그 결과다. 단테는 이것을 '꺾을 수 없는 원수'라 했다. 오죽하면 그런 말을 했을까. 스코필드는 우리들을 향해 외친다. "한국인이여, 부정부패와 용감하게 싸우라."

우리에게 필요한 것은 탐욕에 대한 자제력이다. 탐욕에 제동장치가 필요하다는 말이다. 탐욕을 물리치기 어렵다면 적정선에서 자제해야 한다. 고승열전 가운데 다음과 같은 일연의 말이 있다.

> "세상에 가장 고약한 도둑은 자기 몸 안에 있는 6가지 도둑이다. 눈 도둑은 보이는 것마다 가지려 성화를 낸다. 귀 도둑은 그저 듣기 좋은 소리만 들으려 한다. 콧구멍 도둑은 좋은 냄새만 맡으려 한다. 혓바닥 도둑은 온갖 거짓말에다 맛난 것만 먹으려 한다. 몸뚱이 도둑은 훔치고 못된 짓만 골라 하는 제일 큰 도둑이다. 생각 도둑은 '이놈은 싫다', '저놈은 없애야 한다' 혼자 화내며 떠들며 난리를 친다. 복 받기를 바란다면 우선 이 6가지 도둑부터 잡아야 한다."

도둑 잡기가 얼마나 어려운가. 밤새 지키고 있어야 한다. 부닥쳐도 이길 수 있어야 한다. 보이는 도둑보다 보이지 않는 도둑, 내 안에 든 도둑을 잡기는 얼마나 더 어려울까. 기독교인이라면 자제의 방법으로 두 가지를 생각할 수 있다. 하나는 하나님의 말씀으로 자제하는 것이고, 다른 하나는 경건생활을 통해 자제하는 것이다. 십계명 중 10번째 계명은 우리의 탐심을 경고하고 있다. "네 이웃의 것을 탐내지 말라." 이것은 행동보다 우리의 잘못된 마음상태를 지적하고 있다. 마음부터 고치지 않으면 탐욕을 멀리할 수 없다.

탐심은 제어되어야 한다. 탐심을 제어하려면 돈을 벌어도 정정당당하게 벌고, 그것을 쓸 때도 정정당당하게 쓰도록 해야 한다. 돈을 벌 때 하나님과 사람 앞에 부끄럼이 없어야 하고, 쓸 때도 하나님과 사람 앞에서 부끄럼 없이 사용하는 것이다. 우리가 선히 욕구하고 선히 사용한다면 탐심도 어느 정도 제어될 수 있다.

성경에 "이같이 너희 빛이 사람 앞에 비치게 하여 그들로 너희 착한 행실을 보고 하늘에 계신 너희 아버지께 영광을 돌리게 하라(마태복음 5:16)"라는 예수님의 말씀이 있다. 빛, 착한 행실, 영광은 서로 연관되어 있다. 행실이 빛나려면 그리스도인의 행동이 착해야 하고, 사람들이 그 행동을 보며 하나님께 영광을 돌리게 된다. 우리가 인정을 받지 않아도 된다. "인생은 싸움이다." 빅토르 위고의 말이다. 탐욕과의 싸움에서 이기라. 큐피드의 화살에 결코 당신 자신을 내어주지 말라.

호불호: 조건을 뛰어넘을 때 감동이 있다

사람의 특징은 서로 좋아하기도 하고 싫어하기도 한다는 것이다. 호(liking)와 불호(disliking)가 구분 안 되는 경우도 물론 있다.

사람은 어떤 때 좋아하게 될까? 사회심리학자들은 여러 경우를 든다. 하지만 일반적으로 근접성(proximity), 보상성(rewardingness), 유사성(similarity), 그리고 상보성(complementarity)을 든다.

근접성은 거리가 가까울수록 좋아하게 될 확률이 높다는 것이다. 멀리 있는 사람보다 자주 만나게 되고 상호작용이 지속적이면 그럴 가능성이 높다. 이런 만남을 통해 "그 사람, 어떻겠구나" 예측이 가능하고 시간이 갈수록 친숙하게 된다. 행동주의 관점에서 볼 때 적극적 강화가 가능하다. 만날수록 처음에 가졌던 편견이 줄어든다. "그 사람, 만나볼수록 괜찮은 사람이네."

하지만 다 그렇게 되는 것은 아니다. 처음 만남에서 너무 싫으면 안 만나게 된다. 단지 근접성만으로 판단되는 것은 아니다. 다른 요소도 작용한다. 신실하다든지, 신체적으로 매력이 있다든지, 생각보다 좋은 특성을 가지고 있다면 호감은 커진다.

만남으로 인해 보상이 클수록 좋아하게 된다. 보상은 간단하다. 만나서 즐거웠다면 그 경험이 좋아하는 데 도움을 준다. 나아가 사람들은 일반적으로 자기를 좋아하는 사람을 좋아하고, 싫어하는 사람을 싫어한다. 인간관계는 상대적이다.

자기에게 아첨하는 사람을 보면 그것이 아첨인 줄 알면서도 기분이 좋다. 사람들이 칭찬을 하면 기분이 좋다. 하지만 사람들은 자기평가를 한다. 자기평가란 우리 자신에 대한 인지다. 그 칭찬이 합당치 않거나 지나치게 과도하면 오히려 역효과를 가져온다. 이것이 바로 칭찬효과다.

이익-손실효과(gain-loss effect)도 있다. 자기에 대한 초기의 부정적 진술은 걱정, 자기의심, 고통스런 감정을 불러일으킨다. 이에 반해 초기의 적극적 진술은 보상감정을 가져온다. 손실과 이익이 극명하다. 자기성취예언(self-fulfilling prophecy)도 있다. 자기를 좋아할 것으로 기대하고 가면 진짜 좋아하게 될 기회가 커진다. 그러나 싫어할 것으로 생각하고 가면 그렇게 될 확률이 높다. 그러니 생각을 밝게 가지라.

유사성은 자기와 비슷한 사람을 좋아하는 것을 말한다. 인터넷 데이트는 상대도 관심과 성격이 같을 것이라는 생각에 근거한다. 문화 및 인구통계학적 특성, 태도, 신념, 관심, 배경, 키, 몸무게, 육체적 민첩함, 강함 등에서 같은 특성을 가진 사람을 선호한다. 유사한 사람은 서로를 끈다. 유사한 가치관과 행동을 가지면 갈등이 적으리라 생각하기 때문이다.

사람들은 일관성이 있는 것을 좋아한다. 인지, 사고, 감정, 신념에서 논리적이고 조화롭고, 서로 맞는 것 좋아한다. 안 맞으면 부정적 관계의 수가 늘어난다. 정서, 능력, 의견, 태도, 육체적 특성, 나이, 종교, 학력수준도 비교한다.

상보성은 자신의 성격을 보완할 수 있는 사람을 좋아하는 것을 말한다. 공격적인 사람은 비공격적인 사람을, 안정적인 사람은 비안정적인 사람을, 신경질적인 사람은 비신경질적인 사람을 선호하는 경우가 이에 해당한다. 결혼 파트너 경우 남녀 모두 자기주장이 강한 경우 폭발 가능성 크다. 따라서 오히려 반대 성격을 찾는 경향이 있다. 남성적인 남자는 여성적인 여자를, 말이 많은 여자는 조용한 남자를,

주장이 강한 남자는 수동적인 여자를 좋아한다. 하지만 같은 성격이 때로 일관성이 있는 경우도 있다. 상보적 성격이나 태도는 한 사람의 욕구(통제적)가 다른 사람의 필요(통제받음)를 만족시킬 때, 두 사람이 서로 좋아할 때 가능하다.

사람은 사람에 따라 호불호 감정을 가진다. 호불호와는 관련이 없는 중성적인 경우도 있다. 그것은 대부분 자기와 관련이 없기 때문이다. 살면서 이것을 피할 수 없다면 불호의 감성을 키우기보다 서로 좋아할 수 있는 길을 찾는 것이 바람직하다. 그러나 자기 이익만 챙기는 쪽보다 남을 이해하고 배려하는 관계로 발전한다면 그 삶은 감동을 주기에 충분하다. 모든 조건을 뛰어넘기 때문이다.

정명사상: 이름에 부합하는 열매를 맺으라

어른들이 아이들을 혼낼 때 종종 "녀석아, 제발 이름값을 해라. 이름값" 하며 혀를 찬다. 부모가 이름을 지어주었을 때 그런 사람이 되었으면 하고 이름을 주었는데 그것에 부합하는 삶을 살지 못할 때 하는 말이다. 그 이름값이 논어에 정명(正名)이란 말로 소개된다.

제자 자로가 공자에게 물었다.

> "위나라 임금이 선생님을 모시고 정치를 한다고 하면 무엇부터 시작하시겠습니까?"
> "반드시 명(이름)을 바로 세울 것이다(必也正名乎)."
> "선생님, 그것을 바로잡아 무엇 하시겠습니까?"
> "경박하기는! 잘 모르면 그렇게 말하는 것 아니지. 명을 바로 세우지 않으면 말(言)에 조리가 없고, 말에 조리가 서지 않으면 일이 이루어지지 않는다. 일이 이루어지지 않으면 예(禮)나 악(樂)도 일어나지 않아. 예와 악이 일어나지 않으면 형벌이 적절하지 않고, 형벌이 적절하지 않으면 백성들이 손발을 둘 곳이 없다. 그러므로 군자가 명을 바로 세우면 말이 서고, 말이 서면 반드시 행할 수 있게 되니 군자는 말을 세움에 있어서 조금도 구차함이 없어야 하는 것이라네."

이렇듯 논어에 나오는 말이 정명사상(正名思想)으로 발전했다. 정명이란 무엇인가? 정명은 사물의 실제와 그 명을 일치시킨다는 것으로, 이름을 바로 세우는 것이다. 이름과 그것에 맞는 값을 제대로 구현하는 것이다.

예를 들어 정치라는 이름을 생각해보자. 공자는 말한다. "정치를 하려면 바로 해야 한다(政者正也)." 바로 하는 것이 정치의 이름값이다. 요사이 정치인에 대한 불신이 높다. 정치에 대한 실망이 크다. 왜 그럴까? 이름값을 못하기 때문이다.

정명을 실현하기 위한 공자의 처방은 지극히 간단하다.

> "임금은 임금답고, 신하는 신하다우며, 어버이는 어버이답고, 자식
> 은 자식다워야 한다(君君 臣臣 父父 子子)."

명분과 그에 대응하는 덕이 일치해야 한다는 말이다. 임금이 임금으로서 노릇을 다하는 임금다움, 신하가 신하 노릇을 다하는 신하다움, 아비다움, 아들다움을 바로 세우는 것이다. 이렇듯 삶의 모든 명제들과 가치가 제 위치에서 이름값을 한다면 세상이 달라진다.

정명이 이루어지지 않으면 세상은 악해지고 사람들은 고통을 받게 된다. 맹자는 임금이 임금답지 못할 때 심지어 혁명을 통해 임금도 내쫓을 수 있다고 보았다. 명의 바로 세움이 정녕 필요하다는 말이다.

그렇다고 사상가들 모두 다 정명사상에 손을 들어준 것은 아니다. 노자는 "이름 있는 것(有名)은 하늘과 땅의 시작이며, 이름 없는 것(無名)은 만물의 어머니"라 했다. 유명보다 무명을 강조한 것이다. 그저 자연에 맡기라는 말이다.

정명사상은 전국시대의 명가(名家)에 영향을 주기도 했다. 그 보기로 명사의 청담이 있다. 황건적의 난으로 한 나라가 망하고, 군웅이 할거하는 위진시대가 열렸다. 한나라 말기에 사회가 혼란에 빠지면서 유학은 독존의 지위를 잃었다. 다양한 사상이 다시 등장하게 되었다. 이 시대에 등장한 인물들이 바로 명사(名士)다.

명사는 그저 이름난 사람을 가리키는 말이 아니다. 그들은 말할 때

도 일정한 태도를 유지했다. 명사로서의 품위다. 대부분 고라니의 꼬리털로 만든 털이 개를 손에 쥐었다. 아름다운 자태를 보이려는 의도가 담겨 있기도 하고, 말하는 품위를 따졌기 때문이다. 말의 내용이 천박하거나 말하는 태도조차 그러하면 명사로서 인정을 받지 못한다. 현학가로서 명사가 되기 위해서는 일정 기준에 도달해야 한다. 명사의 자격이 주어지면 귀히 여기고, 당시 귀족과도 혼인 물망에 올랐다. 그만큼 인정을 받았다는 말이다.

일부는 명교를 초월하고 자연에 맡긴다 말하기도 했지만 명교를 버리기보다 둘을 조화시키는 데 초점을 맞췄다. 이런 담론은 형이상학적 담론으로 유와 무에 대한 이해로 발전했다.

위나라 시대에는 하안과 왕필이 노자가 말한 무를 귀하게 여겨 본무론이 일어났다. 왕필은 언어와 상징의 관계를 설명하는 득의망상론을 제시해 예술에 큰 영향을 주었다. 위나라 말기에는 죽림칠현을 중심으로 청담사조가 유행했다. 특히 혜강은 기성윤리를 격렬하게 비판했다.

현대와 와서 어떻게 달라졌을까? 풍우란은 이름마다 어떤 뜻을 가지고 있는데, 이것이 그 집합의 사물들의 본질이며 이 집합의 사물에 이 이름이 적용된다 했다. 사물은 그 이상적 본질과 일치되어야 한다. 통치자의 본질은 통치자가 이상적으로 마땅히 해야 할 것, 곧 왕도(王道)의 실현으로 보았다. 공자의 정명론을 긍정하는 발언이다.

공자의 정명은 자연보다는 사람이 사람다워야 함에 집중되고 있다. 개나 고양이에게 정명을 요구하는 것이 아니라 사람에게, 인간됨의 삶을 구현하는 데 정명이 필요하다. 정명은 인간의 내면적 덕에 대응하는 명분(名分)이다. 인간의 덕과 그 명분을 일치시키는 것이다. 그것을 어떻게 실현시키느냐에 따라 명분, 귀천, 선악이 구별된다. 명분에는 윤리와 도덕이라는 가치판단이 작용한다. 그 이름에 부합하는 열매를 맺고 있느냐가 판단기준이기 때문이다.

정명은 물을 수 있다. 과학, 너는 현재 그 이름에 부합하는 행동을 하고 있는가? 정치는 어떠한가? 종교는 과연 어떠한가? 한국인은 어떤가? 아니 당신 자신은 이름값을 제대로 하고 있는가? 아주 본질적인 질문이 아닐 수 없다. 요구되는 그 본질에 충실하라는 것이 바로 정명이다.

정명은 세상이 바르게 통치되고, 소통이 잘 되며, 질서가 아름답게 이뤄져 사람들이 정말 살기 좋다고 말할 때 필요한 것이 아니다. 오히려 사회가 혼란스럽고, 무질서하며, 악이 판쳐 사람들의 원성이 자자할 때 더욱 필요하다. 진정 이름값 하는 사회가 되었으면 하는 소망이 하늘을 찌르기 때문이다. 사람들이 정명을 찾고 그리워한다면 그 사회를 한번 깊이 돌아볼 때다.

아우슈비츠: 고정관념은 인류를 파괴한다

　최근 읽은 글에 포드주의로 유명한 헨리 포드가 유대인을 싫어한 것은 그렇다 치더라도 친히틀러였다는 것에 놀라지 않을 수 없었다. 그는 자신이 소유한 주간지 <디어본인디펜던트>에 2년간이나 유대인이 세계적으로 가장 심각하고 위험한 문제라는 요지의 글을 실었고, 이것이 책으로 출간되었다.

　그는 왜 유대인을 싫어했을까? 사는 나라가 어디든 유대인들은 어김없이 드러내는 반국가성, 반사회성을 가지고 있다고 보았다. 유대인 은행가들은 그 어느 나라에도 속하지 않으면서 자신들만의 목적을 위해 이 나라와 저 나라를 싸움 붙이는 사람들이요 부와 권력을 좇아 이 나라와 저 나라를 돌아다니며 반란과 혁명을 선동하는 유대인 공산주의자들도 세계를 불안하게 만든다는 것이다.

　자신이 이런 글을 쓴 것은 유대인 문제를 심층적으로 규명해 국가와 사회가 위협받는 일을 방지하기 위한 것이지 반유대주의와는 무관하다 했다. 하지만 히틀러는 포드의 반유대주의 기사를 애독했다 한다. 영향을 준 것이다.

　포드는 나치와 무관할까? 그렇지 않다. 1922년 나치스당에 7만 달러를 후원했다. 독일에 현지공장을 세워 나치가 보낸 전쟁포로들을 동원해 군수물자를 생산했고 이 물자를 히틀러에게 제공했다. 포드는 1938년 자신의 75회 생일에 히틀러로부터 축하편지와 함께 독일 최고 철십자 훈장까지 받았다. 제2차 세계대전이 일어났지만 그는 받은 훈장을 반환하지 않고 1947년 사망할 때까지 간직했다. 그가 나치에 협력한 것에 대해 사과했다는 이야기는 아직 없다.

폴란드에 있는 아우슈비츠(Auschwitz)를 방문했을 때 난 히틀러가 얼마나 인류에게 못할 짓을 했는가를 보게 되었다. 아우슈비츠는 독일식 이름이고 폴란드에선 '오이세비침(Ociewicm)'이라 한다. 이곳에서 죽은 사람은 130만 명에 이른다. 유대인이 다수다. 다수라 한 것은 그 밖에 폴란드 정치인과 성직자, 집시, 여호와증인, 장애인, 포로 등 여러 사람들도 함께 희생되었다는 말이다. 폴란드 성직자가 하도 많이 희생되는 바람에 젊은이를 성직자로 키웠고, 그 가운데서 교황 요한바오로 2세도 나왔다.

상당수 집시들도 희생되었다. 집시는 15세기에 인도 북부 펀자브 지방에서 유럽으로 흘러 들어온 이들을, 영국인들이 '이집트인(Egyptian)'으로 잘못 알고 집시(Gypsy)라 부른데서 유래했다. 히틀러의 인종 청소를 피해 동유럽으로 약 5백만 명이 이주했고, 그중에 절반이 루마니아에 거주하고 있다.

유럽에서 유대인들은 오래전부터 냉대를 받았다. 흑사병이 돌던 1348년경 유럽은 흑사병으로 1억 인구 중 3분의 1을 잃었다. 대재앙이었다. 당시 가톨릭은 의학이나 신체에 대한 연구가 부족했다. 몸의 부활을 믿었기 때문이다. 병이 번져도 신께 기도할 뿐이었다. 그러나 사망자가 크게 늘어나자 유럽인들은 이것을 신의 노여움 또는 악마의 저주로 판단했고, 그것은 유대인 때문이라 생각하기 시작했다. 유럽인들이 유대인을 미워한 것은 유대교를 이단으로 여김은 물론 돈과 지식이 많은 유대인에 대한 질시도 작용했다. 많은 수의 유대인들이 화형을 당했다. 유대인들이 희생양이 된 것이다. 당시 화형은 극형이었다. 화형은 부활하지 못하도록 신체를 철저하게 훼손하는 수단이었다. 그만큼 증오의 대상이 된 것이다. 유대인에 대한 마녀사냥도 벌어졌다. 유대인들은 발붙일 곳이 없었다.

폴란드가 이처럼 수난을 당하는 유대인들을 받아들였다. 가톨릭 국가인 폴란드가 종교적으로 관용(tolerance) 정책을 베푼 것이다. 1700년에서 1800년 사이에 많은 유대인들이 폴란드로 유입되었다. 그들은 케토라 불리는 유대인 거주 지역에서 살았다.

하지만 히틀러는 유대인 청소를 하기 시작했다. 아우슈비츠는 폴란드 각 곳에 흩어져 있는 유대인들의 집결지가 되었다. 죽음의 집결지였다. 히틀러가 유대인을 희생양으로 삼은 것은 사실 전쟁 자금이 필요한 때문이기도 했다. 게토의 유대인을 수용소로 보냈다. 유대인의 부를 강압적으로 빼앗은 것이다.

스위스 은행은 유대인들의 자금을 보호하기 위해 비밀구좌를 열도록 했다. 혹 죽더라도 후손이 찾을 수 있도록 한 것이다. 이것이 스위스 은행의 비밀구좌가 시작된 계기다. 하지만 구좌를 연 유대인의 4분의 3이 죽었다. 찾아가지 못한 유대인들이 대부분이었다.

유대인은 왜 이렇게 되어야만 했을까? 어떤 이는 종교적 이유를 들기도 한다. 그러나 종교적인 것을 떠나 인간적으로 볼 때 유대민족에 대한 편견이 아니었나 싶다. 편견이 강해지면 증오와 미움이 앞서고, 그들에 대해 공격적 언사와 행동을 해도 쉽게 용인된다. 정치적으로 찍히면 더 쉽게 희생된다. 유대인들은 자신이 유대인임을 드러내는 표식을 옷에 붙여야 했고, 유대인 상점은 공격당했다. 결국 6백만 명의 유대인이 죽임을 당했다. 한 민족에 대한 고정관념이 얼마나 잘못된 결과를 낳았는가를 보여준다.

지금 우리 주변에도 수많은 형태의 고정관념들이 난무하고 있다. 그것이 오늘도 미움을 만들고 질시를 낳는다. 고정관념은 신뢰관계를 여지없이 무너뜨린다. 상대인격은 고려되지 않는다. 그것이 개인 사이에도 나타나고 집단 간, 국가 간, 민족 사이에도 나타난다. 종교도 예외가 아니다. 고정관념이 성시를 이루는 한 우리 가운데 평화는 없

다. 통일도 멀다. 우리는 마음속 깊은 곳으로부터 날마다 고정관념을
털어내야 한다. 그 자리에 이해와 사랑, 관용과 공존을 채워야 한다.
고정관념은 인류를 파괴한다.

사회화: 들로 내보내라. 야성을 키울 수 있으리라

우리는 태어나면서부터 사람들을 만난다. 그들의 시선과 말, 그리고 행동으로부터 많은 것을 배우고 익히게 된다. 사회의 일원이 된 것이다. 백지상태(tabula rasa)에서 태어났지만 그 위에 많은 것들이 그려진다. 아름답게 그려지기도 하지만 아프게도 한다. 그것이 인생이다.

사회학자들은 이것을 사회화(socialization)라는 단어로 축약한다. 우리가 음식을 먹으면 그것을 소화하듯 내가 내 속에 들어온 문화를 소화하는 것이 사회화다. 짐멜은 이것을 관계형식(forms of sociation)이 형성되는 과정이라 했다. 로스(E. A. Ross)는 개인의 정서나 욕구를 집단적 필요에 적응시키는 것이라 했다. 개인중심의 사고에서 사회중심의 사고로 발전하는 것이다. 그러므로 사회화는 결코 쉬운 것이 아님을 알 수 있다. 개인중심에서 벗어나지 못하면 사회생활이 어렵다는 말이다. 사회가 이기적인 인간을 싫어하는 이유도 바로 여기에 있다.

사회화에는 문화화(enculturation)가 자리하고 있다. 개인이 특정 문화권에 태어나서 습관, 신념, 행동양식을 익히고 그 문화권의 가치체계를 내면화하여 그 사회의 한 성원으로 되어가는 것이다. 한국인으로 태어날 경우 유교문화에 익숙하게 되는 것이 그 예다.

정신분석학파에서는 사회화를 사회적 규범이 내면화되는 것으로 본다. 사회적으로 타당하다고 생각되는 습관이나 행동을 내면화, 곧 순(順) 사회화하여 긍정적 행동을 하도록 슈퍼에고를 형성하는 것이

제5부 잠자는 기업에 내일은 없다 223

다. 부모가 자식을 양육하면서 상과 벌을 주는 행위가 바로 사회화의 첫걸음이다. 개인의 본능을 억압하고 사회가 요구하는 규범을 따르도록 하기 때문이다. 아이는 본능과 규범 사이에서 타협을 모색하며 균형 상태로 나가게 된다.

행동주의는 인간의 배움이 일어나는 학습과정으로 본다. 사회생활에 필요한 언어나 사고, 감정, 행동 등을 학습해 나름대로 정형화하는 것이다. 이것은 특정 행위만 흉내를 내는 모방의 차원을 넘어선 동일시(identification)학습이다. 관찰학습도 한다.

인지학파는 세계관을 형성하는 과정으로 본다. 특정 문화를 접하면서 그 속에서 어떻게 살아가는 것이 바람직한가를 생각하며 인간관, 아동관, 우주관 등 여러 부분에 대한 관점을 형성하게 된다.

상징적 상호교섭학파의 경우 인간의 자아가 형성되는 과정으로 본다. 이것은 주로 다른 사람의 역할을 담당(role taking)해보면서 형성된다. 그 속에는 일반화된 타자(generalized other)의 관점을 내면화하는 과정, 자아 속의 Me(사회적 자아)가 형성되는 과정, 그리고 공유하고 있는 의미(shared meaning) 체계를 습득하는 과정이 포함되어 있다. 역할담당은 자아의식을 확립하고, 상황을 올바르게 정의하며, 역할담당 능력을 키워준다. 이러한 역할훈련은 개인으로 하여금 사회적 기대에 부합하는 역할을 수행하는 데 도움을 준다.

사회화는 주로 가정, 또래집단, 학교, 직장, 매스컴을 통해 이루어진다. 가정은 부모가 자녀를 어떻게 교육하느냐에 따라 달라진다. 민주적이냐 권위주의적이냐가 갈림길이다. 계층별로도 차이가 존재한다. 형제자매의 관계, 가정적 분위기도 작용한다. 또래집단의 경우 비슷한 처지고 대등한 관계를 가지고 있어 개방적이고 즉흥적이며 전달효과가 크다. 청소년의 경우 더욱 영향을 받는다. 학교는 가장 의도적인 사회화과정이다. 지식을 전수할 뿐 아니라 올바른 인간관, 사회관, 가치관을 갖도록 한다. 나아가 학교는 중요한 사회통제수단이 될 수 있다. 뒤르케임은 학교교육을 통해 애국심을 함양하는 것이 가장 효과적이라 말할 정도다. 직장은 사회적 정체성을 갖게 할 뿐 아니라 사회적 성격형성에도 크게 영향을 준다. 매스컴은 전달효과가 높다. 정신분석학파에 따르면 카타르시스 효과, 모방(modeling) 효과, 불금(disinhibitory) 효과, 촉발(eliciting) 효과가 있다.

짐멜은 인간의 개성 확립과정에서 개인이 여러 다른 가치환경에 노출되는 경험이 아주 필요하다고 말한다. 왜 그럴까? 가치갈등 경험을 갖기 때문이다. 어느 정도의 가치갈등 경험은 개인으로 하여금 주체적 가치관을 확립하는 데 도움을 준다. 온실에서만 키우면 사회화가 어렵다. 들로 내보내라. 야성을 키울 수 있으리라.

코드웨이너 사건: 단결권과 단체교섭권을 허하라

노조는 제2의 공식집단으로서 노동자의 권익을 보호하기 위한 조직이다. 단결권과 단체교섭권을 법으로 보호받고 있다. 노조는 사용자의 부당노동행위를 막고, 차별행위가 일어나지 않도록 한다. 그러나 노조가 지금의 노조로 발전하기까지는 험난한 길을 걸어왔다. 미국도 그랬고 한국도 예외가 아니다.

1806년 임금인상을 위한 필라델피아 구두 직공들의 단체적 공모에 대한 공판이 있었다. 구두직공 코드웨이너(Cordwainer) 사건으로 불리는 이것은 초기 조직 노동운동에 대한 법적 태도를 밝힌 최초의 공판이었다. "노동조합 활동은 불법적 공모다." 지금의 시각으로 볼 때 공판의 결정은 의외였다. 코드웨이너 사례가 번복된 것은 1842년이었다. 헌트(Hunt) 사례에서 단체교섭권이 인정되었기 때문이다. 이로써 노동운동에 있어서 장애요인이 비로소 제거되었다.

1848년 공산당선언(Communist Manifesto)이 발표되었다. 이것은 사회주의의 문을 연 신호탄이 되었을 뿐 아니라 국제노동자의 단결과 조직화를 자극했다. 마르크스는 노조를 계급투쟁의 중간단계로 보았다. 이것은 AFL 창시자 곰퍼스(S. Gompers)에게도 영향을 주었다.

1861년에서 1865년까지 남북전쟁이 있었다. 남북전쟁하면 노예해방을 떠오르지만 이 전쟁은 하나의 대규모 노동조합(one big union) 사고를 낳게 했다. 전국노조연맹(National Labor Union)이 조직되었다.

1869년에서 1886년 사이에 노동기사단(Knights of Labor)이 조직되었다. 이것은 침례교 목사 스티븐스(Stevens)가 배타적인 직업별노조(Craft Union)에 반대해 직업, 산업, 신념, 인종, 민족에 관계없이 모든 노동자들의 이익을 증대시키고자 한 비밀단체였다. 초기에는 재단사를 대상으로 조직했다. 이 조직이 합법화되자 다른 직종과 업종을 포함해 대규모 연합노조로 급성장했다. 급성장하게 된 것은 공격적인 성격이 강한데다 직업, 직종, 기술수준에 관계없이 미숙련노동자들의 가입이 늘었기 때문이다. 시간이 가면서 조직의 유효성이 감소하고 뚜렷한 목표도 상실해 숙련공들이 탈퇴하기 시작했다. 그래서 탄생한 것이 바로 AFL(American Federation of Labor)이다.

1886년에서 1936년까지 50년은 AFL의 주도기다. 1886년 직업별 노동조합의 주관을 보호하기 위해 세워진 이 노조는 동업조합의 엄격한 자치와 독점적 지배를 원칙으로 하고 있다. 초대회장 곰퍼스는 1899년 53개 노조에 35만 명의 노조원을 이끄는 수장이 되었다. AFL이 성공을 거두게 된 데는 여러 이유가 있다. 지시나 압력보다 설득을 사용했고, 지나친 급진주의나 이상주의를 배격하고 교육과 토론을 통해 노조의 단결을 꾀했으며, 노조지도자로서 순수이론가나 지식인을 배제하고, 안정적이고 합리적인 기업노조운동을 추구했으며, 단일업종에 단일노조를 두도록 했다.

이 시기에 법령과 제도도 마련되었다. 1890년 셔먼(Sherman)의 반트러스트(Anti-Trust)법은 노동운동에 제약을 가했다. 1914년 클레이톤(Clayton)법은 셔먼법의 노동운동 제약조건을 완화했다. 1926년 철도노조(Railway labor)법은 단결권 및 단체교섭권을 인정했다.

1898년의 어드먼(Eerdman)법은 황견계약(yellow-dog contract)을 불법화했다. 조합조직을 부인하거나 약화시키기 위해, 어용조합을 만들어 노조의 자주적 세력을 약화시키기 위해 근로자가 어느 노조에 가입하지 않을 것 또는 탈퇴할 것을 고용조건으로 하거나 특정 노조의 조합원이 될 것을 고용조건으로 하는 사용자의 부당노동행위를 막기 위한 것이다. 이런 내용의 계약을 '비굴한 개' 같다 해서 황견계약이라 했다. 1932년 노리스-라과디아(Norrris-LaGuardia)법은 황견계약을 공공정책에 위배되는 것으로 금지시켰다.

1935년 와그너(Wagner)법은 고용주의 부당노동행위(unfair labor practices) 다섯 가지를 규정했다. 종업원의 조직 및 단체교섭을 간섭하는 행위, 어용노조(company-dominated union) 설립행위, 채용·해고·직무배치 시 노조원의 차별행위, 이 법에 따라 증언하거나 소송을 제기하는 종업원에 대한 차별행위, 그리고 단체교섭의 거부행위다.

1933년에 국가산업부흥법이 제정되어 노동자 자신의 선택에 따라 노조결성이 허용되었다. 이로써 AFL에서 제외된 다수 노동자들이 노조를 결성할 수 있게 되었고, AFL 내에서 산업별 노조 움직임이 있었다. 1938년 AFL에서 CIO(Congress of Industrial Organization)가 분리 독립했다. AFL 대 CIO의 회원 확장경쟁이 일게 되었다. 하지만 서로 이익이 없음을 깨닫고 1955년 두 단체는 하나로 통합해 AFL-CIO가 되었다. 통합 후 노조원의 수가 늘 것이라는 예상과는 달리 감소추세를 보였다. 레스터(R. A. Lester)는 그 이유를 두 가지로 보았다. 하나는, 시민의식이 고조된 데다 경제적으로 풍요해 다수의 중류층이 형성되었다는 점이다. 이로 인해 노조원과 노조지도자 사이의 수직관계가 형성될 수 없었다. 다른 하나는, 노조운동의 필요성이 점차 감소했다는 점이다.

20세기 중반 이후 미국의 노동운동은 민권운동으로 방향을 바꾸었다. 이전에는 노조의 법적 인정과 사용자와의 관계에서 권리확대와 교섭력을 신장하는 것이 투쟁목적이었다. 하지만 20세기 중반 이후엔 여성 등 불이익을 당하는 노동자, 소수민족, 다른 인종에게도 노동의 권리가 균형 있게 적용되어야 한다는 노동운동, 곧 민권운동으로 방향을 바꿨다. 이 운동은 여성해방운동, 흑인민권운동에 고용기회 평등 조치를 위한 정치적 결단과 연결되었다.

1964년 마침내 민권법(Civil Right Act)이 제정되었고, 여기에 고용기회평등(EEO, Equal Employment Opportunity) 조항이 삽입되었다. 이 조항은 어느 개인이 민족, 인종, 종교, 성별, 국적을 이유로 고용, 해고, 복지, 고용조건상의 차별행위를 불법화한 것이다. 이를 감독하기 위해 고용기회평등위원회(EEOC)가 설립되었고, 1972년엔 위반업체에 대한 제소권이 부여되었다. 소수민족과 여성권리 신장을 위한 소수세력 차별시정정책(AAP, Affirmative Action Plan)도 마련되어 기업의 인사, 노사활동에 영향을 주었다.

한국은 어땠을까? 1920년에 조선노동공제회가 결성되었지만 공제조합의 성격을 띠었다. 하지만 최초의 노동단체였다. 그 후 조선노동연맹, 조선노동총연맹이 만들어졌다. 일본의 지배 아래 있었기 때문에 노동자 권익 쟁취보다 항일투쟁의 목표가 앞섰다. 서구식 노동운동은 해방 후에 있었다.

1945년에서 1947년 사이 군정이 법령으로 일반노동임금법, 노동조정위원회법, 미성년자노동보호법 등을 제정했다. 노동단체도 정치당파와 연계되어 좌익계는 조선노동조합 전국평의회(전평)를, 우익계는 대한독립노동총연맹(대한노총)을 이끌었다. 미군정 포고령에 의해 전평이 불법화되었다.

대한민국 정부수립 후 헌법으로 근로기준법, 여성 및 연소자 근로보호규정, 노동자 단결권, 단체교섭권, 단체행동권, 민주노동운동을 보장했다. 1953년에 노동조합법, 노동쟁의조정법, 근로기준법이 마련되었다. 1960년에 한국노동조합총연맹이 탄생했다.

1960년대는 노동운동이 확대되어 근로자의 직업안정과 안정을 도모했다. 그러나 1970년대에 외국인투자기업을 위한 임시특례법이 만들어지면서 이들 기업 근로자들의 단체행동에 제약을 받았다. 외자기업노조뿐 아니라 국내노동운동에 대해서도 단체교섭과 단체행동권이 제약을 받자 노동운동이 심화되었다. 유신헌법이 제정되고 노사문제에 대한 관권개입이 늘어나자 노동쟁의는 심화되었다. 1980년 노사협의회법이 개정되면서 생산성, 근로자 복지, 안전과 보건에 관한 문제 등에 노조참여가 높아지게 되었다.

노조의 역사를 보면 인간의 다른 분야와 마찬가지로 험난한 길을 걸어왔음을 알 수 있다. 인간다운 삶을 살겠다는 것인데 목소리를 내고, 그것을 인정받기까지 얼마나 어려운가를 실감한다. 오늘도 노조의 목소리는 높다. 파업이 격화되어 때로 염려가 되기도 하지만 노조가 진정 인간다운 삶을 구현하기 위해 노력한다면 뜻을 이룰 것이다. 그리고 그것이 우리 모두를 위한 최선의 선택이라면 반대할 사람은 없을 것이다.

퍼니지먼트: 유머로 당신 자신과 세상을 바꾸라

남아프리카공화국의 저가항공사로 쿨룰루가 있다. 쿨룰루는 줄루족 언어로 '쉽게'라는 뜻을 가지고 있다. 삶의 무거운 짐을 쉽게 지고 싶은 것일까. 아니면 다른 뜻이 있을까 궁금하다.

이 항공사는 개그방송안내가 유명하다. 그 가운데 두 가지를 소개한다.

"짐을 잘 챙기시기 바랍니다. 만약 두고 내리시려면 저희가 좋아할 만한 물건만 두고 내려주세요."

"연인과 헤어지는 방법은 50개 정도 됩니다. 그러나 이 비행기의 출구는 단 4개뿐입니다."

미국의 사우스웨스트 항공사도 이 분야의 원조다. 다음은 이 항공사의 기내방송 모습이다.

"안녕하십니까. 기장 000입니다. 저의 첫 비행에 동행해주심을 감사드립니다. 너무 놀라지 마십시오. 오늘 첫 비행이란 의미입니다."

"담배를 피우실 분들은 비행기 날개 위에서 마음껏 피우실 수 있습니다. 흡연하시면서 감상하실 영화는 '바람과 함께 사라지다'입니다."

그런데 두 항공사 모두 손님 늘었다는 공통점이 있다. 사람들도 유머가 넘치는 항공사를 좋아한다는 말이리라. 유머는 꼬인 마음을 쉽게 푸는 열쇠다.

유머는 항공사만 필요한 것이 아니다. 조사결과 유머능력이 뛰어난 사람이 그렇지 않은 사람에 비해 성공할 확률이 2배 이상 높은 것으로 나타났다. 그만큼 삶의 조정능력이 뛰어나기 때문이다. 오프라 윈프리는 토크쇼의 여왕이다. 하지만 그는 한때 100kg이 넘는 가난한 이혼녀에 불과했다. 그녀가 성공할 수 있었던 가장 큰 이유는 유머였다. 케네디, 레이건, 클린턴 모두 유머로 대중을 사로잡았다. 유머는 사람의 마음을 끌고, 얽힌 것을 푸는 힘이 있다. 유머로 인생의 변화를 추구할 수 있다.

기업에서도 퍼니지먼트(Funagement), 곧 펀 경영을 한다. 이것은 재미(fun)를 경영활동 전반에 접목시켜 조직의 구성원은 물론 고객을 즐겁고 행복하게 만드는 것이다. 웃음과 유머로 직원과 고객에게 행복을 선사하는 것을 아주 중요하게 여긴다. 퍼니지먼트가 정착이 되면 고객과 직원 만족도가 극대화되고, 기업의 이미지도 달라지며, 수익도 높아진다. 기업에서 선호하는 유형도 유머형 인간이다. 감성적인 사람들이 소비자들의 매력을 끌고 있기 때문이다. 유머가 사람의 운명을 바꾸는 시대가 되었다.

펀 경영을 한다고 해서 유머가 갑자기 나오는 것은 아니다. 이를 위해선 꾸준한 연습이 필요하다. 그리고 유머 감성이 몸에 배, 그것이 자연스럽게 우러나야 한다. 유머를 하다 보면 당신 안에 유머감각이 풍부함을 보며 놀랄 것이다. 당신이 갖고 있는 그 감각을 자극하면 놀라운 유머가 쏟아질 수 있다.

프레젠테이션을 할 때에도 유머가 있으면 사람들이 너무 좋아한다. 지루함은 도망하고 마음이 푸근해진다. 다음은 프레젠테이션 유머 10원칙이다.

- 발표의 주제와 직접적으로 연관된 유머를 활용하라.
- 자기가 던진 유머에 자기가 먼저 웃지 말라.
- 상대의 감정이 상하지 않게 하라.
- 간결하고 핵심이 뚜렷한 유머를 구사하라.
- 유머를 청중과 연관시켜라.
- 잘 알아들을 수 있도록 큰소리로 말하라.
- 실패한 유머를 반복하지 말라.
- 성공한 유머도 반복하지 말라.
- 자기 자신을 소재로 한 유머를 구사하라.
- 청중과 관계있는 실제 인물을 유머에 등장시켜라.

웃을 일이 별로 없는 때 웃게 해준다면 얼마나 기쁜가. 신선한 산소를 통째로 들이키는 기분이 들 것이다. 하지만 주의할 것이 있다. 유머를 한다고 너무 가볍게 행동해서는 안 된다는 점이다. 유머는 사람을 믿게 하는 특성이 있다고 한다. 그렇다면 믿음이 가는 유머, 짧은 유머지만 삶을 뒤돌아보게 하는 유머, 다시 일어서 뛰게 만드는 유머, 닫힌 마음을 열게 하는 유머, 삶에 용기를 주는 유머여야 하지 않겠는가.

유머는 당신 자신뿐 아니라 이웃을 웃게 한다. 유머, 너는 사람이 만든 명약 중에 명약이다. 기억하라. 유머는 비용이 들지 않는다. 열심히 그것을 사용하라. 유머로 당신 자신과 세상을 바꾸라.

바탕과 그림: 어두울 때 희망의 그림을 그리라

가을이면 낙엽이 진다. 여름 그 파랗던 나뭇잎들이 노란색, 주황색, 빨간색, 밤색 등 각종 색을 입고 땅에 떨어진다. 나뭇잎은 왜 그렇게 옷을 갈아입을까?

그것은 나뭇잎에 있는 엽록소(chlorophyll) 때문이다. 엽록소는 한여름 태양으로부터 나오는 빨강과 파랑 빛을 흡수한다. 그 때문에 모든 나뭇잎이 녹색을 띤다. 잎에 반사되는 빛이 우리 눈에 녹색으로 보인다. 엽록소는 불안정한 물질이고, 햇빛에 빠르게 분해된다. 그래서 풀과 나무들은 쉴 새 없이 엽록소를 합성하고 재생해야 한다.

그러나 가을이 되면 상황이 달라진다. 낮이 짧아지고 밤이 길어지면서 합성과 재생 과정이 원활하지 못하다. 결국 엽록소가 파괴되면서 잎은 점차 초록색을 잃게 된다. 엽록소가 줄어들면서 어떤 잎은 초록색이 노란색으로 바뀐다. 어떤 나무는 잎에 있는 당분작용으로 붉은 색소가 만들어진다. 엽록소가 줄어들면서 잎은 갈색, 보라색, 그리고 진한 홍색으로 변한다.

사람들은 줄줄이 떨어지는 노란 은행잎을 보며 가을을 느낀다. 하지만 갑자기 진한 옷으로 바꿔 입은 잎들은 우리를 보며 유언을 한다.

"사람들이여, 나를 보며 슬퍼하지 마라. 내년 여름 초록의 엽록소로 다시 태어날 것이다. 기다리라."

지각심리학에서 '바탕과 그림'이 있다. 무엇을 그림으로 보느냐에 따라 바탕이 달라진다. 금방 그림으로 보았던 것을 바탕으로 삼으면 그림이 달라진다. 그림이 그렇게 다르게 인식될 수 있다는 것은 사람의 인식도 그만큼 한계가 있다는 말이다. 그러니 괜히 고집 피울 일이 아니다. 그럴 수 있느니.

그런데 시인 정진규는 대낮과 어둠을 비교하며 별을 그림으로 제시한다. 그리고 그 별을 우리가 갈망해야 할 것이라 한다. 다음은 그의 시 '별들의 바탕은 어둠이 마땅하다'다.

별들의 바탕은 어둠이 마땅하다
대낮에는 보이지 않는다
지금 대낮인 사람들은
별들이 보이지 않는다
지금 어둠인 사람들에게만
별들이 보인다
지금 어둠인 사람들만
별들을 낳을 수 있다
지금 대낮인 사람들은 어둡다

그의 시에서 어둠은 바탕이고 별은 그림이다. 어둠 속에서 별은 빛난다. 그래서 누구나 그 별을 볼 수 있다. 하지만 같은 하늘이라도 대낮이라는 바탕에선 별을 볼 수 없다. 별이 그토록 좋은 것이라면 대낮에 사는 사람은 좋은 것을 잊고 사는 사람이다. 별을 볼 수 있는 행운은 오히려 지금 어둠 속에 있는 사람들이다.

한양대학교 김종량 이사장이 새해를 맞아 이 시를 소개하며 말한다.

"지금 어둠인 사람들만 별들을 낳을 수 있는 법입니다. 비록 우리가 처해 있는 현실이 그리 낙관적이지 않다 하더라도 그럴수록 더 큰 희망을 품고 승리하는 한 해를 만들었으면 합니다."

그렇다. 문제는 우리가 어떤 그림을 보고 있느냐 하는 것이다. 희망의 그림을 볼 때 그 결과는 정녕 달라질 것이다. 지금 어둠의 터널을 지나도 별을 잊지 말자. 그래야 다음 해에 엽록소로 태어나지 않겠는가. 조직도 그런 삶의 태도를 가질 때 삶이 빛난다.

● ● ●

델파이 방법: 너 자신을 알라

콜럼버스의 월식(Columbus' eclipse)에 관한 글을 읽어보니 황당함 그 자체다. 그가 언제 별을 연구했나. 항해사였으니 그럴 수도 있겠다.

항해 도중 식량이 떨어지게 된 그, 자메이카 섬에 닻을 내렸다. 감사하게도 섬 주민들이 음식을 갖다 주었다. 하지만 시간이 지나면서 가져오는 음식이 줄었다. 선원들은 더 배고팠다.

콜럼버스는 비장의 무기를 꺼냈다. 바로 천문학 책. 그는 곧 월식이 일어나리라는 것을 알았다. 옳거니! 그는 원주민 족장을 불러놓고 일갈했다.

> "신께서 섬사람들의 이기심에 몹시 화가 나셔서 달을 완전히 덮어 버리시겠다고 하십니다."

그는 금방 예언자가 되었다. 족장들은 코웃음 칠 뿐이었다. 하지만 은쟁반 같던 달이 점차 덮이면서 어둡게 되자 놀라지 않을 수 없었다. 와, 정말이네. 섬사람들은 너나 할 것 없이 그 앞에 음식을 가져왔다. 화가 미칠 것을 두려워한 것이다.

콜럼버스는 자기가 기도하면 달이 다시 회복될 것이라 했다. 섬사람들은 제발 그렇게 해 달라 간청했고, 그는 곧 기도 자세로 들어갔다. 그러자 놀랍게도 서서히 어둔 부분이 걷히고 달이 제대로 돌아왔다.

이것이 콜럼버스의 월식이다. 이것은 무엇을 의미할까? 자기 잇속을 채우기 위해 천문과 신을 판 것이다. 목적이야 어떻든 정직하지 못하다. 거짓 예언자가 따로 없다.

어디 그뿐인가. 이집트의 파라오들은 천문학자들을 동원해 나일 강의 범람시기를 알아냈다. 학자들이 정확한 시기를 파악해 왕에게 알려주었을 것이다. 때가 되면 백성들을 나일 강가에 모아놓고 범람을 선언했다.

"나일 강의 신이시여, 나의 아버지시여."

파라오의 말대로 강이 범람하자 백성들은 모두 그의 발아래 엎드리며 칭송했다.

"파라오 당신은 진정 신의 아들이옵니다."

파라오는 천문학을 주술통치 수단으로 이용했다. 자신을 신적 존재로 부각시킨 것이다.

우리 주변에도 종종 자기 유익을 얻기 위해 신을 빙자해 자신의 이익을 취하는 사람을 볼 수 있다. 자기의 유익을 위해 신의 말을 파는 것(peddling)이다. 이런 행위는 순전하지 못하다. 남을 속이기 때문이다.

"너 자신을 알라." 이 말을 그리스어로 하면 '그노티 세아우톤($\gamma\nu\tilde{\omega}\theta\iota\ \sigma\varepsilon\alpha\upsilon\tau\acute{o}\nu$)'이다. 라틴어로는 '노스체 테 입숨(nosce te ipsum)'이다. 고대 그리스 격언이니 그리스어로 말하는 것이 옳다. 파우사니아스에 따르면 이 격언은 그리스 델포이(Delphoe)에 있는 아폴론 신전 앞마당에 새겨져 있었다. 우리는 통상 델파이 신전이라 부른다.

이 말은 누가 했을까? 기원도 많다. 스파르타의 킬론, 헤라클레이토스, 피타고라스, 소크라테스, 아테네의 솔론, 밀레투스의 탈레스 등 그리스 현자들이 한 말이라 하기도 하고 그리스신화에 나오는 여류 시인 페모노에의 말이라 하기도 한다. 고대의 여러 인물들이, 신화의 인물이 이 말을 주었다.

아리스토텔레스는 이 세상에서 가장 어려운 것은 자기 자신을 아는 것이라 했다. 그러니 나 자신을 알지 못하고 죽을 수도 있다.

철학은 늘 "나는 누구인가?"를 화두처럼 던진다. "너 스스로를 알라"는 말인데 그 의미가 크기 때문일 것이다. "너는 누구인가?" 질문을 던지면 그런 말은 처음 들어본다는 사람도 있다. 그게 그렇게 중요한가 묻기도 한다. 하지만 어떤 이는 그 말을 듣고 나머지 삶을 그 질문에 매달렸다. 그 질문은 사람에 따라 엄청난 충격을 준다.

델파이 신전에 이 글이 사원 전면에 새겨진 것은 아폴론이 인간에게 그런 충고를 해주지 않으면 안 되기 때문이었을 것이다. 아폴론은 지식과 광명의 신이다. 인간이 자신을 안다면 삶이 달라질 것이라는 것을 알았을까.

"너 자신을 알라." 아주 간단한 말이다. 명료하기까지 하다. 하지만 루소는 이 간단한 말이 인생을 논하는 그 어느 두꺼운 서적보다 교훈을 준다고 말한다. 어쩌면 인간이 유용하다고 생각하는 지금까지의 모든 지식 가운데서 가장 연구가 되지 못한 부분이라는 것을 일깨워준다. 그러니 이 문제를 두고 정진하라는 것이다. 간단하지만 중요하고 생각보다 난해하다.

델파이 신전의 신탁은 예언 역할을 한다. 사제의 신탁을 믿고 따른다. 개인은 사제에게 길흉화복을, 왕은 전쟁을 벌려야 할 것인가 말 것인가까지 신탁에 의존했다. 많은 돈을 들여 얻어낸 신탁이다. 그러니 그대로 따랐을 것이다.

그런데 델파이 신전을 주관하는 아폴론은 엄중히 말한다. "너 자신을 알라." 그 어느 것보다 필요한 것이 너 자신을 아는 것이다. 너 자신을 알면 그렇게 행동하지 않을 것이고, 보다 현명한 선택을 하며 살 것이다. 물론 고객의 주머니를 탐내는 델파이 사제는 다른 뜻으로 접근할 것이다. 또 상담가는 이렇게 말할지 모른다. "남은 널 아는데 정작 넌 너 자신을 몰라. 그러면 세상 사는 것이 힘들지 않겠니." "너 자신을 알라." 세상은 녹록치 않다.

조직도 난제를 만난다. 이를 해결하기 위해 종종 델파이 방법(Delphi technique)을 사용한다. 이 방법은 전문가의 식견을 활용하는 것이다. 그들을 비록 한자리에 모이게 하지 않지만 특정 난제에 대한 의견을 종합해 풀어가는 것이다. 문제를 잘 풀어가기 위해선 무엇보다 무엇이 문제이고, 나는 누구인가를 확실히 하는 것이 중요하다. 문제를 정확히 꿰뚫지 못하거나 자기의 능력을 제대로 알지 못하면 실수하기 쉽다.

창조성: 잠자는 기업에 내일은 없다

역사적으로 창조에 관심을 두지 않은 때는 없다. 그러나 갈수록 창의성, 창조성에 대한 욕구가 높아지고 있다. 박근혜 정부가 들어서면서 자주 언급되는 단어가 있다. 국민행복과 창조경제다. 이것은 단지 정치적 구호로 끝나는 것이 아니라 앞으로 우리 사회를 이끌어갈 지표가 된다는 점에서 깊은 관심이 필요하다.

중요한 것은 이 두 키워드가 서로 분리된 것이 아니라 깊게 연결되어 있다는 점이다. 특히 창조경제에서 주요 역할을 맡아야 할 책임이 기업에 있다는 점에서 국민행복은 어쩌면 앞으로 기업이 창조경제에 얼마나 기여하느냐에 달려 있다 해도 과언이 아니다.

기업이 경제의 흐름에 직접 영향을 줄 수 있는 것이 바로 창의경영이다. 창조경제가 국가경제의 큰 방향을 제시한다면 창의경영은 창조경제가 성공할 수 있도록 각 기업이 수행해야 할 중요한 활동영역이다. 창의경영에 성공하는 기업이 많을수록 국가가 지향하는 창조경제도 성공하게 된다.

먼저 창조나 창의가 무엇인가 생각해볼 필요가 있다. 이 두 단어는 실제 어떤 차이 없이 같은 의미로 사용되고 있지만 이를 분명히 구분하는 학자도 있다.

창조와 창의가 공통적으로 애용하는 단어 하나가 있다. 상상이다. 창의나 창조 모두 상상에서 출발하기 때문이다. 상상은 마음속으로 이것저것 자유롭게 생각해보고 그려보는 것을 말한다. 발산적 사고다. 비행기가 나오기 전 사람들은 하늘을 자유롭게 날아다니는 상상을 했을 것이다. 생각에 제한은 없다. 상상력이 클수록 대담한 것이 나올 수 있다.

창의는 수많은 상상 가운데서 실현을 위해 보다 유용하고 실현가능한 상상으로 생각을 집합시키는 것을 말한다. 수렴적 사고다. 창의적 상상력은 합리성과 유용성을 바탕으로 다양한 구상을 해본다. 비행의 경우 새들의 나는 모습을 상상하며 날개를 다는 아이디어, 풍선과 같은 도구를 활용하는 아이디어, 새들을 묶어 나는 아이디어, 엔진을 개발하는 아이디어 등 여러 아이디어를 창출할 수 있다. 이것 하나하나가 창의다.

그리고 창조는 창의적인 아이디어들을 바탕으로 많은 시간과 노력을 투입한 끝에 새로운 제품과 서비스를 만들어내는 것을 말한다. 라이트 형제는 많은 연구와 노력, 시행착오 끝에 비행기를 만들어냈고 마침내 비행에 성공했다. 그리고 지금 비행기는 중요한 교통수단이 되었다. 우주를 날지 않는가. 창조는 꿈꾸는 자의 것이다.

이제 상상, 창의, 창조는 일반 제조와 서비스는 물론 벤처, 유통, 금융, 엔터테인먼트 등 산업 전반에서 폭넓게 활용되고 있다. 이것이 얼마나 활성화되느냐에 따라 국가의 활력도 달라진다. 창의적 아이디어는 무한한 상상력과 개방적인 사고력을 바탕으로 하고 있어 부서의 벽뿐 아니라 국경의 벽도 뛰어넘는다. 기업 차원의 집단지성(collective intelligence)을 활용할 뿐 아니라 기업 밖에서도 아이디어를 얻는다. 남과 다른 창의적 아이디어가 기업의 성패를 좌우하기 때문이다.

"남의 것만 카피해선 독자성이 생겨나지 않으니 모든 것을 원점에서 보고 새로운 것을 찾아내는 창조적 경영에 나서 달라." 이것은 뉴욕 사장단 회의에서 삼성 이건희 회장이 당부한 말이다. 기업에서 창의와 창조가 얼마나 절실한지를 단적으로 보여준다. 지금 삼성은 애

플과 특허와 카피 문제를 두고 지루한 법정 다툼을 하고 있다. 창의성에 관한 한 양보가 없다.

기업이 왜 창조성에 이처럼 집중할까? 여러 이유가 있지만 무엇보다 기업의 미래 생존과 직결되고 국가발전에 기여하기 때문이다. 창의적 아이디어와 창조능력은 기업의 연구능력과 그것의 성취로 끝나지 않는다. 그것의 성공적 실현으로 인해 기업뿐 아니라 관련 산업, 그리고 국가가 받는 혜택이 너무 크다. 이런 의미에서 창의경영은 국부창출과 연관이 있다. 오죽하면 이 시대를 가리켜 창조시대라 하고 기업은 창의기업, 국가는 창조국가가 되어야 한다고 하겠는가. 그만큼 창조가 가져오는 직간접 효과가 크다. 따라서 새로운 창조물을 내놓는 기업에 대한 국민의 관심이 높아질 수밖에 없다.

창의나 창조는 특정 기업의 전유물이 아니다. 모든 기업이 사명감을 가지고 함께 나서야 할 일이다. 그렇다면 지금 기업이 창의를 경영에 접목할 경우 어떤 효과를 얻을 수 있을까? 무엇보다 조직의 특성이 달라진다. 창의적 조직이 되는 것이다. 기업문화가 새롭게 만들어지고 조직도 활성화된다.

창의적 기업을 만들기 위해 무엇을 해야 할까? 일반적으론 창의적인 인물을 고용하면 될 것으로 생각한다. 하지만 몇몇 인물을 채용한다고 해서 조직의 창의성이 바로 커지는 것은 아니다. 창의성은 금방 따먹을 수 있는 과일이 아니기 때문이다. 경영자는 구성원들로 하여금 창의성을 발휘할 수 있도록 꾸준히 조직의 분위기를 만들어주지 않으면 안 된다. 구성원의 창의성을 억누르는 조직은 종업원에게 명령의 엄수를 요구하고, 종업원들을 가까이서 감독하며, 갈등의 발생을 허용하지 않고, 종업원들에게 그들이 좋아하는 일을 하도록 하기보다 보상에 대한 회유와 위협방법에 더 의존하는 특성을 가지고 있다. 이런 조직의 경우 아무리 걸출한 사람들을 모셔온다 해도 창의성이 나올 수 없다. 조직이 이미 질식 상태에 있기 때문이다.

창의성을 높이는 조직은 문화가 다르다. 규칙고수를 완화하고, 공식적인 의사소통 외에 자기의 의견을 자유롭게 표현할 수 있도록 한다. 실수를 통해 배우도록 함으로써 새로운 생각을 실현해볼 기회를 제공하고, 종업원을 가까이서 철저히 감독하기보다 단지 그들의 진척 상황만 관찰한다. 종업원들에게 도전적이고 흥미를 주는 직무를 부여하는 데 중점을 둔다. 이런 조직의 분위기가 구성원으로 하여금 생각할 수 있는 여유를 가지게 하고, 그 폭을 지속적으로 넓힐 수 있게 한다.

기업 혼자만의 힘으론 해결할 수 없는 일이 많다. 그중에 하나가 바로 창의력이다. 워싱턴대학 경영학 교수 키스 소여(R. Keith Sawyer)는 자신이 쓴 『그룹 지니어스(Group Genius)』라는 책의 부제를 '협력의 창조적 힘(The Creative Power of Collaboration)'이라 했다. 창조에는 협력이 필요하다는 것인데, 창조는 혼자 할 수 없음을 보여준다.

그룹 지니어스는 다양한 사람들의 생각이 분수처럼 분출되도록 하여 핵심을 집결시키는 상태의 그룹이다. 이 그룹을 보다 효율적으로 운영하기 위해서는 미리 계획을 세우고 중앙통제시스템을 구성한다. 창의적 아이디어가 분출하도록 하되 이것을 정제된 형태로 수용하는 것이다. 그러나 잊어서는 안 될 것이 있다. 그룹 지니어스와는 달리 즉흥적으로 결성된 그룹들이 예기치 않은 변화에 더 신속하고 효과적으로 대처해왔다는 사실이다.

기업은 창의적 아이디어를 얻기 위해 갖가지 방법을 동원한다. 방법이 많다는 것은 창의성엔 획일적인 방법이 허용되지 않는다는 것을 보여준다. 개인에 따라서, 기업에 따라서, 상황에 따라서 얼마든지 다른 방법을 사용할 수 있다는 말이다. 오늘 성공을 거두고 있는 방법도 언제나 효과적인 것도 아니다. 내일은 다른 방법을 써야 할 때도 있다. 현재 많이 사용하고 있는 트리지(TRIZ)는 사실 최신의 방법이 아니다. 1946년에 만들어진 것이다. 이것은 옛 방법도 무시하지 않아야 한다는 것을 보여준다. 기업은 늘 변화에 민감해야 한다. 소비자의 욕구도 다르고 사회도 변하기 때문이다.

창조와 함께 강조되는 것은 혁신이다. 최근 이스라엘은 건국 65주년을 맞으면서 그동안 자국의 역사를 '창조의 역사'라 했다. 그런데 재미있는 것은 창조라는 영어 단어로 이노베이션(innovation)을 사용했다는 점이다. 창조가 곧 혁신이라는 말이다. 이노베이션의 어근은 'novus', 곧 '새로움'에 있다. 새로운 것에 관심을 두면서 변화를 추구한다는 말이다. 이스라엘은 기업뿐 아니라 국가적 차원에서도 늘 창조적 관점에서 혁신을 해왔다. 우리나라처럼 천연자원이 부족한 이 나라가 세계적인 기술강국이 된 것이나 주변국의 적대 속에서도 살아남을 수 있었던 힘은 바로 창조와 혁신에 있었음을 알 수 있다.

하지만 창조경영은 과거에 없었던 새로운 서비스와 제품을 만들어내는 것에 한정되어 있지 않다. 점진적으로 개선하고 혁신하는 활동까지 포함되어 있다. 창조경영은 그만큼 넓고 끝이 없다. 그 폭과 영역을 제한하는 것은 기업의 창의성을 제한하는 것과 같다.

창조경영은 인사조직, 생산, 마케팅, 재무 등 다양한 영역에 걸쳐 있다. 창의성이 요구되지 않는 곳이 없기 때문이다. 그러나 소비자들은 늘 기업의 제품과 서비스에 손이 닿아 있고, 그것으로 평가하기 때문에 기업은 무엇보다 제품과 서비스에서 탁월성을 보일 필요가 있다. 소비자는 제품과 서비스의 질만 보아도 그 기업이 얼마나 창의적인가를 금방 알 수 있다.

창의적 기업은 기업 자신만을 위해 존재하지 않는다. 창의로 기업 스스로의 가치를 높일 뿐 아니라 국가의 품격도 달라지게 한다. 이것이 국민을 행복하게 만든다. 잠자는 기업에 내일은 없다. 창의적 기업이 되라. 현대는 자연과 인간 사이에 다리를 놓고 서로 조화롭게 융합할 수 있는 퓨전, 커넥션, 하이브리드 정신을 요구한다. 과학적 상상력뿐 아니라 인문학적 상상력까지 동원하도록 한다. 현재의 성공에 안주하지 말고 미래에 도전하라. 창의는 미래를 여는 열쇠다.

하이라인: 생각을 바꾸면 기적이 일어난다

  뉴욕을 방문했을 때 가장 인상 깊었던 곳은 맨해튼 10번가를 따라 22개 블록에 걸쳐 자리한 하늘공원 하이라인(High Line)이었다. 한때 뉴욕의 골칫거리였던 고가선로가 사람들의 활기찬 걸음과 생태적으로도 건강한 공원으로 다시 태어난 것이다. 이제 뉴욕의 랜드마크로 당당히 자리한 이곳의 변화를 생각하면 기적 같다. 생각을 바꾸면 이렇게 변할 수도 있구나. 뉴욕의 저력이 느껴진다.

  하이라인은 원래 1934년 맨해튼 공중을 가로질러 건설된 2.4km의 화물수송 열차노선이었다. 맨해튼 서부의 냉동창고와 유통센터로 육류, 우유, 농산물을 열심히 실어 날랐다. 그래서 20세기 뉴욕의 생명선이라 불릴 정도였다. 그만큼 역할이 컸다.

  시간이 지나면서 트럭이 화물수송을 점령하기 시작했다. 열차의 운송비중이 낮아지면서 퇴물취급을 받았고, 1980년 결국 운송을 멈추게 되었다. 고가선로로서 운명을 다한 것이다. 운행이 멈추면서 주변은 어둡고 불쾌한 곳으로, 매춘부가 서성이는 곳으로 변했다. 지주들과 부동산 개발업자들은 뉴욕시에 고가를 철거해 달라고 요청했다. 시는 1999년 말 철거를 결정했다.

  하이라인 처리문제를 놓고 1999년 8월 주민공청회가 열렸다. 공청회는 개발론이 우세였다. 하이라인 보존에 관심을 둔 사람이 많지 않았기 때문이다. 하이라인은 그야말로 철거 위기에 놓였다. 하지만 그 자리에서 로버트 해먼드와 조슈아 데이비드가 있었다. 두 사람은 초면이었지만 서로 뜻을 같이하면서 보존운동을 펴기로 했다.

우선 하이라인 친구들(Friends of the High Line)이라는 비영리단체를 만들었다. 철제 선로와 자갈길 사이에 난 들풀과 야생화, 관목의 모습을 사진에 담아 세상에 알리고 철거해서는 안 될 이유를 글로 썼다. 변호사도 만나고 기금 모금행사도 가졌다. 시간이 가면서 하이라인을 지키려는 시민들이 호응이 늘어갔다. 철거를 반대하는 소송도 진행했다. 2002년 뉴욕시가 토지이용 절차를 밟지 않고 철거 서류에 서명한 것은 불법이라는 판결을 얻어냈다. 시민운동의 승리였다.

그 뒤 설계 공모전을 열었다. 사람들은 하이라인에 대한 미래구상을 했고, 720점이 아이디어로 접수되었다. 또한 타당성 조사를 해 하이라인 보존비용보다 세수 증가가 더 크다는 결론을 얻었다. 이런 열기에 시도 협조적인 태도를 보이기 시작했다.

프랑스 파리의 프롬나드 플랑테를 벤치마킹했다. 1859년 파리 12구역에 들어섰지만 용도 폐기된 고가철선을 1993년 지상에서 10m 높이에 1.4km 길이로 다시 조성해 만든 공중산책이다. 파리 시는 고가철길 아래 아치형 구조물도 허물지 않고 새로 단장해 2000년 개장했다. 이것이 '르 비 아덕 데 자르', 곧 예술의 다리다. 이곳은 문화예술과 상업공간으로 거듭났다. 좋은 선례는 좋은 결과를 낳는다.

2009년 6월 하늘공원 하이라인 1구간이 개장되었다. 지상 9m 높이에 1.6km 길이의 이 공원에 꽃과 나무, 산책로와 벤치, 카페가 들어섰다. 시민뿐 아니라 관광객들이 찾아와 걷기도 하고, 책을 읽기도 하고, 예술품을 감상하기도 한다. 결혼한 신랑신부들이 찾아와 사진을 찍기도 하고, 시민행사도 잦아 찾는 이가 늘어갔다. 도시의 명물이 된 것이다. 지금은 하이라인 주변으로 개발 붐이 일고 있다. 도시가 변하고 있는 것이다.

하이라인과 프롬나드 플랑테는 지금 세계 여러 도시에 신선한 자극이 되고 있다. 이러한 자극은 제품에도 영향을 주고 있다. 이른바 업 사이클링(up cycling)이다. 스위스의 가방 프라이탁(Freitag)은 폐품으로 만든 명품가방이다. 가방의 소재는 트럭이 쓰다버린 방수 천, 폐차의 안전벨트, 자전거의 고무튜브다. 폐품을 씻고 닦아 만들었다. 소재가 일정치 않다 보니 똑같은 제품이 없다. 그래도 희소성과 차별화로 명품 대접을 받고 있다. 네덜란드 가구 디자이너 피트 하인 이크(Piet Hein Eek)도 폐선박에서 떼어낸 나무를 재활용해 옷장, 테이블, 소파 등을 만든다. 폐소재라고 값이 싼 것이 아니다. 색다른 디자인으로 인해 고가에 판매된다.

폐허는 더 이상 폐허가 아니다. 폐품은 더 이상 폐품이 아니다. 그것을 우리가 어떻게 가꾸고 새롭게 만들어 가느냐에 따라 삶이 달라진다. 삶을 업그레이드하는 것은 우리의 생각에 달렸다. 우리도 기적을 만들어낼 수 있다.

증강인류: 인간은 변화를 주도한다

　세상은 바뀐다. 그에 따라 인간도 달라진다. 변화를 주도하는 것도 인간이고, 그 빠른 변화를 따라가야 하는 것도 인간이다. 그래서 인간은 정체할 수 없고 늘 바삐 움직여야 한다. 몸뿐 아니라 마음도 바쁘다.

　요즘 증강인류(augumented humanity) 시대가 도래하고 있다고 말한다. 시대가 변하고 있다는 말인데 하필이면 증강인류라 하니 심상치 않다. 증강이란 과거에는 불가능했던 일들이 가능해지는 것을 말하기 때문이다.

　처음 증강인류라는 말을 쓸 땐 스마트폰이 제공하는 다양한 정보로 인해서 감각과 지능이 크게 향상된 인간을 가리켜 사용했다. 스마트폰을 가진 사람이 인터넷을 연결해 이전에 할 수 없었던 일을 할 수 있게 되는 것을 보고 인간에 대한 생각이 달라진 것이다. 음성인식이나 자동번역 등을 통해 외국어를 배우지 않고도 서로 다른 언어를 쓰는 사람들끼리 의사소통을 하는 것이 그 보기이다.

　그러나 증강인류 시대라 할 땐 이보다 더 확장되어 있다. 증강인류가 다양한 하이테크와 스마트 기술을 통해 자신이 가진 능력을 뛰어넘어 초능력에 준하는 능력을 발휘하듯 증강인류 시대가 되면 누구나 맥가이버나 제임스 본드, 형사 가제트가 될 수 있을 만큼 상상을 뛰어넘는 만능인이 될 것이기 때문이다.

　이것은 지금까지 우리가 생각한 것을 뛰어넘는다. 그러니 도래할 시대가 아직 실감이 나지 않는다. 하지만 우리가 무엇을 상상하든 그 이상을 뛰어넘는 시대가 오리라는 기대 때문에 도래하는 시대를 경이로운 눈으로 바라보게 될 것은 확실하다.

최근 유영만 교수는 지금 우리가 필요한 것은 한 분야만 아는 전문가(specialist)가 아니라 새로운 지평을 여는 전인(whole man)이 되어야 한다고 주장하고 이를 위해서는 '브리꼴레르(bricoleur)'의 사고력이 중요하다고 했다.

모두 전문가를 꿈꾸는 시대에 왜 전문가를 과소평가할까? 그것은 한정된 지식이나 정해진 매뉴얼만으로는 우리 앞에 놓인 문제들을 해결할 수 없다고 보기 때문이다. 우리는 지금까지 '한 명의 인재가 1만 명을 먹여 살린다'는 말에 솔깃했다. 하지만 우리가 해결해야 할 과제는 점점 복잡해간다. 따라서 협소한 전문성으로 이를 해결한다는 것은 불가능한 시대가 되었다는 것이다.

브리꼴레르란 무엇일까? 브리꼴레르는 손재주꾼이다. 그는 보잘것 없는 판자조각, 돌멩이나 못쓰게 된 톱이나 망치를 가지고 쓸 만한 집 한 채를 거뜬히 지어낸다. 가히 만능인이라 할 정도다.

왜 이런 인물이 필요할까? 그에 따르면 세상에는 같은 정보와 지식으로 한 가지밖에 못하는 사람이 있는 반면, 똑같은 정보와 지식으로 만 가지 가치를 창출하는 사람이 있다. 이 시대에는 전자보다는 후자가 요구된다는 것이다. 후자는 같은 잠재력으로 1만 배의 능력을 발휘하는 초인적인 사람들, 머릿속 생각을 실전에 적용해 놀라운 성과를 내는 실천적 지식인, 그럼으로써 세상을 이끄는 사람들이다. 그런 사람이 바로 브리꼴레르다. 지금 이런 사고력과 능력을 발휘하는 사람이 요구되고 있다는 말이다.

브리꼴레르는 한마디로 융합형 인재다. 만능인 증강인류도 융합능력이 필요하다. 과연 우리가 증강인류가 될 수 있을까? 확실한 것은 그대로 앉아 있기만 하면 증강인류가 되는 것은 결코 아니라는 사실이다. 그만큼 노력하지 않으면 안 된다. 유영만이 브리꼴레르의 사고를 강조하는 것도 이 때문이다.

융합(fusion)이라는 단어가 우리 속에 자리한 지 이미 오래다. 창의나 창조를 위해 융합은 필수요소가 되었다. 창조시대, 창조경제는 이제 더 이상 놀라운 용어가 아니다. 그만큼 현실로 받아들여지고 있다는 말이다. 증강인류나 브리꼴레르의 사고력도 곧 익숙한 용어로 자리 잡게 될 것이다.

젊은이들은 스펙 쌓기에 열중한다. 이 스펙 쌓기가 브리꼴레르의 사고력과는 거리가 있다는 것이 유영만의 생각이다. 너무 천편일률적이어서 창조성과는 거리가 있기 때문이다. 증강인류도 스마트폰과 인터넷만으로 만들어지는 것은 아니다. 무엇을 상상하든 그 이상이 되는 시대는 어느 한 분야에만 집중하는 것으로 해결되지 않는다. 과학, 기술, 문학, 인류학, 사회학, 심리학, 종교, 경영 등 각종 경계를 종횡무진 넘나들며 생각의 지평을 넓혀야 한다. 그래야 새 시대가 열린다. 그때 인류는 과연 어디까지 갈까. 그것이 궁금해진다.

양창삼

서울대학교 정치학과(학사, 석사)
서울대학교 대학원(경영학 석사)
웨스턴 일리노이 대학원(MBA)
연세대학교 대학원(경영학 박사)
총신대학교 대학원(M.Div., Th.M.)
한양대학교 경상대학 학장
한양대학교 산업경영대학원 원장
연변과학기술대학교 부총장, 챈슬러
현) 한양대학교 경상대학 경영학부 명예교수, 목사

『경영혁신과 창조경영』(2013)
『조직철학과 조직사회학』(2013)
『기업환경의 변화와 경영혁신』(2012)
『스마트경영을 위한 핫 트렌드 83』(2011)
『경영환경의 변화와 조직의 혁신전략』(2008)
『조직행동』(2007)
『조직혁신과 경영혁신』(2005)
『열린사회를 위한 성찰과 조직담론』(2003)
『공맹사상에서 문명충돌까지』(2002)
『리더십과 기업경영』(2002)
『창의성과 기업경영』(2002)
『e조직이론』(2001)
그 외 다수

개인 심리와 조직 심리

초판인쇄 2016년 4월 15일
초판발행 2016년 4월 15일

지은이   양창삼
펴낸이   채종준
펴낸곳   한국학술정보㈜
주소   경기도 파주시 회동길 230(문발동)
전화   031) 908-3181(대표)
팩스   031) 908-3189
홈페이지 http://ebook.kstudy.com
전자우편 출판사업부 publish@kstudy.com
등록   제일산-115호(2000. 6. 19)

ISBN 978-89-268-7222-2 93180